R.1-11 (fin)

Yf 9047

RECUEIL

DE PIÈCES MORALES ET INSTRUCTIVES,

A L'USAGE

DES COMMUNAUTÉS RELIGIEUSES, DES INSTITUTIONS, DES PEN-
SIONNATS, ETC.

Par Victor Doublet,

PROFESSEUR DE BELLES-LETTRES,

AUTEUR D'UN GRAND NOMBRE D'OUVRAGES DE MORALE, DE LITTÉRATURE
ET D'ÉDUCATION, ET DE LA VIE DE SA MAJESTÉ DON CARLOS V, ROI
D'ESPAGNE, ETC.

A BOURGES,

CHEZ L'AUTEUR, RUE DES ARÈNES, 19.

ET CHEZ TOUS LES LIBRAIRES QUI TIENNENT LES LIVRES D'ÉDUCATION.

1841-42.

A ma nièce Chaïs.

Une jeune personne instruite et vertueuse
fait les délices de son père et la gloire de sa
mère-

Bourges, Imp. de Veuve MÉNAGÉ.

L'AUTEUR

Aux Mères et aux Maîtresses de Pension.

Le professeur, l'homme de lettres qui s'est consacré et par goût et par devoir à l'éducation de la jeunesse, ne doit rien négliger de ce qui peut contribuer à former en même temps et le cœur et l'esprit des enfans. Pénétré de ce double devoir, nous avons composé ces petites comédies dont le but est de récréer et d'instruire. Où la vertu triomphe, le vice est aux abois. C'est donc en les mettant tous deux en action, en montrant combien la modestie, la douceur, la reconnaissance, et toutes les vertus en général qui rendent les enfans charmans, que nous les invitons à la pratique de ces mêmes vertus. En critiquant les défauts ordinaires au jeune âge, nous les rendons odieux.

Toutes les personnes qui se seront donné la peine d'examiner l'effet qu'aura produit une petite comédie sur toute une assemblée d'élèves, avoueront sans peine, pour rendre hommage à la vérité, que toujours la pièce a inspiré de l'horreur pour un défaut et de l'attrait pour une vertu. Ainsi, dans la deuxième comédie, la modestie, la douceur et la bienfaisance de Blanche triomphent de l'orgueil et de la dureté de Jenny, dont les hauteurs et les mépris se trouvent payés par des bienfaits.

Mais nous ne voulons point entrer dans les détails d'un *compte rendu*, nous nous contentons seulement ici d'engager les mères et les maîtresses de pension à employer tous les moyens pour propager nos principes de morale, et nous pouvons d'avance leur promettre les plus heureux résultats. Nous nous croirons heureux si elles daignent agréer les conseils que leur dicte notre vieille expérience.

Bourges, 31 octobre 1841,

Victor Doublet.

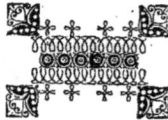

EZILDA,

COMÉDIE EN TROIS ACTES, MÊLÉE DE CHANTS,

Par Victor Doublet,

PROFESSEUR DE BELLES-LETTRES,

AUTEUR DE PLUSIEURS OUVRAGES DE MORALE, DE LITTÉRATURE ET D'ÉDUCATION, ET DE LA VIE DE S. M. DON CARLOS V DE BOURBON, ROI D'ESPAGNE.

—————————

PERSONNAGES.

MM^mes DE LIGNEVILLE, riche veuve.
    DELMAR, maîtresse de pension.
EMILIE,)
LUCIE, } pensionnaires.
LÉONIE,)
EZILDA, petite chanteuse.

PERSONNAGES.

Deux SOUS-MAITRESSES.
MARINETTE, domestique.
Plusieurs Pensionnaires.
MM^mes BROUILLARD,)
    CROQUEFER, } mendiantes.
    TRINQUET,)

ACTE PREMIER.

(Le théâtre représente une salle de réception, dans laquelle se trouvent plusieurs élèves occupées à différens ouvrages.)

SCÈNE PREMIÈRE.

Mme DE LIGNEVILLE *entrant dans le salon, regarde autour d'elle, sans être aperçue.* Voyez, voyez ces petites demoiselles, comme elles sont raisonnables. (*Haut.*) Bonjour, mesdemoiselles.

Toutes les élèves se lèvent et font une profonde révérence. Emilie présente un siége à Mme de Ligneville, et se mord les lèvres pour s'empêcher de rire.

Mme DE LIGNEVILLE. Merci, mon enfant. (*Elle tire son éventail.*)

LUCIE *à Emilie, qui ne peut retenir ses éclats de rire.* Sois donc raisonnable, Emilie, madame de Ligneville pourrait te voir ou t'entendre; elle le dirait à madame Delmar, et tu serais sévèrement punie.

EMILIE. Aussi, peut-on s'empêcher de rire en voyant cette énorme perruque, ce monstrueux éventail, ces larges jupons. C'est absolument comme ces personnages représentés dans nos vieux tableaux de famille. Et ces souliers pointus. regarde donc! ah! ah! ah! hi! hi! hi! Le singulier costume!

Mme DE LIGNEVILLE, *qui a entendu ces éclats de rire et les dernières paroles, se retourne.* Continuez, mon enfant; on est heureuse à votre âge; on est gaie, on n'a pas encore connu la peine; ah! quand j'étais à votre âge, j'étais heureuse aussi; je chantais. Je me rappelle encore une de ces jolies chansons que j'aimais souvent à répéter; tenez, en attendant madame Delmar, je vais vous la chanter.

EMILIE, *avec ironie.* Ah, c'est du nouveau! Ça doit être fort amusant.

Mme DE LIGNEVILLE.

Air nouveau.

De critiquer les modes d'autrefois,
A tout moment je faisais mon étude,
Un incident qui me mit aux abois.
Me fit bientôt perdre cette habitude. *bis.*

Ce qu'on me fit, vous pouvez l'ignorer,
De vous le dire il n'est pas nécessaire,
Quoique pénible, il fallut l'endurer,
Et l'on fit bien; car j'appris à me taire. *bis.*

Pour l'avenir, je fus bien corrigé
D'un trait malin je me faisais scrupule,
Et par serment je m'étais engagé
A respecter même le ridicule. *bis.*

SCÈNE DEUXIÈME.

Mme DELMAR, *entrant.* Très-bien, très-bien, madame de Ligneville; à votre âge, c'est vraiment admirable, d'être aussi gaie, aussi aimable que vous l'êtes.

Mme DE LIGNEVILLE. Il me semble que j'oublie le nombre de mes années, au milieu de cette brillante jeunesse. Mais à propos, je voulais vous entretenir au sujet de cette petite étrangère dont vous m'avez parlé. Croyez-vous qu'elle mérite qu'on s'occupe d'elle, et qu'elle soit capable de répondre à nos bonnes intentions? (*Sur un signe de Mme Delmar, les élèves sortent.*)

Mme DELMAR. Madame, puisque vous avez formé le généreux projet d'adopter une jeune fille et de la faire élever dans cette maison, je crois que vous ne sauriez mieux faire que de prendre cette petite aventurière qui vient ici tous les jours; elle me semble fort intelligente, très-douce et parfaitement disposée à profiter du bienfait de l'instruction qu'on voudra bien lui donner. Toutes ces demoiselles découvrent chaque jour en elle de nouvelles qualités, et elles la plaignent bien sincèrement d'être réduite à la misérable condition de chanteuse.

Mme DE LIGNEVILLE. Sur le bon témoignage que vous m'en rendez, madame, je ne fais pas de difficulté de l'adopter, d'autant plus que ses manières m'ont charmée dès la première fois que je l'ai vue; j'ai trouvé dans ses traits un je ne sais quoi d'agréable, qui déjà me parlait en sa faveur. Ainsi, c'est une affaire décidée, vous pouvez la prendre chez vous, et attachez dès cet instant à son éducation toute l'importance que vous savez que j'y attache moi-même.

Mme DELMAR. Je suis prête à vous satisfaire, madame, et vous pouvez compter sur mon zèle; mais il se présente une difficulté qui sans doute contrariera nos projets.

Mme DE LIGNEVILLE, *avec vivacité.* Et laquelle?

Mme DELMAR. C'est que cette petite fille n'est pas libre, et qu'elle appartient à certaines vieilles mendiantes qui sans doute ne voudront pas la laisser ainsi se séparer d'elles.

Mme DE LIGNEVILLE. Comment cela? Au contraire, si elles aiment vraiment cette petite fille, elles s'en sépareront volontiers en voyant le sort heureux que je lui prépare, et qui, plus tard, mettra cette petite en état de se montrer reconnaissante envers elles.

Mme DELMAR. Vos raisons sont fort justes, madame, mais il n'en est pas ainsi : ces femmes vivent du produit des chansons de votre petite protégée, cette jeune fille est leur gagne-pain, et lorsqu'elle ne rapporte pas le soir une somme suffisante pour tous les besoins de la société, elle est exposée aux injures et aux coups de ces trois malheureuses femmes.

Mme DE LIGNEVILLE. Que dites-vous? C'est affreux ! Ce que vous m'apprenez-là m'attache encore plus fortement à cette infortunée, et me fait désirer plus ardemment de mettre bientôt fin à ses misères ; ainsi, je vous en prie, faites tous vos efforts pour la tirer de leurs mains ; n'épargnez rien, coûte que coûte, il faut la délivrer. Je pourvoierai à tout ce qui sera nécessaire ; employez tous les moyens et comptez sur moi.

Mme DELMAR. Madame, soyez assurée que je ne négligerai aucun moyen, et que dès cet instant je vais m'occuper de faire réussir ce projet.

SCÈNE TROISIÈME.

LES ÉLÈVES, LA PETITE CHANTEUSE.

LÉONIE. Entrons! entrons vite, ces dames sont parties; Ezilda, la petite chanteuse, va nous chanter une de ses jolies romances.

TOUTES. Entrons! entrons! (*Elles entrent en foule dans la salle; Ezilda, d'un air gracieux, s'assied au milieu d'elles et commence ainsi, en s'accompagnant sur une guitare.*)

AIR : *Je t'aimerai.*

Mes jeunes ans
S'écoulaient en silence,

Lorsque la mort enleva mes parens.
Des étrangers soutinrent mon enfance,
Dans mon malheur je perdis l'espérance
Chère aux enfans.
Sans murmurer,
Si ma douleur amère
Blesse vos yeux.... Plutôt tout endurer....
Je dois souffrir, c'est mon sort ordinaire ;
Je sais, hélas, et souffrir et me taire
Sans murmurer!
Avec plaisir
Je viens goûter les charmes
De l'espérance en un doux avenir.
Si vous voyez couler encor mes larmes
Consolez-vous..... je les répands ces larmes
Avec plaisir.

TOUTES LES ÉLÈVES.

Avec plaisir
Elle goûte les charmes
De l'espérance en un doux avenir.
Si nous voyons couler encor ses larmes
Consolons-nous... elle répand ces larmes
Avec plaisir.

EZILDA. Oh oui, mesdemoiselles, je ne sais quel attrait irrésistible m'attire au milieu de vous; mais je serais bien fâchée de manquer de venir vous voir aux heures de la récréation; et puis vous êtes si bonnes, vous avez pour moi tant de complaisances !....

LUCIE. C'est pour vous prouver notre gratitude; car vous êtes bien aimable de venir ainsi charmer nos récréations par les doux accens de votre mélodie.

EZILDA. Elle aurait bien peu de charmes pour moi, cette mélodie, si je n'appréciais pas l'avantage qu'elle me procure de venir fréquemment écouter vos aimables leçons; mais je vous ai satisfaites, j'ai chanté; à présent, continuons, s'il vous plaît, la leçon d'hier. Je vais d'abord vous réciter ce que vous m'avez appris la dernière fois.

Elle récite: « La Vendée prend son
» nom d'une petite rivière qui y coule
» de l'est à l'ouest. Une partie de ce dé-
» partement, nommée le Bocage, est
» très-fertile, elle a de gras pâturages
» où l'on nourrit beaucoup de bestiaux.
» Les prairies, les bois et les plaines

» sont entrecoupés de manière à for-
» mer les plus charmans paysages. Mais
» ce pays si beau, si fertile a été long-
» temps désolé par les ravages de la
» guerre civile.......... (*Ici elle s'arrête*
» *pour essuyer ses larmes.*)

Ah ! la Vendée ! c'est le lieu de ma
naissance ; j'y étais bien malheureuse ;
et pourtant, celle qui prenait soin de
moi me disait souvent : Tu devrais être
bien heureuse !...... Un jour peut-être,
tu jouiras d'un meilleur sort. Le ciel
daigne réaliser ses pressentimens !

SCÈNE QUATRIÈME.

LES PRÉCÉDENTES, MADAME DELMAR.

Mme DELMAR *à part.* Ah, voici Ezilda, voyons un peu ce qu'elle dira de
notre projet. Après tout, elle est libre ; et si elle consent à accepter les
propositions que je vais lui faire, elle
peut dès aujourd'hui quitter sa société,
et au moyen de quelques pièces d'or,
nous aurons bientôt accommodé cette
affaire avec les mendiantes. (*A Ezilda.*)
Dites-moi, ma petite amie, vous aime-
riez-donc à vous instruire ? car il me
semble que je vous entendais réciter
une leçon tout à l'heure.

EZILDA. Ah, madame, si je pouvais
rester encore quelque temps dans cette
ville, avec quel plaisir je profiterais de
la permission que vous m'accordez de
fréquenter souvent votre maison ! Avec
quelle application je suivrais les leçons
de ces bonnes demoiselles, qui veulent
bien prendre la peine de m'instruire ;
c'est une si belle chose que l'instruction ; combien je me trouve malheureuse d'en être privée !

Mme DELMAR. Eh bien, mon enfant,
il ne tient qu'à vous de vous instruire ;
si vous le voulez, vous pouvez dès aujourd'hui rester dans cette maison,

vous y serez admise au nombre des
pensionnaires. Une dame charitable
s'intéresse à votre sort ; elle veut faire
votre bonheur, si toutefois vous pro-
mettez d'être docile à ses volontés et de
profiter des leçons que vous recevrez
ici.

EZILDA *avec transport.* Ciel ! est-il
possible qu'une telle faveur me soit ac-
cordée ! De grâce, madame, faites-moi
connaître cette personne charitable à
laquelle je suis redevable d'un si grand
bonheur ! Ah, je vous en prie, dites-lui
bien que je mettrai tous mes soins à
exécuter ses volontés, que jamais elle
n'aura à regretter de m'avoir prise sous
sa puissante protection !

Mme DELMAR. Vous connaîtrez bientôt votre bienfaitrice ; mais auparavant
il est nécessaire que vous obteniez le
consentement des femmes de la volonté
desquelles vous dépendez ; allez-donc
promptement leur annoncer cette bonne
nouvelle, et les prier de ne mettre aucun obstacle au bonheur qui vous est
préparé. Dès que vous aurez obtenu
leur réponse, revenez tout de suite me
la faire connaître.

EZILDA. J'y cours, madame, mais
j'ai trop sujet de craindre qu'une telle
nouvelle, loin de les rendre satisfaites,
n'excite contre moi leur courroux ; car
elles attendent du produit de mes chansons une bonne partie de leur nourriture de chaque jour. Enfin je vais prier
le ciel de me les rendre propices, et
puisqu'il daigne aujourd'hui me mar-
quer une protection si visible, je mets
en lui toute ma confiance, et je ne
doute pas qu'il ne m'inspire les moyens
que je dois employer pour réussir. (*Elle
s'incline profondément et sort.*)

Mme DELMAR. Allez, mon enfant,
que Dieu vous protége et touche le
cœur de vos maîtresses.

ACTE DEUXIEME.

SCÈNE PREMIÈRE.

MESDAMES DELMAR ET DE LIGNEVILLE.

Mme DE LIGNEVILLE à *Mme Delmar.*
Eh bien , madame, et notre petite
orpheline est-elle enfin arrivée? Il me
tarde de la voir, plus je pense à elle,
plus je me sens portée à l'aimer. Ses
traits sont toujours présens à mon esprit, et je ne sais pourquoi je trouve
une ressemblance qui me frappe, dans
ces yeux, dans ce regard.......

Mme DELMAR. Je suis vraiment inquiète de ce long retard; elle m'avait
promis de revenir tout de suite, et
voilà déjà trois heures qu'elle est partie; ce n'était pas sans raison que je
redoutais cette entrevue, et maintenant
je désespère presque de la revoir.

Mme DE LIGNEVILLE. Quoi! elles auraient l'audace, ces méchantes femmes,
de s'opposer au bonheur de cette enfant?
Oh non! je remuerai plutôt ciel et
terre; et de ce pas, je vais trouver le
magistrat chargé de la police, il la leur
fera bien remettre entre nos mains.
(*Elle sort.*)

SCÈNE DEUXIÈME.

MADAME DELMAR , MARINETTE.

MARINETTE. Madame , cette petite
chanteuse vient d'arriver tout en désordre, c'est comme une petite folle,
elle veut absolument venir vous parler.
J'ai voulu la chasser, elle m'a résisté et
je n'en puis venir à bout; venez donc
vous-même, madame, vous réussirez
peut-être mieux que moi. Là, là, voyez-donc ce que c'est que les gueux;
on a raison de dire :

Laissez-leur prendre un pied chez vous,
Ils en auront bientôt pris quatre.

Car enfin ce n'est pas l'heure de la récréation maintenant , et vous m'avez
défendu de la laisser entrer dans les
autres momens.

Mme DELMAR. Très-bien, Marinette,
je loue ton exactitude; mais fais entrer
cette petite, je veux la voir.

MARINETTE. Fallait donc me dire ça.
Puisque vous le voulez ainsi, pas de
difficulté. (*Elle sort.*)

SCÈNE TROISIÈME.

MADAME DELMAR, EZILDA, MARINETTE.

EZILDA *entre et se jette aux pieds de
Mme Delmar.* Est-il bien vrai , ô ma
protectrice, que je suis enfin en sûreté?
Ah! je vous en conjure, ne m'abandon-
nez-pas; cachez-moi, s'il le faut, dans
le réduit le plus obscur; ne me livrez
pas à la fureur de mes cruelles maîtresses. Plutôt tout souffrir que de retourner jamais avec elles. Je vous en
supplie, prenez pitié de moi! elles me
poursuivent, je les entends...... Ah!
(*Elle tombe évanouie.*)

Mme DELMAR *la prend dans ses bras.*
O ciel, protégez vous-même cette infortunée! (*Elle agite une petite sonnette.*)

MARINETTE. Madame?

Mme DELMAR. Du secours! promptement! du secours!

MARINETTE. Oui, oui , je le disais
bien. (*Elle appelle du secours, va, vient,
sans savoir ce qu'elle fait; à ses cris, les
maîtresses et les élèves arrivent en foule,
On emporte Ezilda hors du salon.*)

SCÈNE QUATRIÈME.

LES ÉLÈVES, MADAME DE LIGNEVILLE, MARINETTE.

Mme DE LIGNEVILLE, *étonnée.* Eh bien! qu'est-il donc arrivé? que signifie cette confusion, ce trouble qui règne dans toute la maison? On me fait attendre une heure à la porte, enfin on m'ouvre; j'entre, je ne sais à qui m'adresser, je ne trouve personne à qui parler. Mais voici toutes ces demoiselles, elles me diront peut-être quelque chose. (*S'adressant aux pensionnaires.*) Dites-moi, mes bonnes demoiselles, qu'est-il donc arrivé?

PLUSIEURS ÉLÈVES, *à la fois.* C'est notre petite chanteuse; elle est malade.

LÉONIE. Elle s'est trouvée mal; on vient de la faire transporter dans un lit.

Mme DE LIGNEVILLE. Comment cela? Savez-vous quelle est la cause de cet accident?

PLUSIEURS ÉLÈVES, *à la fois.* Non, madame.

Mme DE LIGNEVILLE. Savez-vous, mesdemoiselles, où est Mme Delmar?

LES ÉLÈVES. Elle est sans doute auprès de la malade, à l'infirmerie.

Mme DE LIGNEVILLE. Je vais l'aller trouver. Adieu, mesdemoiselles....... (*Elle va pour sortir.*) Mais j'entends quelqu'un, c'est elle, c'est Mme Delmar. (*A Mme Delmar qui entre.*) Vous venez fort à propos pour me tirer d'inquiétude; je viens d'apprendre que cette petite orpheline est malade. Ah! de grâce, rassurez-moi sur sa position, calmez mes craintes, mais ne me célez point la vérité; dites-moi, comment va-t-elle?

Mme DELMAR. Beaucoup mieux, elle dort, mais son sommeil est agité; cependant il n'y a rien à craindre, un peu de repos calmera ses sens, et à son réveil, elle pourra vous être présentée.

Mme DE LIGNEVILLE. Mais qui a pu lui occasionner ce malaise?

Mme DELEAR. Je l'avais envoyée demander le consentement de ses maîtresses, comme nous en étions convenues: pour toute réponse, elle n'en a reçu que des mauvais traitemens auxquels elle n'a pu se soustraire que par une prompte fuite. Elle est arrivée ici en désordre et tellement épuisée, qu'en entrant, ses forces l'ont abandonnée. Nous l'avons transportée à l'infirmerie, et aussitôt qu'elle a été revenue de son évanouissement, elle m'a raconté la manière dont sa proposition avait été accueillie.

Mme DE LIGNEVILLE. Enfin j'ai consulté, on m'a dit que je suis en droit de l'adopter sans que ces méchantes femmes puissent s'y opposer; seulement on m'a conseillé de leur donner une certaine indemnité pour le tort que cela pourrait leur faire. Vous savez que je suis disposée à faire tous les sacrifices nécessaires pour arriver à mon but; ainsi, dès cet instant, je la regarde comme m'appartenant, puisqu'elle est hors de leur pouvoir. Dès qu'Ezilda sera éveillée, je m'informerai de leur demeure, et leur enverrai une somme capable de les satisfaire et d'apaiser leur colère.

SCÈNE CINQUIÈME.

LES PRÉCÉDENTES, MARINETTE.

MARINETTE. Madame, trois femmes demandent à vous parler.

Mme DELMAR. Faites-les attendre un instant.

MARINETTE. Elles ne voudront pas attendre, si vous voyiez comme elles sont furieuses! Elles jurent à faire trembler la maison; elles disent qu'on leur a ravi leur fille, qu'elle est ici, qu'elles veulent qu'on la leur rende.

Mme DELMAR. Bien, bien, faites les venir. (A *Mme de Ligneville.*) Ce sont nos trois mégères, préparons-nous à soutenir leur assaut.

SCÈNE SIXIÈME.

MESDAMES DE LIGNEVILLE ET DELMAR.

Mesdames Brouillard, Croquefer et Trinquet, mendiantes, entrent avec précipitation.

MADAME BROUILLARD.

C'est affreux !

MADAME CROQUEFER.

Scandaleux !

MADAME TRINQUET.

C'est vraiment épouvantable !

TOUTES TROIS.

C'est affreux !
Scandaleux !
A-t-on vu rien de semblable !
Cette ruse abominable
Ne peut venir que du diable.
Ah ! qu'il est donc malheureux
De perdre ainsi ses secours,
Ses secours, pour toujours!

Mme DE LIGNEVILLE. Calmez - vous, calmez-vous, on vous indemnisera.

Mme BROUILLARD. Voyez-vous bien ça : on vous indemnisera ! Est-ce ainsi qu'on vient ravir une jeune fille à sa mère ?

Mme CROQUEFER. Qu'on vous trompe les gens, en détournant les enfans de leur devoir ! En voilà de belles maîtresses d'éducation !

Mme TRINQUET. Et ça vient vous enjôler les enfans, vous empêcher le monde de gagner sa vie !

Mme DELMAR. Retirez-vous, je vous en prie, ne faites point de scandale dans ma maison.

LES TROIS MENDIANTES. Nous ne sortirons pas d'ici que vous ne nous ayez rendu notre fille.

Mme DE LIGNEVILLE. Elle ne vous appartient pas.

Mme BROUILLARD. Ah ! elle ne nous appartient pas !....... C'est ce que nous verrons !.....

Mme CROQUEFER. Oui, oui, nous verrons-ça !... Allons trouver la justice !...

Mme TRINQUET. Oui, allons trouver la justice, elle la leur fera bien rendre !

MADAME BROUILLARD.

C'est affreux !

MADAME CROQUEFER.

Scandaleux !

MADAME TRINQUET.

C'est vraiment épouvantable !

TOUTES TROIS.

C'est affreux !
Scandaleux !
A-t-on vu rien de semblable !
Cette ruse abominable
Ne peut venir que du diable.
Ah ! qu'il est donc malheureux
De perdre ainsi ses secours,
Ses secours, pour toujours !

(*Elles partent.*)

ACTE TROISIEME.

(Le théâtre représente un petit bosquet dans lequel est élevé un autel à la Vierge. Ezilda est à genoux au pied de l'autel. Elle remercie la mère de Dieu des faveurs qu'elle a reçues. Les pensionnaires à genoux autour d'elle, l'accompagnent en chantant les couplets suivans) :

SCÈNE PREMIÈRE.

Ezilda, *seule.*

Bonne mère, Vierge sacrée,
Vous qui daignez changer mon sort,
Marie, ah! soyez révérée
Jusqu'à l'heure de notre mort.

Aujourd'hui vous brisez mes chaînes,
Que puis-je pour un bien si doux?
Vous avez soulagé mes peines,
Vierge, je tombe à vos genoux.

Et pour payer votre tendresse,
Je me déclare votre enfant;
Car déjà je sens l'allégresse
Que l'on éprouve en vous aimant.

TOUTES.

Bonne mère, Vierge sacrée,
Vous qui daignez changer son sort,
Marie, ah! soyez révérée
Jusqu'à l'heure de notre mort.

(On entend frapper à la porte du jardin.)

PLUSIEURS ÉLÈVES. Entendez-vous ce bruit? Qui frappe ainsi?

UNE ÉLÈVE. Entendez-vous ces gémissemens? Ah! c'est sans doute quelqu'un qui a besoin de secours. Ouvrons! ouvrons! *(Elles courent ouvrir.)*

UNE AUTRE ÉLÈVE. Mais non, nous ne pouvons ouvrir cette porte, c'est défendu.

UNE ÉLÈVE. Ecoutez! écoutez! *(On entend des soupirs, puis ces paroles entrecoupées) :*

UNE VOIX DU DEHORS. Hélas!..... sans secours! ciel!..... je meurs de faim...... mes forces m'abandonnent....... ciel! prends pitié de moi.... je me meurs.....

LES ÉLÈVES. C'est une femme! elle se meurt!......... Ouvrons! ouvrons! *(Elles ouvrent. Une mendiante, paraissant pouvoir à peine se soutenir, entre appuyée sur un bâton. Tandis que les élèves sont occupées autour d'elle, deux autres mendiantes entrent aussi. Après avoir un moment promené leurs regards autour des pensionnaires, elles se précipitent sur Ezilda et l'entraînent en disant :)*

LES MENDIANTES. Ah! ah! nous te tenons enfin, maudite créature, tu ne nous échapperas plus! *(Les élèves se précipitent sur leurs pas pour la retenir, mais les menaces des mendiantes les effraient.)*

SCÈNE DEUXIÈME.

LES ÉLÈVES, MADAME DELMAR.

(Au bruit qu'elle vient d'entendre, Mme Delmar est accourue.)

Mme DELMAR. Que signifie, mesdemoiselles, tout ce tapage? Vraiment je ne sais à quoi attribuer cette étrange dissipation.

PLUSIEURS ÉLÈVES. Ah madame! quel malheur!

Mme DELMAR. Expliquez-vous, que voulez-vous dire? Vous paraissez troublées.

UNE ÉLÈVE. Madame, ces trois méchantes femmes viennent d'enlever Ezilda.

Mme DELMAR. Que dites-vous? et comment? par où sont-elles passées?

PLUSIEURS ÉLÈVES. Oh, madame! ce n'est pas notre faute, nous avons été trompées....

Mme DELMAR. Mais comment! expliquez-vous donc vîte.

UNE ÉLÈVE. Madame, nous étions à prier au pied de l'autel de Marie, lorsque nous avons entendu des plaintes et des gémissemens; une voix qui disait: Hélas!.... sans secours!... ciel, prends pitié de moi!.... mes forces m'abandonnent.... je me meurs!....

Mme DELMAR. Eh bien, qu'avez-vous fait?

UNE ÉLÈVE. Nous avons ouvert la porte.... et c'était une de ces mendiantes. Dans notre empressement à lui porter secours, nous n'avons pas pensé à refermer la porte; deux autres mendiantes sont entrées, et elles se sont jetées toutes les trois sur notre pauvre petite Ezilda, elles l'ont emportée. Nous avons voulu l'arracher de leurs mains; mais elles nous ont effrayées en brandissant sur nos têtes le bâton noueux que chacune d'elles tenait à la main.

Mme DELMAR. Quel malheur!... que va-t-elle devenir?.... Ciel, prends pitié de l'orpheline! Vierge sainte, guidez mes pas! (Elle sort.)

~~~~~~

SCÈNE TROISIÈME.

LES ÉLÈVES, DEUX MAITRESSES, MARINETTE.

PREMIÈRE MAITRESSE. Je viens de trouver dans l'infirmerie un petit sachet contenant quelques papiers; à qui peut-il appartenir?

SECONDE MAITRESSE. Faites voir? a-t-il quelque marque à laquelle on puisse le reconnaître?

PREMIÈRE MAITRESSE. Non, c'est une espèce d'amulette dont la soie déchirée laisse entrevoir quelques papiers; le cordon qui servait à le suspendre s'est rompu, et c'est pourquoi on l'aura perdu. Tenez, voyez-le...

LES ÉLÈVES, s'approchant pour la considérer. Comme elle est jolie cette amulette! Non, ce n'est pas à moi... Ce n'est pas à moi... Ni à moi non plus...

SECONDE MAITRESSE. Ah quel bonheur! Je le reconnais; il appartient à Ezilda. Je le lui ai vu suspendu au cou lorsque je l'ai deshabillée pour la mettre au lit.

MARINETTE, s'approchant. Oui, oui, donnez; je le reconnais bien, je l'ai vu aussi à cette petite. Donnez, que j'aille le porter à Mme de Ligneville; au moins il lui restera quelque chose de sa protégée.

PREMIÈRE MAITRESSE. Courez vite, Marinette, ce sachet peut contenir des papiers importans. Dieu le veuille, pour le bonheur de cette infortunée! (Marinette sort.)

SECONDE MAITRESSE. En attendant le retour de Mme Delmar, nous allons prier la sainte Vierge de faire réussir ses démarches et de venir au secours de notre pauvre orpheline.

TOUTES.

Oui, oui, allons implorer le secours de Marie; on ne l'a jamais invoquée sans ressentir promptement les effets de sa sainte protection.

~~~~~~

SCÈNE QUATRIÈME.

Les deux maîtresses à genoux au pied de l'autel, et les élèves autour d'elles chantent les couplets suivans.

TOUTES.

Toi, que chacun révère,
Nous t'implorons ici,
O Vierge notre mère,
Sois bonne à l'infini :

Entends notre prière ,
Fais briller à nos yeux
L'espérance si chère ,
Ce doux présent des cieux.

UNE VOIX.

Mes sœurs , séchons nos larmes ,
L'espoir brille à nos yeux ;
Loin de nous les alarmes,
L'orpheline en ces lieux
Reviendra, je l'espère ,
Goûter un sort plus doux ,
Retrouver une mère
Et prier avec nous.

TOUTES.

Nous t'implorons, Marie ,
Ecoute nos accens;
Bonne mère chérie ,
Nous sommes tes enfans.
Accorde à l'orpheline
De revenir ici ,
Et que ta main divine
Soit toujours son appui.

UNE VOIX.

Mes sœurs , séchons nos larmes, etc.

SCÈNE CINQUIÈME.

LES PRÉCÉDENTES.

MARINETTE, *entrant avec précipitation :* Bonne nouvelle ! Bonne nouvelle ,
mesdemoiselles!

TOUTES. Que dites-vous , Marinette ?
Que dites-vous?

MARINETTE. Ce petit sachet , vous
savez-bien ?

TOUTES. Eh bien , dites-donc vîte !

MARINETTE. Et bien , ce petit sachet,
il paraît qu'il renferme des papiers bien
précieux, qui ont fait pleurer madame
de Ligneville. Elle a couru aussitôt
chez le magistrat , qui a envoyé à la
poursuite de ces méchantes femmes;
elles étaient déjà bien loin , mais on
les rattrapera bien , les gueuses ! et
puis on ramenera mademoiselle Ezilda.

TOUTES. Quel bonheur ! Quel bonheur !

MARINETTE. Mais , je vous en prie,

ne dites rien , on m'appellerait ba-
varde. Voici ces dames, elles vous ex-
pliqueront ça elles-mêmes.

SCÈNE SIXIÈME.

MME DE LIGNEVILLE, MME DELMAR,
EZILDA ET LES PRÉCÉDENTES.

Mme DELMAR *entrant avec Mme de
Ligneville.* Eh bien , comment cela s'est-
il fait?

Mme DE LIGNEVILLE. Voici : pendant
que vous preniez la peine de courir de
côté et d'autre pour savoir ce qu'étaient
devenues ces méchantes femmes , Marinette, votre servante, m'a apporté un
petit sachet qu'Ezilda avait perdu dans
l'infirmerie ; je l'ai ouvert , quelle surprise ! J'y ai trouvé l'acte de mariage
de ma fille Mme d'Ermilly, son testament
et quelques détails sur ses malheurs.
Avant de mourir, cette chère enfant
avait enfermé toutes ces pièces dans ce
petit sachet qu'elle avait attaché au cou
de sa fille. Elle a succombé, ainsi que
son mari, victime des fureurs de la
guerre civile dans la Vendée; elle avait
confié Ezilda jeune encore , aux soins
d'une ancienne servante en laquelle elle
avait la plus grande confiance. J'ai fait
courir aussitôt à la poursuite de ces
femmes ; elles étaient déjà bien loin.
Lorsqu'on les a ramenées elles ont d'a-
bord nié que tout cela fût vrai, assurant
qu'Ezilda était la fille propre de madame
Trinquet ; mais les menaces de la justice
leur ont fait avouer la vérité. Alors elles
ont déclaré que la servante de madame
d'Ermilly étant morte, une pauvre voisine avait pris soin d'Ezilda ; mais que
cette femme se trouvant bientôt elle-
même chargée de famille , leur avait
vendu cette petite fille pour quelques
écus. Dès-lors elles lui avaient appris à
chanter pour gagner sa vie , et la con-
duisaient ainsi de ville en ville.

M me Delmar. Je vous félicite , madame, d'avoir retrouvé une fille !

Mme de Ligneville. Et vous une pensionnaire.

Mme Delmar. Comment ! Vous feriez le sacrifice de laisser en pension cette chère enfant, qui doit vous être d'une si grande consolation ? Aurez-vous bien le courage de vous séparer d elle ?

Mme de Ligneville. Si je ne consultais que mes propres affections, cela me serait impossible, il est vrai ; mais je dois préférer l'intérêt de ma fille à ma propre satisfaction. Elle a besoin d'une bonne éducation pour soutenir un jour le rang qu'elle doit avoir dans le monde , et je ne saurais faire un choix plus digne, que celui de votre maison. (*Présentant Ezilda aux élèves.*) Mesdemoiselles, veuillez agréer pour compagne de vos travaux et de vos jeux Ezilda, ma petite fille.

Toutes. Quel bonheur ! Quel bonheur !

Choeur.

Que ce jour a de charmes,
Tout sourit à nos vœux ;
Désormais plus d'alarmes ,
Rendons grâces aux cieux.

Ezilda.

J'ai retrouvé ma mère,
J'oublierai la rigueur
De l'affreuse misère
Pour goûter le bonheur.

Choeur.

Que ce jour a de charmes , etc.

FIN

AVIS IMPORTANT.

A compter du premier novembre 1841, les Comédies morales et instructives du professeur DOUBLET, paraîtront de quinze jours en quinze jours, jusqu'à ce que les douze livraisons soient remplies. Le prix des douze livraisons est de six francs *franc de port*. Les maîtresses de pension qui recevront la première livraison desdites Comédies sans avoir pris d'abonnement, et qui ne voudraient point continuer à recevoir les autres, sont priées de la remettre aussitôt *sous bande*, entre les mains du directeur de la poste, pour être renvoyée à M. DOUBLET, rue des Arènes, à Bourges ; car après dix jours, leur silence nous tiendrait lieu d'adhésion à la souscription des douze livraisons.

Un prix d'honneur de la valeur de cent francs, sera donné en loterie aux cent premiers abonnés. L'ouvrage sera donné au choix de la personne qui aura obtenu le numéro gagnant.

Les souscripteurs formant la deuxième série de cent exemplaires des Comédies, gagneront les œuvres complètes du professeur DOUBLET, sept beaux volumes dorés sur tranche, du prix de cinquante francs.

Enfin les souscripteurs formant la troisième série de cent exemplaires, gagneront une belle couronne de roses blanches avec ornemens, du prix de vingt-cinq francs, ou tout autre objet du même prix, au choix de la personne qui aura gagné.

Le tirage desdits lots se fera immédiatement après la récep- de la douzième et dernière livraison. Il aura lieu au domicile du professeur DOUBLET, et sera présidé par les ecclésiastiques et les personnes les plus notables de la ville de Bourges.

Bourges, 31 octobre 1841.

Victor Doublet

I

RECUEIL

DE PIÈCES MORALES ET INSTRUCTIVES,

A L'USAGE

DES COMMUNAUTÉS RELIGIEUSES, DES INSTITUTIONS, DES PEN-
SIONNATS, ETC.

Par Victor Doublet,

PROFESSEUR DE BELLES-LETTRES,

AUTEUR D'UN GRAND NOMBRE D'OUVRAGES DE MORALE, DE LITTÉRATURE
ET D'ÉDUCATION, ET DE LA VIE DE SA MAJESTÉ DON CARLOS V, ROI
D'ESPAGNE, ETC.

2.

A BOURGES,

CHEZ L'AUTEUR, RUE DES ARÈNES, 19.

ET CHEZ TOUS LES LIBRAIRES QUI TIENNENT LES LIVRES D'ÉDUCATION.

—

1841-42.

A ma nièce Thaïs.

Une jeune personne instruite et vertueuse fait les délices de son père et la gloire de sa mère.

BLANCHE,

COMÉDIE EN QUATRE ACTES, MÊLÉE DE CHANTS,

Par Victor Doublet,

PROFESSEUR DE BELLES-LETTRES,

AUTEUR DE PLUSIEURS OUVRAGES DE MORALE, DE LITTÉRATURE ET D'ÉDUCATION, ET DE LA VIE DE S. M. DON CARLOS V DE BOURBON, ROI D'ESPAGNE.

PERSONNAGES.	PERSONNAGES.
BLANCHE.	MM^{mes} de VERNON.
Le comte d'AUSPING, vieillard, père de	de VOLIGNY.
JENNY DE SAVERNY. [Blanche.	CATHERINE, femme de chambre.
Le marquis d'ORBERG.	JULIE, servante.
La marquise d'ORBERG.	Domestiques, paysans, paysannes.

ACTE PREMIER.

(Le théâtre représente un salon dans lequel une jeune fille s'occupe à broder, une vieille gouvernante occupée à tricoter est assise auprès d'elle.)

SCÈNE PREMIÈRE.

BLANCHE, CATHERINE.

BLANCHE.

Il est déjà midi, et je n'ai point encore reçu de lettres! Ah! maintenant, je puis bien avec raison craindre que mon père ne soit malade. Vous savez, Catherine, comme il m'aime! Je ne sais à quoi attribuer ce long silence. Oui, il est sans doute malade, ce pauvre père *(Elle pleure.)*

CATHERINE.

Ne vous affligez pas ainsi sans sujet, mademoiselle, les chemins sont bien mauvais dans cette saison, et il n'est pas étonnant que la lettre que vous attendez ait du retard; et puis, qui sait?... peut-être que M. votre père vient lui-même vous chercher; car il ne peut vous laisser ici plus long-temps.

La mort de Mme la baronne a tout changé dans cette maison.

BLANCHE.

Hélas! Cette bonne dame, chaque fois que j'entends parler d'elle, je me sens attendrie. Comme elle m'aimait! comme elle était ingénieuse à excuser mes petits défauts! avec quelle patience elle s'appliquait à m'instruire, à m'enseigner à travailler! Tu n'as plus de mère, ma chère Blanche, me disait-elle souvent; tu as bien perdu, en perdant ta mère; mais il te reste encore un tendre père qui veille sur toi maintenant, et qui, plus tard, aura besoin de tes soins, car il est pauvre!

CATHERINE.

Mais, mademoiselle, il paraît qu'il n'a pas toujours été pauvre, monsieur votre père, et que le nom qu'il porte aujourd'hui, n'est pas le même qu'il portait autrefois... Je ne sais... mais quelque chose me dit qu'un jour vous pourrez bien avoir un meilleur sort.

BLANCHE.

Dieu t'entende, bonne Catherine, tu es toujours la même pour moi, toujours bonne, toujours complaisante. Ah! si je ne t'avais pas en ce moment pour me consoler, que deviendrais-je avec cette méchante et orgueilleuse Jenny, qui ne cesse à chaque instant de la journée, de me faire sentir la supériorité que lui donne sur moi le titre de fille de Mme la baronne de Saverny? Mais on vient, silence; c'est peut-être elle.

SCÈNE DEUXIÈME.

MADEMOISELLE JENNY DE SAVERNY ET LES PRÉCÉDENTES,

JENNY, à Catherine.

Que faites-vous donc là, toujours à bavarder? allez donc ranger ma chambre qui est dans un désordre affreux; il vous sied bien de venir ainsi vous installer dans un salon. (A Blanche.) Et vous, pourquoi souffrez-vous une telle liberté? On voit bien que vous avez des goûts bizarres. (Avec ironie.) Quelle élévation! faire sa confidente d'une vieille femme de chambre à moitié folle! Je suis sûre qu'elle vous faisait rêver grandeurs, noblesse, que sais-je? car vous êtes aussi sotte qu'elle. Oui, oui, elle perdait bien son temps ma pauvre mère, en cherchant à vous instruire.

BLANCHE.

Il est vrai que madame la baronne avait bien des bontés pour moi; mais ce n'est pas une raison pour qu'aujourd'hui, qu'elle n'est plus, sa fille vienne me reprocher ses bienfaits et me traiter avec tant d'inhumanité.

JENNY.

Ma mère rêvait en pensant qu'elle pourrait faire de vous une demoiselle, tandis que vous n'êtes tout au plus bonne qu'à faire une femme de chambre. Elle eut bien mieux fait de vous montrer le service, de vous familiariser avec les devoirs de la seule profession que vous puissiez embrasser; car vous ne savez rien, vous ne connaissez rien, et si je n'avais pitié de vous, il vous faudrait aller mourir de faim dans la campagne avec votre vieux père; mais je suis bonne, charitable, je prendrai soin de vous. Écoutez bien: je trouve désormais Catherine trop vieille pour me servir; d'ailleurs, elle me déplaît. Ainsi je la renvoie, et à compter de ce jour, vous pouvez vous regarder comme attachée à mon service en qualité de femme de chambre.

BLANCHE, à part et levant les yeux au ciel.

Mon Dieu, ayez pitié de moi!

JENNY, avec vivacité.

Eh quoi! vous ne répondez pas? Espériez-vous par hasard quelque chose de mieux? Ne fais-je pas assez pour vous, en vous offrant une existence assurée, malgré votre ignorance? Vous prétendiez peut-être conserver à jamais la familiarité dont vous en usiez avec moi pendant que ma mère vivait, lorsqu'elle voulait que je vous regardasse comme ma sœur. En vérité, c'est d'un ridicule, d'une absurdité épouvantable, d'appeler ma sœur une petite inconnue que ma mère avait rencontrée par hasard au coin d'un bois, dans une petite cabane, chez un vieillard qui marmottait avec mystère des noms de dignitaires, de chevaliers, de comtes, que sais-je? Ma mère était si bonne et si simple en même temps, qu'elle s'est laissée prendre à toutes ces supercheries; mais, je le jure, il n'en sera pas de même de moi, je mettrai bien ordre à tout cela. Allons, venez m'aider à faire ma toilette et vous m'accompagnerez à la promenade. Mais j'entends quelqu'un. Ah! c'est Julie. Eh bien, Julie, qu'y a-t-il de nouveau?

SCÈNE TROISIÈME.

LES PRÉCÉDENTES, JULIE.

JULIE.

Attendez donc un peu, mademoiselle, je vais vous le dire.

JENNY, avec emportement.

Dépêche-toi, voyons, tu mets ma patience à bout!

JULIE.

C'est un vieillard qui demande à vous parler. Je lui ai dit qu'il était impossible de vous voir le matin, que vous ne recevez qu'à deux heures; mais il veut absolument vous voir.

JENNY.

Quel entêtement! Non..... mais.....

enfin, fais-le venir, que je sache ce qu'il me veut. (Julie sort.)

SCÈNE QUATRIÈME.

JENNY, BLANCHE, assise dans un coin du salon, se cache le visage dans son mouchoir pour ne pas laisser voir les larmes qui tombent de ses yeux.

JENNY.

Encore un importun! Quelque vieux serviteur, peut-être, qui vient ici réclamer pour ses anciens services. Après tout, n'ont-ils pas été payés de leurs services? Que prétendent-ils encore? Si on voulait les croire, on serait bientôt ruiné. Ces gens-là ne sont jamais contents; mais le voici, voyons un peu ce qu'il va nous chanter celui-là.

SCÈNE CINQUIÈME.

LES PRÉCÉDENTES, LE VIEILLARD.

LE VIEILLARD, à Jenny, sans apercevoir Blanche.

Pardon, mademoiselle, si je viens sitôt vous importuner; mais l'amour paternel est un aiguillon trop vif pour pouvoir résister à ses inspirations. J'ai appris avec peine la perte irréparable que vous avez eu le malheur de faire, mais de crainte de renouveler dans votre cœur une blessure que le temps n'a sans doute pu encore cicatriser, je me contenterai de payer un juste tribut de larmes à la mémoire de celle qui fut votre mère et la bienfaitrice de ma fille.

BLANCHE, qui a entendu ces mots, lève les yeux et court se jeter dans les bras de son père, en s'écriant:

Mon père! mon père!

LE VIEILLARD, *la serrant tendrement dans ses bras.*

Ma fille! ma chère fille! que ton absence m'a coûté de soupirs et de larmes! quel doux plaisir j'éprouve en te serrant sur mon cœur! je craignais de ne plus jamais te revoir; à mon âge, vois-tu, on ne peut plus compter sur rien.

BLANCHE.

O mon père, ne troublez point par des pensées sinistres la joie que j'éprouve en vous voyant. Votre présence me rend la vie, car j'allais mourir!...... La seule espérance de vous voir bientôt, soutenait encore ma faible existence.

LE VIEILLARD.

Parle, ma fille, explique moi ce mystère; quoi! ne serais-tu plus considérée dans cette maison comme tu l'étais lorsque madame la baronne vivait? Oh! non, loin de moi une pensée si affligeante.

BLANCHE.

La seule chose que j'aie à vous dire, ô mon père, c'est que je ne puis rester ici plus long-temps........

JENNY, *rompant tout-à-coup le silence.*

L'ingrate! (*S'adressant à Blanche.*) Est-ce ainsi, mademoiselle, que vous méprisez mes bontés? (*S'adressant au vieillard.*) J'avais pris pitié de votre fille, brave homme, je lui avais assuré une existence aisée; je l'avais élevée à l'honneur de me servir de femme de chambre, et aujourd'hui elle préfère me quitter pour aller mourir de faim au coin d'un bois. (*Avec colère.*) Va donc, ingrate, retrouver la misère affreuse d'où ma mère avait eu la sottise de te tirer, va avec ce vieillard insensé.

LE VIEILLARD *l'interrompant avec vivacité, et d'un ton solennel :*

Fuyons, fuyons, ma fille, cette demeure où la vertu a cessé d'habiter! L'indigne héritière de la baronne de Saverny attirerait sur nous la malédiction du ciel. Dieu tout puissant, tu es notre seule espérance, tu ne nous abandonneras pas! (*Il part, entraînant sa fille par la main. Jenny, ne pouvant contenir son indignation, tombe épuisée de rage sur un fauteuil en poussant un grand cri.*)

SCÈNE SIXIÈME.

CATHERINE, JULIE, JENNY.

CATHERINE et JULIE, *entrant avec précipitation.*

Mademoiselle! mademoiselle!

CATHERINE.

O mon Dieu! elle est sans connaissance!

JULIE.

Restez auprès d'elle, je vais appeler du secours. (*Elle appelle.*)

JENNY, *revenant à elle.*

Quel est ce bruit?.... Cet homme..... où est-il?.... Chassez-le, sa présence m'accable!..... (*Elle retombe évanouie.*)

ACTE DEUXIEME.

(Le théâtre représente l'intérieur d'une petite chaumière. Un vieillard est assis au coin d'un feu à demi éteint ; la jeune fille s'occupe à ranger le peu d'objets qui se trouvent dans la chaumière.)

SCÈNE PREMIÈRE.

LE VIEILLARD, BLANCHE.

BLANCHE.

Je craignais de n'avoir pas fini de ranger avant l'arrivée de ces dames qui nous ont promis hier de revenir ce matin ; mais j'ai bientôt terminé. Vous ne sauriez croire, mon cher petit papa, combien je me trouve heureuse ici seule avec vous ! (*Elle court l'embrasser.*)

LE VIEILLARD, *lui prenant les mains dans les siennes.*

Je désirerais bien te rendre plus heureuse encore, ô ma chère Blanche ; tu le mérites bien ; mais le ciel a voulu nous éprouver dans le creuset des tribulations : sachons supporter le malheur sans nous plaindre. Un jour, peut-être, il daignera nous être favorable et récompenser tes vertus.

BLANCHE.

Si je souhaite que vos vœux s'accomplissent, c'est seulement pour vous voir plus gai, plus content, ô mon père ; car pour moi, il ne me manque rien quand je suis près de vous. Mais vous, ah ! ce n'est pas la même chose : vous souffrez, et je voudrais pouvoir soulager vos souffrances... Hélas! je ne le puis... Mais dites-moi, bon papa, quelles sont donc ces dames qui, hier, ont causé si long-temps avec vous ? elles ont paru bien surprises de vous rencontrer en cet endroit ; j'ai remarqué l'étonnement extraordinaire que leur causait votre présence... Tenez, ce sont elles, je crois, qui s'avancent là-bas au coin du bois. Voyez-vous ?

LE VIEILLARD.

Quoi ! à pied?

BLANCHE.

Oui, mon papa.

LE VIEILLARD, *d'un air rêveur.*

Cela ne me semble annoncer rien de bon !

BLANCHE.

Papa, j'aperçois leur voiture dans le lointain.

SCÈNE DEUXIÈME.

LES PRÉCÉDENS, Mmes D'ORBERG, DE VERNON, DE VOLIGNY, SUIVANTES.

Mme D'ORBERG.

Bonjour, bon vieillard, permettez-nous de venir troubler un peu le calme profond de votre solitude.

Mme DE VERNON.

En dissiper les ennuis et nous reposer un peu à l'ombre de ces chênes antiques ; vraiment ce séjour est tout-à-fait poétique.

LE VIEILLARD.

Soyez les bien venues, mesdames, et disposez de tout ici selon votre bon plaisir.

Mme DE VOLIGNY, *à Blanche qui fait les honneurs.*

Mais cette jeune fille est charmante ;

elle fait les honneurs de sa maison avec une grâce, une aisance qui enchante.

Mme D'ORBERG.

Elle ne sent pas du tout la campagne.

Mme DE VERNON.

C'est fâcheux qu'une jeune fille si bien élevée, reste ainsi ensevelie dans l'obscurité. (*A Blanche, apercevant une guitare.*) Mais est-ce à vous cette guitare, mademoiselle?

BLANCHE.

Oui, madame.

Mme DE VERNON.

Vous êtes donc musicienne?

BLANCHE.

Quelquefois, je chante quelques couplets pour soulager les souffrances de mon père. Il aime à entendre mes accens, et il est si bon, qu'il se contente toujours du peu que je sais.

Mme DE VOLIGNY, *à ses compagnes.*

Quelle modestie! (*A Blanche.*) Chantez-nous quelques-uns de ces airs que votre père aime tant à entendre; nous les écouterons avec plaisir. Ils doivent être délicieux, les accens que la tendresse filiale inspire. (*Blanche, avec embarras, regarde son père.*)

LE VIEILLARD.

Allons, ma fille, ne désoblige pas ces dames; il est des circonstances où la modestie doit céder au devoir.

BLANCHE *prend sa guitare et chante.*

Air : pour la Zerby plus de bonheur.
(*Danseuse de Venise.*)

Oui, pour jamais de ma pensée
Ont fui tous les heureux momens;
Ma jeunesse est déjà passée
Quand je compte à peine seize ans.
Près de mon père, à chaque instant,
Des jours passés je regrette l'usage.
En promettant d'être plus sage.

TOUTES.

Elle chante à ravir!

Mme D'ORBERG.

Tout ce que nous voyons ici tient vraiment du mystère et excite au plus haut degré ma curiosité. Dites-moi, bon vieillard, hier vos traits m'ont frappée, et si je vous ai demandé la permission de venir vous voir aujourd'hui, ce n'était qu'afin d'éclaircir un doute. Votre langage, vos manières, l'éducation brillante de votre fille, tout ce que je vois ici contribue à confirmer l'idée que j'ai, que vous n'êtes pas né dans cette misérable situation où je vous vois. Si quelque malheur est venu trancher le fil de vos destinées, troubler la paix de vos jours, parlez, je puis vous être utile, parlez; mon mari est puissant à la cour, peut-être que....

LE VIEILLARD.

Je ne puis vous cacher plus long-temps, madame, que l'état dans lequel vous me voyez maintenant ne convient guère à la fortune dont je jouissais; mais long-temps persécuté, abandonné des hommes, même de mes meilleurs amis, je me suis familiarisé avec le malheur; j'ai appris à supporter la misère; et désormais, si je regrette encore quelque chose, c'est seulement de ne pouvoir donner à cette chère enfant un sort plus heureux, en récompense de ses vertus, et surtout de sa piété filiale.

LES TROIS DAMES, *à la fois.*

De grâce, vénérable vieillard, apprenez-nous quels furent ces malheurs; et, n'en doutez pas, nous viendrons à bout de les réparer.

LE VIEILLARD.

C'est un secret que je dois emporter dans la tombe, car il y va de ma tête; et le jour qui rendrait à ma fille son nom et sa famille, la couvrirait de honte, sans, pour cela, la tirer de la misère.

TOUTES.

Ciel!... Que dites-vous?

LE VIEILLARD.

La vérité !... Long-temps j'ai cherché à obtenir ma grâce ; mes démarches et mes efforts sont demeurés sans succès. Il ne me restait plus qu'un seul ami ; il m'avait bien promis de s'employer pour moi, il l'a fait sans doute ; mais depuis quelques mois, je n'entends plus parler de lui. Et pourtant, en lui seul reposaient mes dernières espérances. Ce silence m'accable !

Mme D'ORBERG.

Et cet ami, comment le nommez-vous ? Peut-être, pauvre vieillard, pourrons-nous vous en donner des nouvelles ; s'il jouit d'un assez grand crédit pour obtenir votre grâce, il doit être bien connu de toutes les personnes qui sont en honneur à la cour.

LE VIEILLARD.

Le marquis de Vaniéville.

Mme D'ORBERG.

Mon père !....

LE VIEILLARD.

Votre père !... Mon meilleur ami ! Vous êtes donc cette chère Blanche de Vaniéville, la marraine de ma fille ?

Mme D'ORBERG.

Ciel !... Le comte d'Ausping, ancien ministre du roi.

TOUTES.

Le comte d'Ausping !!!

LE VIEILLARD.

Oui, je suis le comte d'Ausping ; et puisque vous avez surpris mon secret, il n'est plus nécessaire de feindre. — Je vais vous rapporter tous les malheurs qui ont accablé ma vieillesse depuis le moment fatal où j'ai quitté le service du roi. Banni, condamné, poursuivi comme coupable, pour avoir été trop fidèle à mon prince, je suis venu me réfugier dans cette sombre solitude, pensant que j'y serais en sûreté contre les persécutions de mes cruels ennemis. Du peu d'or qui me restait encore après la confiscation de tous mes biens, j'achetai cette petite cabane et le champ que vous voyez. Ici, j'ai vécu dans la misère la plus affreuse ; j'ai endurci mes mains au travail ; j'ai courbé mon corps sous le poids des fardeaux, et j'ai conservé ma misérable existence pour soutenir celle de ma fille, la seule consolation qui me restât dans mon malheur.

Cependant le ciel avait semblé, pour un temps, prendre pitié de cette jeune infortunée : madame la baronne de Saverny l'avait prise sous sa protection ; elle l'avait donnée pour compagne à sa fille, elle avait même porté la bonté jusqu'à la regarder comme son enfant ; mais la mort vint surprendre la baronne, et ma fille, ne pouvant supporter l'orgueil de mademoiselle Jenny de Saverny, m'écrivit de l'aller chercher. Je partis aussitôt ; je fus fort mal accueilli au château de Saverny, et je m'en retournai le cœur plein d'indignation des hauteurs et du mépris avec lequel Mlle de Saverny nous avait traités.

Mme D'ORBERG.

Comte, vous pouvez désormais oublier tous vos malheurs : mon père avait obtenu votre grâce ; mais au moment où il se disposait à vous écrire, il fut enlevé à notre tendresse par un fâcheux accident. Mon mari s'informa aussitôt des moyens de vous faire parvenir vos lettres de grâce ; mais depuis deux mois qu'il met tout en œuvre pour découvrir votre retraite, toutes ses démarches sont restées sans succès. Il a pensé que vous aviez cessé d'exister. Jugez de sa surprise et de sa joie, lorsqu'il apprendra qu'il peut encore remplir les dernières volontés de mon père, et rendre à la société un de ses plus illustres membres, au trône, un de ses plus fermes soutiens, dont les malheurs d'une fatale révolution nous avaient privés si long-temps.

LE VIEILLARD.

Je n'ai plus que peu de temps à rester sur cette terre; et si jamais j'ai désiré me voir rappelé à la cour, ce n'a été que pour y faire le bonheur de ma fille qui, à tant de titres, mérite un meilleur sort.

Mme DE VERNON, *l'interrompant.*

Mesdames, croyez-moi, ne perdons pas le temps à discourir, et partons tout de suite pour annoncer à monsieur d'Or-berg l'heureuse découverte que nous venons de faire.

Mme DE VOLIGNY.

Plutôt, prions monsieur le comte de monter en voiture, et de venir avec nous recevoir lui-même cette bonne nouvelle de la bouche de M. d'Orberg.

LE VIEILLARD.

J'y consens, madame, car je ne saurais refuser aucun des moyens qui peuvent hâter mon bonheur. (*Ils partent.*)

ACTE TROISIEME.

(*Le théâtre représente un salon richement meublé, mais tout y est en désordre.*)

SCÈNE PREMIÈRE.

JENNY, JULIE.

JENNY, *étendue négligemment sur un sofa.*

Ah qu'il est beau d'être sa maîtresse! Avoue, Julie, que depuis quelque temps, les jours s'écoulent ici bien rapidement. Toujours des plaisirs, des fêtes, des amusemens variés. N'est-ce pas que je m'entends bien à faire les honneurs de ma maison?

JULIE.

Oui, mademoiselle; depuis que vous êtes la maîtresse du château, tout a bien changé de face.

JENNY.

Aussi, c'était par trop monotone; ma pauvre mère fuyait les plaisirs qui conviennent si bien à mon âge! Enfin elle avait sans doute ses raisons pour être toujours triste, et moi j'ai les miennes pour être toujours gaie.

JULIE.

Sans doute. Mais ce qui me déplaisait autrefois, c'était d'être obligée de travailler sans cesse; on n'avait pas un instant de repos. Oh les temps sont bien changés! que je me trouve heureuse avec vous, mademoiselle! Mais vous m'aviez bien promis que vous me feriez l'honneur de me prendre pour femme de chambre; il y a déjà longtemps de cela, et pourtant je suis toujours Julie, la simple servante.

JENNY.

Tu as raison, Julie, je me le rappelle bien; mais je ne sais comment faire pour me débarrasser de Catherine, sa présence m'importune, je voudrais la renvoyer, et cette fille a pris tant d'empire sur moi, que je n'ose lui annoncer cette nouvelle.

JULIE.

Oh! pour cela, mademoiselle, je ne le voudrais pas; je n'ambitionne sa place qu'autant que vous lui en donnerez une plus élevée.

JENNY.

Comment! et toi aussi, tu te mêles d'avoir de la délicatesse?

JULIE.

Et pourquoi pas, mademoiselle? Madame votre mère ne nous a-t-elle pas répété bien des fois que la délicatesse et la soumission sont les deux principales qualités d'une bonne servante? Et puis, voyez-vous, je ne voudrais pas faire de peine à cette pauvre Catherine, elle vous aime tant, elle aimait tant madame votre mère.

SCÈNE DEUXIÈME.

LES PRÉCÉDENTES, CATHERINE.

CATHERINE, *entrant avec précipitation.*

Mademoiselle! mademoiselle!

JENNY.

Eh bien, que venez-vous encore m'annoncer avec votre air effaré?

CATHERINE.

Vous savez, mademoiselle, ce grand livre que vous appelez vos mémoires secrets, que vous vous amusiez à lire hier? j'ai beau le chercher, je ne puis le trouver.

JENNY.

Bien, bien, n'en soyez pas en peine, Catherine; je les ai prêtés hier à une personne qui me les a demandés.

CATHERINE.

Mais, mademoiselle, pardonnez-moi, je crois que....

JENNY, *vivement.*

Parlez! que voulez-vous dire?

CATHERINE.

C'est ce même livre que madame la baronne vous avait tant recommandé de jeter au feu. Vous savez qu'à ses derniers momens, lorsqu'elle vous fit venir en sa présence, elle vous dit: « Ma chère Jenny, n'oublie pas de remplir mes dernières volontés : la première chose que tu feras après m'avoir fermé les yeux, ce sera de lire et ensuite de brûler ce grand livre qui contient les mémoires de ma vie ; je les ai écrits pour te mettre sous les yeux un grand exemple de la sévérité avec laquelle le ciel punit l'orgueil, l'injustice et l'ambition. Car je n'aurais jamais eu la force de te dire de vive voix tout ce que contient ce livre. Surtout, fais bien attention qu'il ne soit pas vu par d'autres personnes que toi, car ta fortune, ton bonheur, la paix de tes jours est attachée à ce secret important. »

JENNY, *avec emportement.*

Catherine, finirez-vous bientôt! vous abusez de ma patience!

CATHERINE, *les larmes aux yeux.*

Pardonnez à mon zèle, à mon attachement bien sincère, la liberté que je prends de vous renouveler une scène aussi affligeante ; mais n'ai-je pas eu toujours pour vous toute la tendresse d'une mère? N'ai-je pas entouré votre enfance de tous les soins les plus assidus? Ne suis-je pas......

JENNY *avec émotion.*

Sortez, je veux être seule.

JULIE.

Mademoiselle commande-t-elle quelque chose?

JENNY.

Non, va-t-en aussi. Ne t'ai-je pas dit que je veux être seule?

SCÈNE TROISIÉME.

JENNY SEULE.

(*Elle fait quelques pas dans le salon en réfléchissant, puis elle s'arrête et dit :*)

En effet, elle a raison ; ma mère

m'avait bien recommandé de lire ce livre et de le brûler aussitôt après. Mais que peut-il contenir ? son histoire ? tout le monde s'accorde à dire qu'elle était bonne, qu'elle était vertueuse; je n'ai donc pas à craindre d'avoir compromis sa réputation...... Mais elle m'a dit aussi que ma fortune, mon bonheur, la paix de ma vie dépendent des secrets renfermés dans ces mémoires..... Je suis fâchée de ne les avoir pas lus..... Enfin, après tout, que peut-il m'arriver ? Ne suis-je pas riche, heureuse, fêtée, admirée de tous ceux qui se font un honneur et un véritable plaisir d'assister à mes brillantes soirées? Quand même, la personne à qui j'ai prêté ce livre doit me le remettre aujourd'hui, et je suis bien persuadée que, si elle y trouve quelque chose qui puisse compromettre mon avenir, elle gardera le plus profond secret. Allons, chassons les noires idées qui viennent troubler des jours si délicieux. (*Elle s'approche du piano.*)

SCÈNE QUATRIÈME.

JENNY, CATHERINE.

CATHERINE.

Mademoiselle, voici une lettre très-

pressée que l'on m'a dit de vous remettre tout de suite.

JENNY, *prenant la lettre.*

Donnez; ah c'est sans doute une lettre d'invitation pour quelque soirée, mais je n'irai pas, je trouve toutes ces soirées trop misérables, on ne s'y amuse pas du tout. A celles que je donne, c'est bien différent, rien ne manque; aussi me dit-on souvent que je m'entends à faire les honneurs de ma maison, que je fais un noble usage de ma fortune. (*Elle va pour rompre le cachet.*) Que vois-je? le sceau royal?.... Quel bonheur; c'est sans doute une invitation de la part de sa majesté! je suis appelée à la cour! Voyons, ouvrons vite... (*Elle lit:*) « Au nom du roi, mademoiselle » Jenny de Saverny est dépossédée de » tous les biens, titres et honneurs » qu'elle a reçus de ses parens. Lesdits » biens retournent de droit à leur ancien et véritable possesseur...... » (*Elle laisse tomber la lettre, pâlit et tombe en criant:*) Ciel! je suis perdue !......

Catherine, qui s'est tenue à quelque distance de Jenny pendant la lecture de cette lettre, s'empresse de lui porter secours.)

ACTE QUATRIÈME.

(*Le théâtre représente un salon magnifique.*)

SCÈNE PREMIÈRE.

LE COMTE D'AUSPING, LE MARQUIS D'ORBERG.

LE COMTE D'AUSPING.

Mais, marquis, vous n'y pensez pas :

ce château, je le reconnais; c'est celui de madame la baronne de Saverny, la protectrice de ma fille.

LE MARQUIS D'ORBERG.

Précisément, et c'est celui que vous devez habiter désormais, lorsque vos nouvelles fonctions ne vous appelleront point à la cour; telle est la volonté du roi.

LE COMTE.

Je respecte infiniment les décrets du roi mon maître; mais je ne puis souffrir qu'avec peine que l'on bannisse les héritiers de cette maison, pour m'en donner la propriété.

LE MARQUIS.

L'orgueil et l'inexpérience d'une jeune fille ont causé tout ce désordre, qui a complètement tourné à votre avantage. Vous savez sans doute comment est mort le baron de Saverny? le ciel a tiré une juste et sévère punition de ses crimes; mais il a permis aussi que sa vertueuse épouse vécut paisiblement dans cette demeure jusqu'à son dernier soupir. Après la mort de la baronne, son indigne fille fit éclater son orgueil. Elle rassembla au château, tous les jours, une société nombreuse. Son peu de réserve, son indiscrétion ne tarda pas à faire découvrir que son père avait été l'âme de cet infâme complot qui vous a renversé avec tous ceux qui avaient embrassé votre parti. Des mémoires secrets que la baronne avait écrits pour prévenir sa fille contre les dangers de l'orgueil et de l'ambition, ont été publiés et ont dévoilé tout ce qu'il y avait d'odieux dans la conduite du baron. Le roi, informé de tout ce qui se passait, a ordonné qu'on revît votre procès; il a reconnu publiquement votre innocence; il vous a réhabilité dans toutes vos anciennes charges et dignités; il a voulu qu'on vous rendît vos biens; et, en outre, il vous donne la propriété du château de Saverny, pour vous indemniser des pertes nombreuses que vous avez faites.

LE COMTE.

Je rends grâces à la bonté du monarque; mais je plains sincèrement le malheur de mademoiselle de Saverny, et je

regarde comme un devoir sacré de lui rendre tout le bien que sa défunte mère a fait à ma fille.

SCÈNE DEUXIÈME.

LES PRÉCÉDENS, BLANCHE, MESDAMES D'ORBERG, DE VERNON, DE VOLIGNY.

Mme D'ORBERG.

Prenez possession de cette nouvelle demeure, ma chère enfant.

Mme DE VERNON.

Et faites-en les honneurs comme vous le faisiez à la chaumière.

Mme DE VOLIGNY.

Ce palais convient mieux à vos belles manières; au moins vous aurez tout lieu de vous faire admirer.

BLANCHE.

Ces lieux me rappellent de biens tendres souvenirs, et en même temps font naître en mon âme des pensées bien affligeantes.

Mme DE VERNON.

C'est sans doute le sort de cette orgueilleuse Jenny qui vous attriste encore; oubliez-la donc, abandonnez-la donc à son malheureux sort, elle l'a bien mérité.

BLANCHE.

Pourrais-je jamais vivre en paix dans cette demeure, lorsque je saurai que celle que j'appelais du doux nom de sœur, la fille unique de ma bienfaitrice, de ma seconde mère, languit dans la misère loin du toit paternel. Oh non, jamais!

LE COMTE, courant embrasser sa fille.

Embrasse ton père, ô ma fille; des sentimens si généreux ne démentent point en toi la noblesse de ton sang. Oui, sois reconnaissante; oublie le mal pour ne te rappeler que les bienfaits que tu as reçus. La baronne de Saverny fut ta mère, je serai le père de sa fille.

Mme DE VOLIGNY, *aux deux dames.*

Allons lui annoncer cette bonne nouvelle. (*Elles partent.*)

SCÈNE TROISIÈME.

LE COMTE, LE MARQUIS, BLANCHE.

LE COMTE.

Ma fille, prépare-toi à recevoir dignement ta sœur adoptive; fais-lui bien connaître, par tes amitiés et tes prévenances, que nous désirons lui faire oublier entièrement son malheur.

LE MARQUIS.

Et si pourtant, dans son orgueil, elle méprisait vos bienfaits?...

BLANCHE, *vivement.*

Alors, nous abandonnerions cette demeure, nous la forcerions à accepter ce château pour prix des bienfaits que j'ai reçus de sa mère; nous.... Mais j'entends venir ces dames.

SCÈNE QUATRIÈME.

LES PRÉCÉDENS, MESDAMES DE VERNON, D'ORBERG, DE VOLIGNY.

Mme DE VERNON.

Toutes nos prières, toutes nos instances ont été inutiles. Jenny refuse de paraître; elle se tient enfermée dans un petit cabinet et nous accable de malédictions.

AIR : *Marche de Marié.*

LE COMTE.

Mépriser ainsi ma clémence !
Ah! j'en fais serment sur l'honneur;
J'y perdrai plutôt ma science
Ou je lui rendrai le bonheur !

BLANCHE.

Pourrai-je, après un an d'absence,
Lui donner le doux nom de sœur?
Apaiser sa triste souffrance,
Calmer le trouble de son cœur?

LE COMTE.

Ne perdons pas toute espérance
De la rappeler au bonheur;
Je réponds de l'obéissance
Qu'elle aura pour son protecteur.

SCÈNE CINQUIÈME.

LES PRÉCÉDENS, CATHERINE, JULIE, JENNY.

CATHERINE, *en entrant ; à Jenny, qui s'appuie sur son bras et sur celui de Julie.*

Allons, mademoiselle, prenez donc courage; ne vous abandonnez pas ainsi à la douleur.

JENNY.

Les vois-tu tous ? ils viennent me chasser de la maison de mon père. Je ne suis plus qu'une étrangère dans la demeure de ma mère! Un arrêt injuste et cruel me prive tout-à-coup de mon héritage, et tu voudrais.... et l'on voudrait que j'aimasse encore les cruels....

BLANCHE *apercevant Jenny, court se jeter dans ses bras ; Catherine et Julie sortent.*

O Jenny, ô ma sœur ! permets-moi de te donner ce doux nom ; maintenant que la fortune m'a faite ton égale, tu l'entendras sans rougir !.....

LE COMTE.

Venez dans mes bras, Jenny, je veux à mon tour être votre père ; je veux vous rendre les doux soins que votre vertueuse mère rendit autrefois à ma fille. (*Jenny les repousse.*)

BLANCHE.

Eh quoi, tu me repousses! Ne reconnais-tu donc plus ta sœur? C'est

Blanche, cette Blanche que tu aimais autrefois, que tu as méprisée plus tard, mais qui a oublié tes rigueurs pour ne se souvenir que de ton amitié; c'est elle qui revient à toi, après une si longue absence.

JENNY.

Air du Pré aux Clercs.

O Blanche, ton absence
Ne m'a paru qu'un jour,
Sais-tu bien la souffrance
Que me fait ton retour
Aux lieux de ton enfance?
Et pourquoi ce retour?
Blanche, que ta présence
Attriste ce séjour !
Vois mes pleurs, ma tristesse,
Mon cruel embarras !

BLANCHE.

» Oui c'est moi, plus d'absence ,
» Me voilà de retour;
» Au plaisir la souffrance
» A fait place en ce jour.
» Aux lieux de mon enfance,
» Quand je suis de retour,
» Mon cœur à l'espérance
» Renaît en ce séjour.
» Plus de pleurs, de tristesse,
» Ma sœur, viens dans mes bras !

TOUTES.

C'est elle, plus d'absence,
La voilà de retour ;
Au plaisir la souffrance
A fait place en ce jour.
Aux lieux de son enfance
Quand elle est de retour ,
Ah! combien sa présence
Va charmer ce séjour !
Plus de pleurs, de tristesse,
Jetons-nous dans ses bras !
(*Elles s'embrassent toutes.*)

LE COMTE.

Allons, mes enfans, oublions le passé pour ne plus penser qu'au présent. Ce jour est le plus beau jour de ma vie : je rentre en grâce avec mon roi ; je sors de l'affreuse misère dans laquelle la noire calomnie m'avait précipité ; je retrouve des biens considérables que je croyais avoir perdus pour jamais ; enfin je puis rendre à une orpheline le bonheur et le repos, et reconnaître les nombreux bienfaits que sa mère avait prodigués à ma fille chérie. Le ciel pouvait-il se montrer plus favorable à ma vieillesse ! Rendons-lui grâces, ô mes enfans, pour tant de biens qu'il a daigné nous accorder, et célébrons par des chants d'allégresse, ce jour à jamais mémorable.

SCÈNE SIXIÈME.

LES PRÉCÉDENS, CATHERINE, JULIE.

CATHERINE.

Une foule de paysans et de paysannes demandent à venir rendre leurs hommages à monsieur le comte.

JULIE , *vivement.*

Je n'ai pas voulu les laisser entrer jusqu'ici; ils font un train épouvantable. Entendez-vous ce vacarme !

LE COMTE.

Ouvrez, ouvrez, qu'ils entrent, ces bonnes gens !... Ils viennent rendre hommage à leur nouveau seigneur, eh bien, il seront aussi de la fête.

TABLEAU.

TOUS LES PRÉCÉDENS, PAYSANS, PAYSANNES.

Les paysans s'accompagnent sur leurs instrumens en chantant:

AIR : Il faut partir, ô peine extrême.
(*Du tableau parlant.*)

PREMIER CHOEUR.

Entrons, entrons, ô joie extrême,

Nous pourrons parler à lui-même.
Allons tous lui porter nos vœux !

DEUXIÈME CHOEUR.

Les pleurs s'échappent de nos yeux !

PREMIER CHOEUR.

O jour de charmes !
Séchons nos larmes,

Et rendons à notre seigneur
L'hommage, la gloire et l'honneur.

DEUXIÈME CHŒUR.

Qu'il règne à jamais sur nos cœurs !

LES DEUX CHŒURS.

Comblons-le de gloire et d'honneurs !
Déjà l'espoir brille à nos yeux,
Et la paix descend en ces lieux.

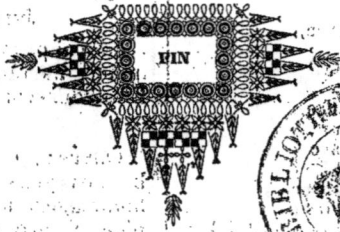

PAYSANNES.

Soyez deux compagnes fidèles,
Blanche et Jenny ; que le malheur
Ne vienne plus, mesdemoiselles,
Troubler la paix de votre cœur.

BLANCHE.

A t'aimer toujours je m'engage,
Jenny ; ah ! n'est-tu pas ma sœur ?

L'amitié pure de notre âge
Ne trouble point la paix du cœur.

JENNY.

Ah ! quel est ce trouble charmant ?
Blanche, mon âme est attendrie,
Je suis dans le ravissement ;
Sois ma sœur pour toute la vie.

TOUS.

O jour de charmes !
Séchons nos larmes,
Et rendons à notre seigneur
L'hommage, la gloire et l'honneur.
Qu'il règne à jamais sur nos cœurs ;
Comblons-le de gloire et d'honneurs !
Déjà l'espoir brille à nos yeux,
Et la paix descend en ces lieux.

FIN

Bourges, imprimerie de Veuve MÉNAGE.

RECUEIL

DE PIÈCES MORALES ET INSTRUCTIVES,

A L'USAGE

DES COMMUNAUTÉS RELIGIEUSES, DES INSTITUTIONS, DES PENSIONNATS, ETC.

Par Victor Doublet,

PROFESSEUR DE BELLES-LETTRES,

AUTEUR D'UN GRAND NOMBRE D'OUVRAGES DE MORALE, DE LITTÉRATURE ET D'ÉDUCATION, ET DE LA VIE DE SA MAJESTÉ DON CARLOS V, ROI D'ESPAGNE, ETC.

A BOURGES,

CHEZ L'AUTEUR, RUE DES ARÈNES, 19,

ET CHEZ TOUS LES LIBRAIRES QUI TIENNENT LES LIVRES D'ÉDUCATION.

1841-42.

A ma nièce Thaïs.

Une jeune personne instruite et vertueuse
fait les délices de son père et la gloire de sa
mère.

URSULE,

COMÉDIE EN QUATRE ACTES, MÊLÉE DE CHANTS,

Par Victor Doublet,

PROFESSEUR DE BELLES-LETTRES,

AUTEUR DE PLUSIEURS OUVRAGES DE MORALE, DE LITTÉRATURE ET D'ÉDUCATION, ET DE LA VIE DE S. M. DON CARLOS V DE BOURBON, ROI D'ESPAGNE.

PERSONNAGES.	PERSONNAGES.
M. d'ESCARS.	CLAIRE, fille de Mme d'Ermilly.
Mme d'ESCARS.	Mme d'ARMENTIÈRES.
URSULE, nièce de M. d'Escars.	ANGELINA, fille de Mme d'Armentières.
LOUISE, nièce de Mme d'Escars.	FRANÇOISE, domestique.
Mme d'ERMILLY.	Nombreux invités.

ACTE PREMIER.

(Le théâtre représente une petite chambre, aux murs de laquelle sont suspendus plusieurs objets de dévotion. Une jeune personne assise auprès d'une petite table, tient un livre dans ses mains et paraît profondément recueillie.

SCÈNE PREMIÈRE.

URSULE, MADAME D'ESCARS.

Mme D'ESCARS, *vivement à Ursule qui tient un livre entre ses mains.*

Eh bien, mademoiselle, vous n'en finirez-donc pas avec vos livres de piété? Il est bon d'être sage, je vous l'ai déjà répété cent fois, mais je ne veux pas faire de vous une petite bigote, et vous en prenez vraiment toute la tournure. (*Elle lui arrache son livre.*) Allons, marchez au salon, préparez tout ce qu'il faut pour le bal de ce soir. (*Ursule sort les larmes aux yeux.*)

Mme D'ESCARS *seule.*

C'est vrai, ça ; donnez - vous donc bien de la peine pour élever les enfans des autres, et puis quand c'est un peu grand, ça ne veut plus faire qu'à sa tête

Maudites religieuses, va; avoir fourré
dans la tête de cette enfant des idées si
sottes, la détourner de chez moi, l'engager à se faire religieuse. Ah! c'est ce
que nous verrons! Et son oncle, donc,
il faudrait voir comme il entend ça. A
propos, le voilà; oui, je crois que c'est
lui qui vient; il me cherche sans doute.
Aussi, avec cette petite, il faut toujours être par voie ou par chemin.

SCÈNE DEUXIÈME.

MONSIEUR ET MADAME D'ESCARS.

M. D'ESCARS.

Eh bien, allons-donc, que fais-tu
donc là, pendant que l'on t'attend à
l'office? As-tu oublié que tu reçois ce
soir, et qu'il n'y a encore rien de préparé?

Mme D'ESCARS.

Oh je ne l'oublie pas, va; mais c'est
ta nièce qui est cause que je suis en retard. Imagine-toi que je la cherchais
partout, et que désespérée de ne pas
la trouver, je suis venue ici où je l'ai
encore surprise à lire ses dévotion-
nettes.

M. D'ESCARS.

Ne t'en mets pas en peine, j'aime
mieux lui voir ce défaut-là qu'un autre,
et nous viendrons facilement à bout de
l'en corriger; car si je savais qu'elle dût
rester ainsi comme une petite sotte,
comme une petite momie, je ne sais
pas ce que je lui ferais, je crois que....
Mais ne t'inquiètes pas, je la ferai bien
changer.
A propos, je viens de chez le confi-
seur: il m'a promis six douzaines de
glaces, un bel assortiment de petit four,
des confitures, des bonbons, rien enfin
ne manquera à cette soirée. Et le bal,
donc, ah! c'est cela qui sera charmant;
oh, mon Ursule, nous verrons si tu
n'ouvriras pas tes grands yeux noirs

pour contempler toute cette magnifi-
cence; car après tout, c'est pour elle,
pour elle seule, que je me constitue
ainsi en dépenses.

Mme D'ESCARS.

Tu es cent fois trop bon, va; elle ne
mérite pas tout ce que tu fais pour
elle.

SCÈNE TROISIÈME.

LES PRÉCÉDENTES, FRANÇOISE.

FRANÇOISE, appelant en dehors.

Madame! madame! où êtes-vous
donc? (Elle entre.) Ah! vous êtes ici;
venez-donc vite, quelqu'un vous demande.

Mme D'ESCARS.

J'y vais, j'y vais. Sais-tu pourquoi,
au moins?

FRANÇOISE.

Oui, madame; c'est pour les bonbons et les rafraichissemens que l'on
vient d'apporter. (Elle sort.)

Mme D'ESCARS.

J'y cours; car cette petite sotte
d'Ursule n'est capable de rien. Je vous
demande un peu, ne pourrait-elle pas
recevoir aussi bien que moi tous ces
objets? d'autant plus que c'est absolument pour elle, pour elle seule, que
nous donnons cette soirée dansante. Ah!
mes parens n'en ont jamais tant fait
pour moi, et ça ne m'a pourtant pas
empêchée d'épouser un bon parti.
Mais je ne le dis pas pour me vanter, au
moins; quoique je n'étais pas riche, je
valais bien monsieur d'Escars, j'avais
tant de bonnes qualités.

M. D'ESCARS.

Allons, ma bonne amie, va donc vite,
on t'appelle, et ne manque pas de m'envoyer sur-le-champ Ursule, afin que je
lui fasse sa leçon pour ce soir.

Mme D'ESCARS.

J'y cours tout de suite; mais tu auras fort à faire si tu prétends la faire changer de caractère !

~~~~~~~~~~~~~~~~~~~~~~~~~~~~

SCÈNE QUATRIÈME.

MONSIEUR D'ESCARS SEUL.

Ma femme a raison, je crains bien de ne pouvoir pas réussir à faire changer le caractère de ma nièce; mais je ne veux pourtant pas me lasser sitôt; je vais mettre tout en œuvre pour y parvenir; et si enfin cela m'était impossible, il faudrait bien alors employer les voies de rigueur : car je ne puis souffrir que cette chère enfant aille s'ensevelir toute vive sous les grilles obscures d'un couvent. Allons, ne perdons pas courage; je l'entends venir. Pourtant il m'en coûte de la contrarier et de lui faire de la peine, mais c'est pour son bien.

~~~~~~~~~~~~~~~~~~~~~~~~~~~~

SCÈNE CINQUIÈME.

MONSIEUR D'ESCARS, URSULE.

URSULE.

Me voici, mon bon oncle, que me voulez-vous ?

M. D'ESCARS.

Je veux t'embrasser d'abord, ma chère nièce, et puis nous parlerons ensuite d'une affaire importante que j'ai à te communiquer. (*Il embrasse sa nièce.*) Allons, assieds-toi là près de moi, et écoute bien tout ce que je vais te dire; surtout ne m'interromps pas, tu parleras à ton tour, je t'en donne toute la liberté, à condition que tu t'expliqueras franchement avec moi. (*Ils s'asseyent. M. d'Escars, après avoir réfléchi un peu, commence ainsi :*)

Tu sais, ma chère nièce, qu'après la mort de tes parents, je t'accueillis dans ma maison où je t'ai élevée. Tu étais bien jeune alors, et tu ne sentis pas toute l'étendue de la perte que tu venais de faire. Je m'efforçai autant que je le pus, de t'entourer des soins les plus tendres, afin de te faire ignorer complètement ton malheur. Ta tante, tu le sais encore, seconda parfaitement mes bonnes intentions à ton égard. Le ciel ne nous avait point accordé d'enfans, nous nous consolâmes dans l'espoir que tu nous resterais attachée, et qu'en toi pourraient reposer toutes nos affections. Dès cet instant, nous t'élevâmes donc non comme une malheureuse orpheline que la pitié seule rend chère à des âmes sensibles et compatissantes, mais nous te regardâmes comme notre propre enfant; nous te reçûmes comme un don précieux que le ciel nous envoyait pour consoler notre vieillesse.

Depuis ce temps, nous n'avons rien négligé pour faire de toi une personne accomplie. Nous avons fait tous les sacrifices nécessaires pour te donner une brillante éducation, afin de te mettre à même de paraître un jour avec éclat sur la scène du monde, où la fortune que nous te réservons doit te procurer un rang honorable. Aujourd'hui donc, qu'il nous est permis de contempler en toi notre ouvrage, aujourd'hui qu'un sort brillant semble se décider en ta faveur, voudrais-tu nous priver de notre plus douce satisfaction, la seule que nous puissions espérer encore en ce monde, celle de te voir heureuse ? Réponds-moi, ma chère Ursule, parle avec franchise !

URSULE.

Oh mon bon oncle, que ne ferais-je pas pour vous être agréable, en voyant combien vous m'aimez, en pensant à tout ce que vous avez fait pour moi !

M. D'ESCARS.

Eh bien, mon Ursule, renonce donc pour jamais à ces idées bizarres d'une dévotion mal entendue qui te fait continuellement fuir la société pour rechercher la solitude, et promets-moi de te montrer aimable et gentille au bal de ce soir. Ne néglige rien pour te rendre agréable et te faire admirer ; par-là, tu feras mon bonheur, les délices de ta tante, et nous serons tous heureux.

URSULE.

Quoique les conditions que vous m'imposez-là me paraissent bien dures, ô mon oncle, je m'y soumettrai pour ne pas vous déplaire.

M. D'ESCARS.

A la bonne heure, ma chère nièce, tu me fais plaisir, et tu verras que peu à peu tu t'habitueras aux divertissemens, et que tu perdras cet air sombre qui nous a déjà causé tant de chagrin. Allons, je compte sur ta promesse et te laisse pour aller à mes occupations. Embrasse-moi auparavant. (*Ils s'embrassent. M. d'Escars sort.*)

SCÈNE SIXIÈME.

URSULE SEULE.

Mon Dieu, que je souffre ! Je ne voudrais pas faire de peine à mon oncle, il est si bon ! Je lui ai promis de me montrer gaie et aimable à ce bal, et pourtant rien ne me répugne autant que d'assister à un bal. Hélas ! on m'a répété bien des fois que rien n'est aussi dangereux, que la vertu la plus affermie finit toujours par s'y ébranler lorsqu'elle n'y succombe pas. Je sais que je fais mal en y assistant, et je n'ai pas la force de contrarier mon oncle. Comment donc faire ? O mon Dieu, qui voyez le terrible embarras dans lequel je me trouve à cette heure, secourez-moi, daignez ne pas m'abandonner, soutenez-moi au milieu des cruels combats que j'ai à souffrir en ce moment ; je vais vous prier de tout mon cœur ! (*Elle tombe à genoux.*)

ACTE DEUXIEME.

(*Le théâtre représente une salle de réception; les invités dansent, au fond, dans une autre pièce. On entend le bruit des instrumens.*)

SCÈNE PREMIÈRE.

MADAME D'ESCARS, *puis* URSULE.

Mme D'ESCARS.

Enfin Ursule consent à paraître à ce bal, elle l'a promis à son oncle. Ah! si elle savait pour moi de quelle importance est ce changement subit !.... mais je l'aperçois, usons de douceur.

URSULE, *en robe de bal.*

Ma tante, regardez-donc, suis-je bien comme cela ?

Mme D'ESCARS.

Ah! te voilà mon enfant ! C'est bien... très-bien !.... Que j'ai de plaisir à te contempler. (*A part.*) Oui, je n'ai d'espoir qu'en elle !

URSULE.

Vous avez pensé à tout, jusqu'au bouquet.

Mme D'ESCARS.

Oui ; mais il n'est pas bien ainsi, on le porte à la main. (*Elle le lui ôte.*)

URSULE.

C'était donc une grande faute ?

Mme D'ESCARS.

Certainement.

URSULE.

Pardonnez-moi, ma tante, je ne savais pas.

Mme D'ESCARS.

Ta coiffure est un peu trop haute...
Et ta robe donc; il faut faire disparaître
tous ces plis. (*Elle arrange la toilette
d'Ursule.*)

URSULE.

Vous êtes trop bonne, ma tante, ce
sera toujours bien.

Mme D'ESCARS.

Ecoute, mon enfant, fais bien attention à tout ce que je vais te recommander,
et tâche surtout, dans ce bal, de bien
t'amuser : voilà tout ce que je te demande. Songe aussi que comme c'est la
première fois que tu vas à un bal, tu
n'y es pas habituée; il faut donc employer le temps qui te reste à t'essayer
devant ta glace, pour le moment où
l'on viendra t'inviter. (*Elle la fait asseoir et incliner.*) Tu répondras : Avec
plaisir, monsieur, à tous ceux qui t'invi-
teront. Mais vois-donc, tu chiffonnes ta
robe; fais donc attention. On vient......
Ah ! c'est ta cousine.

~~~~~~~~~~~~~~~~~~~~~~~~~~~~~~~~~~~~~~

SCÈNE DEUXIÈME.

MADAME D'ESCARS, URSULE, LOUISE, *en
robe de bal.*

LOUISE, *à part, et entrant en rêvant.*

Oh je ne le pense pas; elle n'obéira
pas à sa tante, elle ne renoncera pas si
facilement à ses idées de dévotion, elle
ne changera pas ainsi subitement toutes
ses résolutions..... Et maintenant, je
l'espère, je n'ai plus rien à craindre....
L'indignation de ma tante sera à son
comble; elle chassera sans pitié cette
petite dévote, qui ne rougit pas de pren-

dre à elle seule la part de tant d'autres;
car, après tout, je suis autant qu'elle ici;
ne suis-je pas la nièce de madame d'Escars ? (*Apercevant Mme d'Escars.*) Ah !
c'est vous, ma tante?

Mme D'ESCARS.

Déjà prête, Louise !... C'est très-
bien. (*En lui montrant Ursule.*) C'est ma
nièce Ursule.... la fille de la maison....

URSULE, *passant près de Louise.*

Presque une sœur !... et je serai bien
heureuse si vous me regardez comme
telle, et si vous voulez bien m'accorder votre amitié.

LOUISE.

Mademoiselle!

URSULE.

Oh! j'en ai grand besoin..... à ce bal
surtout, où vous me guiderez.... Moi,
je ne sais rien.... tout-à-l'heure, déjà,
j'avais mis ce bouquet à ma ceinture;
et sans ma tante, qui m'a dit que cela
ne se fait pas....

LOUISE, *avec ironie.*

Mademoiselle sort de pension ?

URSULE.

Oh! mon Dieu, oui....

LOUISE, *de même.*

On le voit bien.

Mme D'ESCARS.

Je vous la recommande, Louise. (*La
musique se fait entendre de nouveau.*)
Voici encore quelques personnes qui
viennent.

(*Elle va dans la salle du fond.— La musique continue. On voit passer dans le fond
plusieurs cavaliers donnant la main à des
dames mises élégamment, qu'ils conduisent dans la salle du bal.*)

URSULE, *à Louise.*

Je me mettrai à côté de vous, et vous
me direz ce qu'il faut faire.

LOUISE.

Moi, je n'ai rien à dire.

URSULE.

Vous avez raison.... je vous regarderai, et je tâcherai d'imiter....., si je puis.

LOUISE.

Vous n'en avez pas besoin; et sans vous donner tant de mal, vous êtes sûre de plaire.

URSULE, *d'un air affligé.*

Vous croyez?....

LOUISE.

Sans doute. Dès que vous serez connue... Dès qu'on aura prononcé votre nom..... Quelle est cette jeune personne?... — Mademoiselle Ursule d'Escars. — Cette riche héritière?... Tous les jeunes gens s'empresseront autour de vous.... et vous êtes sûre de ne pas manquer une contredanse.

URSULE.

Quoi! ce serait-là le motif?

LOUISE.

Eh mon Dieu! qu'on soit laide ou jolie....: qu'on danse bien ou mal... peu importe.... ce qu'il faut, pour réussir dans un bal, c'est une dot... L'argent est une si belle chose... il donne toutes les qualités.

(*En ce moment, Mme d'Escars rentre accompagnée de deux cavaliers; l'un deux invite Louise qu'il conduit dans la salle où l'on danse; l'autre invite Ursule qui dit à part:*) Oh mon Dieu! voilà un monsieur qui vient m'inviter... (*Bas, à madame d'Escars.*) Faut-il accepter, ma tante?

Mme D'ESCARS.

Sans doute.

URSULE, *s'inclinant.*

Avec plaisir, monsieur. (*A part.*) Ah! mon Dieu! que cela me fait de peine. J'espérais que personne ne viendrait m'inviter, et je croyais pouvoir ainsi ne pas manquer à mon devoir sans pour cela désobliger ma tante. Hélas! je suis toute tremblante. Comment faire pour paraître dans la salle, devant tout le monde!

~~~~~~~~~~~~~~~~~~~~~~~~~~~~~~

SCÈNE TROISIÈME.

MONSIEUR ET MADAME D'ESCARS, LOUISE, URSULE, CAVALIERS ET DANSEUSES.

M. ET Mme D'ESCARS.

» Allons, viens qu'on te présente....
» Grand Dieu! Quel embarras!
» Elle est toute tremblante
» Et n'ose faire un pas.

LOUISE, *avec ironie.*

» Cette grâce touchante!
» Voyez quel embarras;
» Elle est toute tremblante
» Et n'ose faire un pas.

URSULE.

» Grand Dieu! Quel embarras!
» Je suis toute tremblante
» Et n'ose faire un pas.

LE CAVALIER *qui l'a invitée s'approche et répète:*

» Grand Dieu! Quel embarras!
» Elle est toute tremblante
» Et n'ose faire un pas.

TOUS.

» Grand Dieu! Quel embarras!
» Elle est toute tremblante
» Et n'ose faire un pas.

ACTE TROISIEME.

(Le théâtre représente un petit salon. Mme d'Escars, le coude appuyé sur une table, semble se livrer à des réflexions profondes.)

SCÈNE PREMIÈRE.

MONSIEUR ET MADAME D'ESCARS.

M. D'ESCARS, *entrant.*

Eh bien ! où est donc Ursule ? Depuis une heure que je la cherche, il m'est impossible de la rencontrer. Je suis déjà venu voir si tu étais ici, pour te demander si tu sais ce qu'elle est devenue.

Mme D'ESCARS.

Ne m'en parle pas ! tiens, je suis outrée de colère, de rage contre elle; je ne sais pas ce que je lui ferais !

M. D'ESCARS.

Mais enfin, dis-moi, sais-tu ce qu'elle est devenue ?

Mme D'ESCARS, *lui présentant une lettre.*

Lis cette lettre, tu le sauras.

M. D'ESCARS.

Quoi ! une lettre ! qu'est-ce que cela signifie ? (*Il lit.*)

« Mon cher oncle et ma chère tante,
» Après Dieu et mon salut, vous êtes
» tout ce que j'ai de plus cher au
» monde; sans la vocation que le ciel a
» daigné m'inspirer, je n'aurais certai-
» nement jamais pensé à vous quitter.
» Vos bontés pour moi ont été sans
» nombre ; je n'ai d'autre moyen de re-
» connaître vos bienfaits, que de prier
» le Seigneur de vous conserver long-
» temps la félicité dont vous jouissez.
» Si je n'avais consulté que mon affec-
» tion pour vous, je me serais crue
» trop heureuse de partager avec vous
» ce bonheur. Mais pouvais-je résister

» à la voix de Dieu qui se faisait enten-
» dre à mon cœur? Ne soyez donc pas
» inquiets sur mon sort, je suis au cou-
» vent des religieuses Ursulines, et,
» dans peu, j'espère avoir le bonheur
» de prononcer mes vœux solennels qui
» mettront pour jamais une barrière
» insurmontable entre le monde et moi.

» Votre très-affectionnée nièce,

» URSULE D'ESCARS. »

M. D'ESCARS, *vivement.*

Quoi ! serait-il vrai que nous la per-
drions pour jamais? Non, je n'en puis
croire mes yeux...... Oh non ! il ne sera
pas dit que ma nièce sera ainsi trompée, subtilisée par des religieuses qui
lui ont tourné la tête. Moi-même, je
vais aller au couvent, et nous verrons !
(*Il va pour sortir; il rentre en apercevant
Louise.*)

SCÈNE DEUXIÈME.

LES PRÉCÉDENS, LOUISE.

M. D'ESCARS.

Ah c'est toi, Louise ?

LOUISE.

Oui, mon bon oncle, je viens vous
voir........ (*Feignant la surprise.*) Mais
comme vous paraissez triste !

M. D'ESCARS.

Oui ; je suis pressé, je te laisse avec
ta tante. Au revoir. (*Il sort.*)

SCÈNE TROISIÈME.

MADAME D'ESCARS, LOUISE.

LOUISE.

Mais dites-moi, ma tante, qu'a donc mon oncle? D'où lui vient cet air chagrin que je ne lui ai jamais vu? Lui, toujours si gai, si charmant. Lui serait-il arrivé quelque malheur?

Mme D'ESCARS.

Ne m'en parle pas, ma bonne Louise, ça fait fendre le cœur! Croirais-tu bien que cette petite ingrate d'Ursule nous quitte; qu'elle est allée s'ensevelir toute vive dans un couvent; que, sans pitié pour moi, pour son oncle qui l'aime si tendrement, elle n'a pas honte de nous dire un éternel adieu? Tiens, lis plutôt cette lettre, et tu verras.

(Louise prend la lettre : à mesure qu'elle lit, on voit un air de satisfaction se peindre sur son visage. Elle rend la lettre à sa tante, en haussant les épaules.)

Mme D'ESCARS.

Eh bien! qu'en dis-tu, Louise?

LOUISE.

Que voulez-vous, ma tante? C'est une petite sotte, une petite ingrate; elle montre bien par-là qu'elle ne vous a jamais aimés; et si j'étais à votre place, je l'abandonnerais pour toujours à sa triste destinée.

Mme D'ESCARS.

Oh! pour cela non, par exemple! Mon mari est allé au couvent, et j'espère bien qu'il va me la ramener tambour battant.

LOUISE.

Il a tort de tant tenir à une ingrate; d'ailleurs, si c'est dans son idée, elle y retournera toujours tôt ou tard. Ainsi, selon moi, je crois qu'il vaudrait beaucoup mieux la laisser faire.

SCÈNE QUATRIÈME.

LES PRÉCÉDENTES, FRANÇOISE.

FRANÇOISE.

Madame, plusieurs personnes demandent à vous voir; faut-il les laisser entrer?

Mme D'ESCARS.

Je ne suis pas en état de recevoir dans ce moment; mais t'ont-elles dit leurs noms?

FRANÇOISE.

Non, madame, mais je les reconnais bien; ce sont des personnes qui étaient l'autre jour à votre bal.

Mme D'ESCARS.

Ah! cela ne se remet pas; je suis curieuse de voir qui ça peut être, fais-les entrer.

SCÈNE CINQUIÈME.

MESDAMES D'ESCARS, D'ERMILLY, D'ARMENTIÈRES, MESDEMOISELLES LOUISE, CLAIRE ET ANGELINA.

TOUTES ENSEMBLE.

Bonjour, madame, bonjour, Mademoiselle. Comment vous portez-vous?

Mme D'ESCARS.

Merci, tout doucement.

Mme D'ERMILLY, à Mme d'Escars.

Mais vous paraissez affligée; qu'avez-vous donc?

Mme D'ESCARS.

Hélas! c'est au sujet de ma nièce; vous savez sans doute qu'elle n'est plus ici?

Mme D'ARMENTIÈRES.

Mais oui, nous venons de l'apprendre tout à l'heure. Nous avions été faire une visite aux dames Ursulines, et elles nous ont parlé de la piété, de la ferveur de mademoiselle Ursule, d'une manière tout-à-fait édifiante.

Mme D'ERMILLY.

C'est au point que si j'en voulais croire, ma fille, elle se ferait aussi religieuse.

Mme D'ARMENTIÈRES.

Il paraît que c'est à la mode.

CLAIRE.

Et cette mode, madame, n'est pas déjà si blâmable; on pourrait plus mal faire.

Mme D'ARMENTIÈRES.

Taisez-vous donc, Claire, vous parlez comme une enfant.

CLAIRE.

Il est vrai, madame, que j'ai encore bien peu d'expérience; mais d'après tout ce que j'ai pu voir jusqu'à présent, et surtout d'après tout ce que j'ai entendu dire, il paraît qu'il n'est pas fort agréable de vivre dans le monde; que les contrariétés que l'on y éprouve sont sans nombre, et que pour quelques légers sacrifices que l'on est obligé de faire pour suivre la vie religieuse, une demoiselle se trouve cent fois plus heureuse dans cet état.

Mme D'ARMENTIÈRES.

Quoi! vous appelez légers les sacrifices qu'exige la vie religieuse! Vous êtes jeune, mademoiselle, vous ne connaissez pas encore le monde, et vous le dédaignez avant d'avoir pu goûter tous les plaisirs qu'il offre, surtout à votre âge.

Mme D'ERMILLY.

Et je ne désire pas non plus qu'elle les goûte, de peur d'avoir à se reprocher d'avoir fait une bien triste expérience. (*On entend du bruit; la porte s'ouvre avec fracas; M. d'Escars entre furieux, et reste saisi en apercevant ces dames.*)

~~~~~~

SCÈNE SIXIÈME.

LES PRÉCÉDENTES, MONSIEUR D'ESCARS.

M. D'ESCARS, *un peu confus et troublé.*

Je vous demande pardon, mesdames, mais c'est une chose affreuse! Quoi! moi, son oncle, m'empêcher de lui parler, de lui faire des reproches, de la retirer, de la ramener chez moi; n'ai-je pas sur elle tous les droits d'un père? ne suis-je pas...

Mme D'ERMILLY.

Modérez-vous, je vous en prie, M. d'Escars; c'est précisément parce que vous avez paru courroucé, que l'on vous a refusé l'entrée du parloir. Croyez-moi, remettez-vous un peu, et puis nous irons tous ensemble voir cette chère Ursule, et je suis persuadée que nous pourrons lui parler sans difficulté.

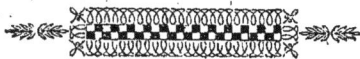

ACTE QUATRIEME.

(Le théâtre représente un salon.)

SCÈNE PREMIÈRE.

MONSIEUR D'ESCARS, MESDAMES D'ESCARS
ET D'ERMILLY, CLAIRE.

Mme D'ERMILLY.

Enfin, monsieur d'Escars, consolez-vous, puisque c'était sa vocation, pourquoi vous faire tant de peine? Elle eut toujours été malheureuse dans le monde.

M. D'ESCARS.

C'est bien pour cela que je n'ai pas voulu assister à cette cérémonie, parce que je me connais: et, bon gré malgré, je l'aurais arrachée de leurs mains. Oui, je suis sûr que ma présence seule lui aurait rappelé tant de souvenirs, qu'elle n'aurait jamais pu se résoudre à prononcer ses vœux.

CLAIRE.

Enfin, la seule pensée qu'elle est heureuse doit vous être d'une grande consolation; et puis, vous avez plusieurs autres nièces.

M. D'ESCARS.

C'est vrai; mais voudront-elles bien venir ici, sacrifier leur brillante jeunesse avec deux vieillards qui n'ont que très-rarement des passe-temps à leur offrir? Tandis que cette bonne Ursule, elle, si douce, si complaisante!...Ah!...
(Il essuie les larmes qui tombent de ses yeux.)

CLAIRE.

Mais je suis sûre que Louise ne demandera pas mieux; car j'ai souvent pensé, à son langage, qu'elle enviait le sort d'Ursule.

SCÈNE DEUXIÈME,

LES PRÉCÉDENS, LOUISE.

LOUISE *entre en chantant, sans faire attention aux personnes qui sont dans la salle.*

AIR : *Du premier pas.*

C'est tout plaisir,
Ici d'pouvoir entendre
Tant de regrets et de profonds soupirs,
Pour cette Ursule, on ne peut s'y méprendre,
Sont ces regrets. Que j'aime à les entendre,
C'est tout plaisir!

C'est tout plaisir,
Quand je vois par centaine
Les beaux ducats dans mes mains accourir;
A les en croire, j'étais une inhumaine,
La pauvre Ursule en mourait à la peine,
C'est tout plaisir!

(Apercevant les personnes qui sont dans la salle : à part.) Ah ciel! qu'ai-je fait?
(Elle veut retourner sur ses pas.)

M. D'ESCARS, *l'appelant.*

Approchez, approchez, mademoiselle, ne craignez pas les justes reproches que je suis en droit de vous adresser. Non, mon parti est pris; et je m'estime heureux d'avoir pu découvrir, aujourd'hui même, en vous ce caractère inhumain dont vous parlez: au moins, je n'en serai pas la victime.

Mme D'ESCARS.

Quoi! moi qui la croyais si bonne! Ah! combien elle m'avait trompée.....
(La porte s'ouvre, deux dames entrent sans se faire annoncer.)

SCÈNE TROISIÈME.

LES PRÉCÉDENS, MADAME D'ARMENTIÈRES, ANGÉLINA.

Mme D'ARMENTIÈRES.

Nous arrivons en cet instant du couvent, et nous vous apportons des nouvelles de sœur Ursule, qui se porte à merveille; qui est fort contente de la profession qu'elle vient d'embrasser, et qui m'a chargée de vous présenter ses respects et de vous remettre cette lettre.

M. D'ESCARS, *tendant la main.*

Donnez! donnez! voyons ce qu'elle nous dit, cette chère Ursule; que j'aurai de peine à l'oublier! (*Il ouvre la lettre et lit :*)

« Mon cher oncle et ma chère tante,

» J'ai douté long-temps si je devais
» vous écrire, car je craignais de re-
» nouveler vos peines encore si récen-
» tes; mais l'affection que j'ai tou-
» jours eue pour vous m'en faisait un
» devoir, et je ne pouvais résister plus
» long-temps au désir de vous faire
» part du bonheur que j'éprouve dans
» la vie religieuse, pensant, puisque
» vous m'aimez, que cela seul vous se-
» rait un sujet de consolation. Je con-
» serve toujours dans mon cœur le sou-
» venir de vos bontés, et je prie le ciel
» de vous en récompenser. Agréez les
» sentimens d'affection avec lesquels je
» serai toujours votre très-respec-
» tueuse nièce.   Sœur URSULE. »

(*Pendant la lecture suivante, Louise se cache le visage dans ses mains.*)

Post-Scriptum. « Daignez présenter
» mes amitiés à ma bonne cousine
» Louise. Dites-lui combien je suis re-
» connaisante des bons conseils qu'elle
» m'a donnés; car, je l'avoue, sans elle,
» peut-être que le jour du bal, j'aurais
» renoncé pour jamais à ma vocation à

» l'état religieux, dans la crainte de
» vous déplaire. Mais elle m'a montré
» tout le danger qu'il y avait à écouter
» les affections terrestres, et je me suis
» laissé guider par les lumières de son
» expérience. Elle aura donc aussi à
» jamais part à mon amitié et à mes
» prières.   ADIEU. »

Mme D'ESCARS.

Quoi! c'est elle, c'est Louise qui a fait échouer tous nos projets! C'est elle qui lui a conseillé de se faire religieuse! Mais cela m'étonne, et pour quel motif?

M. D'ESCARS.

Oh! je le comprends bien, moi, le motif.

Mme D'ARMENTIÈRES.

Et nous, nous ne l'ignorons pas; elle l'a donné assez souvent à entendre à ma fille.

ANGELINA.

C'est vrai, elle me disait souvent : Ah! si elle pouvait donc se faire religieuse, que je serais heureuse! Je tâcherais de m'insinuer adroitement dans les bonnes grâces de mon oncle, et j'aurais la riche dot qu'il avait promise à Ursule.

Mme D'ESCARS.

Louise, je ne vous pardonnerai jamais une telle supercherie.

M. D'ESCARS.

Et moi, je vous déshérite. Je veux qu'après ma mort, tous mes biens soient distribués aux pauvres et aux religieuses.

LOUISE, *tombant aux genoux de son oncle.*

Ah mon oncle, que je suis coupable! Oui, je sens que j'ai mérité la terrible punition que vous venez de prononcer contre moi; mais du moins pardonnez-moi, et promettez-moi de me rendre votre amitié; je vous jure de faire désormais tout mon possible pour la mé-

riter et pour faire oublier mes fautes.
(*M. d'Escars la repousse.*)

*Toutes les dames tombent à genoux, en
disant :* Pardonnez-lui, de grâce pardonnez-lui !

M. D'ESCARS.

J'accorde, aux prières de ces dames,
la grâce que je devais impitoyablement
te refuser ; mais fais en sorte, Louise,
qu'à l'avenir tes bonnes actions fassent
oublier ta conduite passée. (*Il la relève
et l'embrasse.*)

FINAL.

M. D'ESCARS.

Je l'ai promis, je veux moi-même

Te pardonner. Déjà je t'aime,
Et toujours je serai ton dévoué protecteur.

LOUISE.

Je ne puis croire à mon bonheur !
Vraiment ma surprise est extrême.

TOUTES LES DAMES.

Nous prenons part à son bonheur !
Et nous louons son protecteur !

ENSEMBLE.

« Ah vraiment !
» C'est charmant ;
» Plus de crainte,
» De contrainte.
» Le bonheur vient s'offrir,
» Vite il faut le saisir ;
» Tout doit finir
» Par le plaisir. »

FIN

VIE

De Sa Majesté

DON CARLOS V,

DE BOURBON, ROI D'ESPAGNE,

Par VICTOR DOUBLET,

PROFESSEUR DE BELLES-LETTRES ET DE LANGUES ÉTRANGÈRES,

Auteur d'un grand nombre d'Ouvrages de Morale, de Littérature et d'Éducation, etc., etc.

Un volume in-8°, orné du Portrait de S. M.

* * *

PRIX : 5 FRANCS.

* * *

Cet ouvrage, qui doit un jour être considéré comme un monument de notre histoire politique, offre des détails tout-à-fait curieux. Les documents que l'auteur a été à même de recueillir par ses fréquentes relations dans la maison de don Carlos, où il a enseigné pendant plus de vingt mois, l'ont mis à même de donner au public une histoire vraie et circonstanciée, autant que peut le permettre la sage modestie du monarque captif, qui voudrait qu'on laissât ensevelies dans l'oubli toutes ses vertus, et surtout sa clémence, parce qu'en les révélant on ne peut faire à moins que de dévoiler les actions criminelles de ses infâmes persécuteurs.

L'auteur a dû user aussi d'une grande réserve pour ne pas choquer des susceptibilités toujours existantes, et principalement pour ne pas s'attirer le reproche d'une indigne partialité. Non, il a rendu témoignage à la justice, il a dit la vérité ! et c'est cette sainte et utile vérité, que tout le monde désire connaître, que tant d'autres craignent de voir paraître au grand jour, qui est la meilleure recommandation de l'intéressant ouvrage que l'on offre au public, sous le titre de VIE DE DON CARLOS.

NOTA. — Tous nos abonnés aux petites *Comédies morales et instructives*, recevront, *franc de port*, le beau volume broché de 320 pages, VIE DE S. M. DON CARLOS, aussitôt que leur demande nous sera parvenue.

Cet ouvrage sera toujours envoyé contre remboursement de la somme de cinq francs *net*.

Les personnes qui en prendront une douzaine, ne paieront que quarante-huit francs, c'est-à-dire quatre francs par volume, et un treizième leur sera donné *gratis* par chaque douzaine.

Bourges, imprimerie de Veuve MÉNAGE.

RECUEIL

DE PIÈCES MORALES ET INSTRUCTIVES,

A L'USAGE

DES COMMUNAUTÉS RELIGIEUSES, DES INSTITUTIONS, DES PEN-
SIONNATS, ETC.

Par Victor Doublet,

PROFESSEUR DE BELLES-LETTRES,

AUTEUR D'UN GRAND NOMBRE D'OUVRAGES DE MORALE, DE LITTÉRATURE
ET D'ÉDUCATION, ET DE LA VIE DE SA MAJESTÉ DON CARLOS V, ROI
D'ESPAGNE, ETC.

4

A BOURGES,

CHEZ L'AUTEUR, RUE DES ARÈNES, 19,

ET CHEZ TOUS LES LIBRAIRES QUI TIENNENT LES LIVRES D'ÉDUCATION.

—

1841-42.

A ma nièce Thaïs.

Une jeune personne instruite et vertueuse fait les délices de son père et la gloire de sa mère.

JULIETTE,

COMÉDIE EN TROIS ACTES, MÊLÉE DE CHANTS,

Par Victor Doublet,

PROFESSEUR DE BELLES-LETTRES,

AUTEUR DE PLUSIEURS OUVRAGES DE MORALE, DE LITTÉRATURE ET D'ÉDUCATION, ET DE LA VIE DE S. M. DON CARLOS V DE BOURBON, ROI D'ESPAGNE.

PERSONNAGES.	PERSONNAGES.
Mme LACY.	JULIE, servante de Mme Valmont.
JULIETTE, sa fille.	Mme DUMONT, tante de Mme Lacy et de
CLARA, amie de Juliette.	M. Valmont.
Mme VALMONT, tante de Juliette.	

ACTE PREMIER.

(Le théâtre représente une mansarde pauvrement meublée, au fond de laquelle est une porte servant d'entrée à une petite chambre à coucher.)

SCÈNE PREMIÈRE.

(Juliette, seule, debout auprès de la petite porte, regarde sa mère qui est endormie.)

JULIETTE.

Pauvre mère! elle repose encore..... Que son sommeil soit calme et paisible! Comme elle est pâle!.... j'en suis effrayée...... Cette longue maladie l'a cruellement abattue.... (*Elle ferme la porte tout doucement et vient s'asseoir.*) C'est une destinée bien misérable que la nôtre! n'aura-t-elle donc pas un terme? Faudra-t-il toujours souffrir, et souffrir sans espoir?...... Ce matin, quand je me suis présentée au magasin qui jusqu'à ce jour m'avait occupée, on m'a répondu qu'il n'y avait plus d'ouvrage!.... Mon cœur s'est brisé à cette affreuse nouvelle, et je n'ai pas eu la force de dire : Par pitié ne me renvoyez pas, gardez-moi, ne fut-ce que pour un seul jour encore!........ (*Elle pleure.*) O mon Dieu!... mon Dieu!... que faire?.. que devenir maintenant?.... Ma mère va s'éveiller tout à l'heure ; si elle venait à me demander quelque chose pour apaiser ses souffrances.... il me faudrait donc lui dire : Ma mère, mourez ; car je n'ai plus rien à vous donner... Nous sommes réduites à la plus affreuse misère !...... nous manquons de tout !...., pas de pain, pas d'argent... plus rien !... Oh ! mais c'est affreux, ma tête se perd ! (*Elle tombe sur une chaise. Après une pause , elle se relève tout-à-coup.*) Eh bien ! non, cela ne sera pas,.... C'est une terrible résolution....; mais je l'accomplirai.... je ne dois pas hésiter plus long-temps ; demain, je trouverai du travail, sans doute, et alors..... Oui, je vais sortir pour implorer la pitié de la personne qui s'offrira à mes regards.... On ne me repoussera pas, peut-être !.... Et vous, mon Dieu, si vous n'avez pas résolu la mort de ma mère et la mienne, jetez au-devant de moi une âme compatissante !... Soutenez mon courage, ô mon Dieu !..., ne m'abandonnez pas !.... (*Elle prend son schall pour sortir ; Clara entre.*)

SCÈNE DEUXIÈME.

CLARA, JULIETTE.

CLARA, *entr'ouvrant la porte.*

Puis-je entrer, mademoiselle Juliette ?

JULIETTE.

Oui, Clara ; vous venez à propos...., Dites-moi, il faut que je sorte un instant, voulez-vous m'attendre ici, veillez sur ma mère jusqu'à mon retour ?

CLARA.

Mais, très-volontiers.... Soyez tranquille, je vais me mettre là, à votre place. Justement, j'ai apporté mon ouvrage ; je travaillerai ; j'aurai toujours un œil sur ma broderie, et l'autre sur votre mère.

(*Pendant ce temps, Juliette a regardé sa mère avec angoisse. Elle n'a pas même entendu ce que Clara a dit ; elle se retourne vers elle, et l'embrasse en sanglotant.*)

JULIETTE.

Ah Clara ! que je suis donc malheureuse !

CLARA.

Grand Dieu ! qu'avez-vous, mademoiselle ? comme vous tremblez !

JULIETTE.

Rien, rien.... Veillez bien sur ma mère, Clara ; je reviens, je reviens à l'instant. (*Elle sort précipitamment.*)

SCÈNE TROISIÈME.

CLARA, seule.

Ah ! vraiment, je suis bien peinée d'avoir vu mademoiselle Juliette comme cela !... je l'aime tant ; elle est si douce et si bonne ! Il faut que j'aille voir un peu. (*Elle entr'ouvre la porte.*) Bon, elle repose encore. Cette pauvre madame Lacy, comme elle est changée !... Ça fait peine... Je me rappelle encore que, quand j'étais toute petite, elle me donnait toujours des bonbons, et me laissait jouer avec sa chatte grisette...... Cette pauvre grisette, ça m'a fait bien du chagrin quand elle est morte ; c'était un si bon enfant de chat ! Alors madame Lacy n'était pas aussi malheureuse qu'à présent. Et ce vilain avare de monsieur Tranchepain, le propriétaire, qui veut absolument être payé... Il dit qu'il va les renvoyer par huissier. Vieux grippesous, va ; que je le déteste !.... (*Pendant tout ce temps, elle examine tout ce qu'il y a dans la chambre. Elle n'aperçoit que des fioles vides, une bourse sans argent ; elle la prend.*) Ah ! je voudrais bien être riche, moi ! Oui ! mais elles n'accepteraient pas, elles ; je les connais. (*Elle ouvre la bourse.*) Rien ; ô mon Dieu ! est-ce qu'elles en seraient réduites ? (*Elle glisse une pièce de quarante sous dans la bourse.*) Personne ne me voit, personne ne pourra se douter que c'est moi.... (*Elle remet la bourse sur la cheminée.*) Si par hasard mademoiselle Juliette venait à m'en parler, je dirai que je ne sais pas, que j'ignore. On vient. C'est elle, sans doute... vite reprenons notre ouvrage, faisons semblant de travailler; cela me donnera une contenance.

SCÈNE QUATRIÈME.
JULIETTE, CLARA.

(*Juliette entre précipitamment; elle tombe sur une chaise, presqu'évanouie.*)

CLARA, *allant à elle.*

Grand Dieu! qu'avez-vous donc, mamoiselle?

JULIETTE, *d'une voix éteinte.*

Un peu d'eau, Clara, un peu d'eau; je me sens mal.

CLARA, *lui présentant un verre d'eau.*

Tenez, mademoiselle, tenez.

JULIETTE, *après avoir bu.*

Merci, merci.

CLARA.

Eh bien! commencez-vous à vous remettre un peu? Etes-vous mieux?

JULIETTE.

Oui, Clara.... beaucoup mieux.

CLARA.

Vous m'avez effrayée.... mais enfin qu'avez-vous?

JULIETTE.

Rien, ce n'est rien, une faiblesse.... voilà tout.

CLARA.

Oh! je vous en prie... apprenez-moi vite....

JULIETTE.

Ah! si vous saviez, Clara... mais non.

CLARA.

Eh quoi!... douteriez-vous de mon cœur?... parlez, parlez avec confiance.

JULIETTE.

Oui, je vous dirai tout, car j'ai besoin d'une âme qui me comprenne, d'une voix qui me console...Savez-vous d'où je viens, Clara?

CLARA.

Achevez, je vous en supplie....

JULIETTE.

Je viens de demander l'aumône!...

CLARA.

L'aumône!....

JULIETTE.

Tenez! voyez-vous cet argent?..... (*Elle lui montre la pièce qu'on lui a donnée.*) On vient de m'en faire l'aumône! car j'ai beau vouloir me le dissimuler... c'est bien l'aumône que l'on m'a faite. J'en ai été réduite là...

CLARA.

Est-il possible?

JULIETTE.

Ainsi donc, j'aurai encore un jour, deux jours, où rien ne lui manquera... rien de ce qui fait vivre...et à quel prix, grand Dieu! Et j'ai eu la force de me tenir debout devant celle que j'implorais... (*Elle tombe assise.*)

CLARA, *allant à elle.*

O mon Dieu! mon Dieu!

JULIETTE.

J'étais là, dans la rue, cherchant des yeux la personne qui m'inspirerait le plus de confiance, pour aller à elle en lui tendant la main... Et déjà vingt fois j'avais senti mon courage défaillir, quand tout-à-coup j'aperçus une grande dame à l'expression douce et bienveillante.... Ah! que le désespoir a souvent de force et de courage! Je marchai droit à elle, sans faire attention à toutes les personnes qui l'entouraient... Et alors, d'une voix presqu'éteinte par les sanglots, j'osai lui dire: Madame, prêtez-moi cinq francs!.... A cette demande inattendue, je vis d'abord l'étonnement se peindre sur sa figure; mais soudain un nuage vint obscurcir mes yeux... tout s'effaça... et je restai devant elle, pâle, fixe, immobile... Me voyant si faible et si défaillante, elle me prit la main pour me soutenir, m'offrit le bras d'une des personnes qui étaient avec elle... Elle voulait me donner sa bourse tout entière... Oh! alors, je retrouvai toute ma force. Je lui demandai son nom, son adresse, afin de pouvoir lui remettre cette somme dès que je l'aurai gagnée par mon travail; mais, oh douleur! elle m'a refusée. Aurait-elle pensé que la douleur dont j'étais accablée n'était qu'un vain prétexte!... Oh! elle n'aura pas cru, sans doute, qu'un seul instant de misère m'avait réduite à cette pénible extrémité... Et pourtant une pauvre fille qui demande pour sa mère, ne peut être confondue avec ces femmes avilies par la paresse ou l'inconduite qui les a précipitées dans la misère!... Il doit y avoir là, sur son front, dans ses regards, quelque chose qui impose et qui dise: Elle est pure, innocente.... respectez-la! respectez-la... (*Elle tombe accablée.*)

CLARA.

Calmez-vous, je vous en conjure; vous vous rendrez malade.

JULIETTE.

Vous avez raison; je vais me calmer, car j'ai trop besoin de toutes mes forces maintenant.

CLARA, *avec effusion.*

Ah! mademoiselle, pourquoi suis-je pauvre aussi?

JULIETTE.

Bonne Clara!

CLARA.

Mais je travaillerai avec vous, je vous aiderai, je partagerai vos souffrances, je vous consolerai, je serai votre sœur; ne pleurez pas... ne pleurez pas... (*Elle essuie les larmes qui tombent des yeux de Juliette.*)

JULIETTE.

Clara, je vous en conjure, que jamais personne ne se doute de cette affreuse position, pas même votre mère... Qui sait? J'attends une lettre de mon oncle, dont nous avons imploré l'appui, et peut-être....

CLARA.

Soyez tranquille, mademoiselle, jamais un seul mot; je vous comprends bien.

JULIETTE.

Silence!.... j'entends ma mère.... Oui, c'est elle; laissez-nous, Clara, laissez-nous.

CLARA.

Allons, au revoir, mademoiselle Juliette; au revoir; je vous laisse. (*Elle sort.*)

SCÈNE CINQUIÈME.

JULIETTE, *seule.*

Vite, séchons nos larmes; que le sourire renaisse sur mes lèvres. Que ma mère ne se doute de rien... Hélas! (*Sa mère paraît sur le seuil de la porte.*) Vous voici, ma mère?

SCÈNE SIXIÈME.

JULIETTE, MADAME LACY.

Mme LACY.

Oui, ma fille.

JULIETTE.

Comment vous trouvez-vous?

Mme LACY.

Mieux, mon enfant, mieux. J'ai voulu te surprendre.... tu vois, la santé revient un peu... tiens, j'irai jusqu'à mon fauteuil sans avoir besoin de ton bras... (*Elle s'assied.*) Ah! me voilà! Viens ici, ma fille, ma bonne Ju-

liette, vient t'asseoir auprès de moi...
(*Juliette s'assied.*) Mon Dieu! comme tu
as l'air souffrant; comme tes joues sont
amaigries depuis quelque temps!.. tu te
fatigues trop, ma chère enfant... Hier,
je me suis éveillée au milieu de la nuit,
tu n'étais pas encore couchée; tu tra-
vaillais sans doute... Je ne veux pas de
cela, Juliette, entends-tu... Puisque
tu me dis que ton ouvrage est bien
payé, il est inutile de t'épuiser ainsi...
tu finiras par te rendre malade.

JULIETTE.

Vous croyez, ma mère?... mais je
suis jeune, forte, vous vous inquiétez
à tort....

Mme LACY.

Bonne Juliette, tu es l'orgueil, le soutien de ma vieillesse... Oh! c'est que
sans toi, je ne sais trop ce que je serais
devenue... De cette fortune que nous
avons possédée autrefois, il ne nous
reste plus rien, des misérables nous
ont tout enlevé; tu étais encore tout
enfant, alors.... Les longs services de
ton pauvre père sont restés sans récompense; et maintenant, au lieu de
cet avenir que mes espérances embel-
lissaient pour toi, c'est de ton travail,
c'est de tes veilles, que je m'appuie
pour traîner jusqu'à la fin cette existence
inutile... mais tu en seras récompensée,
mon enfant; le ciel te tiendra compte
de tout ce que tu fais pour ta mère....
Viens, embrasse-moi, ma fille!....

JULIETTE.

Voyons, ne pleurez pas, ma mère!...

Mme LACY, *se remettant un peu.*

Dis-moi, Juliette, et mon frère?....
as-tu porté chez lui cette lettre?.... que
t'a-t-il répondu?

JULIETTE.

Il était sorti, ma mère; je l'ai remise
à son portier.

Mme LACY.

Que le ciel lui inspire une généreuse
résolution! mais je crains bien que son
âme ne soit endurcie dans ces spécula-
tions commerciales à travers lesquelles
il poursuit la fortune....

JULIETTE.

Pourquoi vous tourmenter, ma mère?
attendez... qui sait?....

Mme LACY.

Tu as raison.... tiens, ne pensons pas
à tout cela, c'est trop pénible.... Et Clara, ton amie, elle ne vient donc plus te
voir?... Il me semble qu'il y a bien
long-temps que je ne l'ai vue.

JULIETTE.

Elle est venue ce matin, mais vous re-
posiez. Elle est allée travailler, elle m'a
dit qu'elle monterait ce soir en ren-
trant.... Ma mère, je vais ranger un peu
votre chambre, car il ne faudra pas
rester trop long-temps levée.... vous
n'êtes pas encore bien forte, cela vous
affaiblirait trop.... vous savez que le
médecin l'a bien recommandé.... Voici
votre livre de prédilection: lisez un peu
en attendant, j'aurai bientôt fini, et je
reviendrai tout de suite.

Mme LACY.

Va.... ma bonne fille....va.... (*Juliette
entre dans la chambre de sa mère.*)

SCÈNE SEPTIÈME.

Mme LACY, *seule.*

Quel ange de candeur et de bonté!....
Dans mes longues souffrances au moins,
Dieu me l'a réservée comme la seule
consolation qui pût me rattacher à la
vie, et me faire croire encore à l'espérance et au bonheur. (*Elle ouvre son livre
et lit.*)

ACTE DEUXIEME.

*(Le théâtre représente un salon richement meublé. Une dame est étendue négli-
gemment sur un sofa, et carresse un petit chien.)*

SCÈNE PREMIÈRE.

MADAME VALMONT , JULIE.

JULIE, entrant.

Madame , il y a là une pauvre femme
qui demande à vous parler ; faut-il la
faire entrer ?

Mme VALMONT.

Que me veut-elle ? et pourquoi le portier l'a-t-il laissée entrer ? Toujours des
importuns !... on n'en finit pas. L'un
veut une chose, l'autre en veut une autre. Hier encore , nous avons reçu une
lettre qui a contrarié beaucoup monsieur Valmont ; car, après tout, si nous
sommes riches, c'est parce que nous
nous donnons beaucoup de peine pour
amasser de l'argent, et que nous savons
l'économiser.

JULIE. (A part.) Quelle avare ! (Haut.)

Madame , que vais-je lui répondre ?

Mme VALMONT.

Que je n'y suis pas.

JULIE.

Ça suffit , madame. (Elle sort.)

Mme VALMONT.

C'est vrai , je n'en finirais pas : aussi,
c'est toujours-là le parti que je veux
prendre désormais. Je ne veux plus recevoir ces visites importunes, et je saurai bien défendre à M. Valmont de se
laisser ainsi aller à des sentimens d'une
générosité ou d'une pitié mal entendue.
Je ne sais pas même si, en ce moment,
il ne serait pas allé chez sa sœur pour
lui porter de l'argent ; car, malgré ma
défense, je sais qu'il l'aime encore, et
que parfois.... Mais nous verrons cela ;
j'y mettrai bon ordre ; j'y penserai.... A
propos , il m'a dit qu'il était allé chez
son ami, monsieur Tranchepain , le banquier ; je veux savoir s'il ne m'a pas
trompée. j'y cours.... (Elle sort par la
porte du fond.)

SCÈNE DEUXIÈME.

MADAME DUMONT, JULIE.

JULIE, à madame Dumont qui veut en-
trer. Madame , je vous en prie, n'insistez
pas davantage ; je vous assure que madame Valmont n'est point ici ; elle vient
de sortir à l'instant. Et quand même
elle y serait, je vous jure qu'elle se re-
fuserait à vous recevoir.

Mme DUMONT.

Très-bien , très-bien , ma fille , vous
faites votre devoir ; mais rien ne m'em-
pêchera d'exécuter mon projet. Je verrai madame Valmont malgré elle ; je
veux absolument lui parler ; je vais l'attendre ici.

JULIE.

Mais madame s'en prendra à moi ; elle
se fâchera , elle me renverra....

Mme DUMONT.

Ne craignez rien , ma fille , je prends
tout sur moi ; je vous excuserai auprès
de votre maîtresse , et il ne vous arrivera rien de fâcheux.

JULIE, en sortant et à part.

C'est tout de même un peu singulier,
entrer chez les gens malgré eux , et
prendre encore un air de maîtrise. Enfin
nous verrons comment tout cela va se
terminer : je ne sais si je me trompe,
mais elle va faire une drôle de figure ,
madame Valmont.

SCÈNE TROISIÈME.

MADAME DUMONT, *puis* JULIETTE.

JULIETTE, *entrant sans apercevoir Mme Dumont.*

Oh! par exemple, c'est d'un ridicule affreux! me refuser même l'entrée de sa maison! Je sais que mon oncle a cessé depuis long-temps de voir ma mère; j'ignore quels sont les motifs qui ont pu les brouiller ensemble; mais moi, que lui ai-je jamais fait? D'ailleurs, je n'ai plus d'ouvrage, plus aucune ressource. Elle mourrait....

(Madame Dumont se retire dans le fond, à mesure que Juliette s'avance, pour n'être pas aperçue.

JULIETTE, *continuant.*

Hélas! ma pauvre mère! si tu savais qu'en ce moment, ta fille vient tendre une main suppliante à ce frère qui depuis si long-temps dédaigne de se montrer sensible à tes malheurs! Oh! oui, ton cœur serait brisé de douleur; mais il le faut!.... Non, tu ne mourras pas de misère; il est riche, il peut te soulager, il le doit.... Oui, je fléchirai par mes larmes et par mes prières la dureté de son cœur; s'il est encore insensible, je lui avouerai que sa nièce, la fille de sa sœur, a demandé l'aumône! Hélas! c'est donc bien vrai que, pour conserver la vie à ma mère, j'ai demandé l'aumône: ces cinq francs.... non je ne l'oublierai jamais.... (*Elle se retourne pour essuyer ses larmes. Madame Dumont, qui l'a reconnue, s'écrie à part :*) Quoi! c'est elle!.... ah! c'est le ciel qui l'envoie. (*Elle s'approche. Juliette, l'apercevant sans pourtant la reconnaître, s'écrie :*) Ciel! que je suis malheureuse! Ah! madame, de grâce....

Mme DUMONT.

Ne craignez rien, ma chère enfant; je vous comprends, votre secret ne sera point dévoilé. Je vous plains, et je désire bien sincèrement pouvoir vous être utile. (*S'apercevant que Juliette l'écoute avec peu de confiance.*) Ces haillons dont je suis revêtue, mademoiselle, vous inspirent sans doute peu de confiance; mais prenez courage, j'ai des amis puissans, et je puis vous secourir.

JULIETTE.

Oh! madame, faut-il donc pour cela aller publier notre misère pour toucher le cœur de vos protecteurs; et tout le monde saura....

Mme DUMONT.

Non, votre tante elle-même, peut-être, se laissera toucher par le récit de vos malheurs; et je veux seulement vous épargner la peine de les lui raconter vous-même.

JULIETTE.

Ah! madame, que de grâces j'aurai à vous rendre; car ma pauvre mère mourrait de douleur, si elle savait ce que la nécessité me force à faire encore aujourd'hui pour la soulager. Hélas! et si vous ne réussissiez pas aujourd'hui même auprès de ma tante, il nous faudrait quitter l'humble habitation que nous occupons; car M. Tranchepain, le propriétaire, veut absolument être payé aujourd'hui, et je n'ai pas seulement de quoi acheter les remèdes ordonnés par le médecin. Ah! prenez aussi cette lettre, vous la remettrez à ma tante; peut-être que....

Mme DUMONT *prend la lettre et lit :*

« Madame, je vous préviens qu'il
» m'est impossible d'attendre plus long-
» temps; je me vois donc forcé d'en
» venir à des mesures rigoureuses....
» je viens de donner l'ordre à mon huis-
» sier d'agir dans le plus bref délai,....
» Ainsi, tenez-vous pour avertie.

» J'ai l'honneur, etc. »

(*Elle serre la lettre dans sa poche, puis elle dit :*) Allons, mademoiselle, ne craignez rien, ayez confiance, et retournez auprès de votre mère; pendant ce temps-là , je vais aviser aux moyens de vous tirer d'embarras.

JULIETTE , *lui prenant les mains et les baignant de ses larmes :* Au revoir, madame , je compte sur vous ; que le ciel daigne donner à vos paroles cette douce conviction qui fait naître la sensibilité dans le cœur le plus dur. (*Elle sort.*)

SCÈNE QUATRIÈME.

Mme DUMONT, *seule et d'un air rêveur.*

Je ne sais comment m'expliquer ce mystère.... Valmont est son oncle, et sa mère est plongée dans la plus affreuse misère!... D'où vient cette étrange différence placée entre le frère et la sœur? Pourquoi Valmont ne soulage-t-il pas sa sœur? Cette dame se serait-elle rendue indigne de l'affection de son frère?.... Mais non , cela me paraît tout-à-fait impossible; car sa fille est si vertueuse, si touchante !.... et où aurait-elle puisé toutes ses vertus, si ce n'est dans les bons exemples que la conduite de sa mère lui retrace sans cesse sous les yeux? Je serai bientôt au fait de tout cela , car j'entends venir; c'est sans doute madame Valmont.

SCÈNE CINQUIÈME.

MESDAMES DUMONT ET VALMONT.

Mme VALMONT *entre en criant :*

Je vous avais cependant bien défendu de laisser entrer personne. Que signifie cela? Vouloir ainsi entrer par force dans un salon , quand on dit qu'il n'y a personne !

Mme DUMONT, *s'avançant avec dignité.*

Je vous demande pardon , madame , d'avoir osé entrer contre la volonté de cette fille qui a bien fait tout ce qu'elle a pu pour m'en empêcher; mais comme je désirais absolument vous parler, et que tantôt vous m'aviez refusé un moment d'audience , j'ai pensé que j'y parviendrais plus facilement en prenant le parti de vous attendre ici.

Mme VALMONT.

Je vous trouve bien hardie, d'oser ainsi pénétrer dans mes appartemens pendant mon absence !

Mme DUMONT.

J'en conviens; mais vous me pardonnerez sans doute , madame , lorsque vous connaîtrez le motif qui m'a forcée de me rendre près de vous.

Mme VALMONT, *d'un ton irrité.*

Eh bien ! que me voulez-vous? parlez vite , et retirez-vous.

Mme DUMONT.

Madame , ne vous souvient-il pas d'avoir eu un oncle qui , il y a quinze ans, partit pour l'Amérique ?

Mme VALMONT.

Oui , l'oncle de mon mari. Eh bien ! où voulez-vous en venir.

Mme DUMONT, *avec ironie.*

Comme vous me semblez très-pressée , et que sans doute les momens sont précieux pour vous , je me hâterai de vous raconter ce que j'ai à vous dire.

Mme VALMONT , *à part.*

Quelle patience il faut avoir avec ces gens-là !

Mme DUMONT.

Votre oncle arriva en Amérique après un voyage assez heureux; là, il acheta des terres qu'il fit valoir lui-même , et, en peu de temps , il réussit à amasser une fortune considérable. Il épousa une femme peu fortunée, mais d'une conduite irréprochable. Le ciel se plut à bénir son union; il eut plusieurs enfans, qu'il éleva selon les principes de la plus sévère vertu. Il était au comble du bonheur : il était aimé, adoré de sa famille. Déjà il se disposait à revenir en France , lorsqu'une maladie contagieuse lui enleva à la fois tous ses enfans. La douleur qu'il ressentit d'une perte si cruelle, le conduisit lui-même au tombeau. Sa femme se hâta de quitter des lieux si funestes, et, d'après les conseils qu'elle avait reçus de son époux, elle se rendit en France, emportant avec elle toutes les richesses que votre oncle lui avait léguées en mourant. Son intention était de partager avec ses nouveaux parens cette immense fortune; mais au moment de mettre le pied sur le sol français, un affreux ouragan a fait périr le bâtiment sur lequel elle était montée. En un moment elle a tout perdu, et ce n'est qu'avec peine qu'elle a pu parvenir à sauver sa misérable existence, qu'elle a long-temps disputée avec d'incroyables efforts aux flots courroucés, qui, à chaque instant, menaçaient de l'engloutir. A peine échappée au naufrage, elle vendit quelques ornemens qu'elle portait ordinairement sur elle, et le peu d'argent qu'elle en retira, lui servit à peine à continuer sa route pour se rendre à Paris. Aujourd'hui, elle n'ose se présenter devant vous, elle craint que l'état de misère où elle est réduite ne vous afflige trop vivement, et elle m'a chargée de venir ici moi-même implorer pour elle un secours certain, que votre générosité s'empressera sans doute de lui accorder.

Mme VALMONT, *avec impatience.*

Il vous sied bien à vous, madame, de venir ici me faire des contes à plaisir. Tout ce que vous m'avez dit n'est que pure invention, au moyen de laquelle vous croyez pouvoir tromper ma crédulité, abuser de ma bonne foi; mais vous vous êtes trompée, en croyant que je me laisserais prendre ainsi à des pièges si grossièrement imaginés.

Mme DUMONT, *d'un air grave.*
Madame, je vous ai dit la vérité!

Mme VALMONT.

Eh bien! allez lui dire de se présenter elle-même, et nous verrons ce que nous devons faire pour cette inconnue, qui du reste n'a plus droit à nos bienfaits, dès qu'elle nous devient étrangère par la mort de son mari et de ses enfans.

Mme DUMONT.

Madame, le malheur conserve toujours ses droits sur les âmes sensibles et vertueuses!

Mme VALMONT, *avec colère.*

Ah! c'en est trop! sortez, éloignez-vous promptement; car je ne sais...

Mme DUMONT.

Je vous obéis, madame, et je vous laisse, pour aller aviser aux moyens de vous faire repentir de votre dureté, de votre insensibilité. (*Elle sort.*)

SCÈNE SIXIÈME.

Mme VALMONT, *seule.*

Je n'en puis plus! Je ne sais ce qui m'a retenu de faire chasser par mes gens cette femme insolente, qui ose ainsi venir m'insulter dans ma propre demeure. Oh! oui, les pauvres aujourd'hui sont d'une exigence insupportable; mais le meilleur moyen de les en faire repentir, c'est de ne rien leur donner. Oui, je le jure, je ne donnerai plus jamais un sou; et si elle vient cette tante, que je n'ai jamais connue, je la ferai traiter de telle sorte qu'il ne lui prendra plus envie de mettre les pieds chez moi. (*Elle se retire.*)

ACTE TROISIEME.

(Le théâtre représente la mansarde du premier acte, mais décorée avec simplicité.)

SCÈNE PREMIÈRE.

MADAME LACY, JULIETTE.

Mme Lacy assise auprès du feu, parcourt des yeux son livre favori; Juliette assise devant son piano, s'accompagne en chantant le couplet suivant :

AIR : *Oui, mais demain vous me mépriserez.*

A ton aspect, nous nous sentons renaître,
Ange gardien, au sourire enchanteur!
Quand près de nous tu daignes apparaître
Ton souffle pur dissipe la douleur.
Viens, ô reviens, j'implore ta présence,
Toi qui te plais avec les malheureux !
Ton aspect seul dissipe la souffrance;
Car tu te plais à faire des heureux.

JULIETTE, *s'avançant sur la scène.*

Mais pourquoi cette dame ne veut-elle pas se faire connaître à ma mère? cela m'inquiète fort; cependant, je reçois toujours ses présens, je garde son secret et je fais croire à ma mère que c'est son frère qui lui envoie tous les secours qu'elle reçoit au commencement de chaque semaine. Hélas! je fais un mensonge! mais pardonnez-le moi, ô mon Dieu, car je ne sais que faire dans cette circonstance. J'aurais peut-être mieux fait d'avoir plus de confiance en ma mère, de lui avouer tout... Mais non; quelle douleur pour elle, lorsqu'elle apprendrait que sa chère Juliette a tendu une main suppliante, qu'elle a reçu l'aumône.... Ah! cette seule pensée m'accable!...

Mme LACY.

Ah! Juliette, j'allais encore oublier de te dire que, ce matin, j'ai écrit à mon frère une lettre pour le remercier de toutes ses bontés; car il a tant fait pour nous ! Et puis, tu ne sais pas encore? il vient de payer pour nous six mois de loyer en avance; et, ce matin, pendant que tu étais à l'église, monsieur Tranchepain, le propriétaire, est venu m'apporter la quittance, avec cent écus qu'une dame l'a chargé de me remettre de la part de mon frère. Vois ! peut-on pousser plus loin la générosité? Aussi, tu lui porteras toi-même cette lettre, et tu lui diras que je n'ai plus qu'un seul désir, c'est de le presser sur mon cœur, ce bon frère, pour lui prouver toute ma reconnaissance et toute mon affection. Ah ! que je me trouverais heureuse, s'il pouvait venir jusqu'ici ; mais ses nombreuses occupations ne lui en laissent pas le temps, et moi, je ne puis pas encore sortir, je suis trop faible.

JULIETTE, *avec embarras.*

Mais, ma mère, il me semble que vous abusez de vos forces, vous restez bien long-temps levée aujourd'hui. Vous savez que le médecin vous a ordonné de vous ménager.

Mme LACY.

C'est vrai, ma fille, c'est vrai ; eh bien! va tout de suite porter ma lettre à ton oncle, et puis j'irai me coucher sitôt que tu seras revenue.

JULIETTE, *toujours avec embarras.*

Mais, ma mère, allez plutôt vous reposer maintenant, je vais attendre cette bonne Clara, qui ne peut tarder à venir; et, pendant qu'elle restera auprès de vous, j'irai promptement faire votre commission.

Mme LACY.

Puisque tu le juges à propos, je le veux bien, ma chère enfant; je vais aller me reposer, d'autant plus que les sensations agréables que j'ai éprouvées aujourd'hui, ont un peu contribué à me rendre plus agitée qu'à l'ordinaire. (*Elle entre dans la chambre du fond.*)

SCÈNE DEUXIÈME.

JULIETTE, *seule.*

O mon Dieu! faut-il encore que je trompe ma mère! Cette lettre... que dois-je en faire? La porter à mon oncle? je ne le puis..... dès que je suis certaine qu'il n'a rien fait pour nous. Mais cette dame, pourquoi veut-elle rester inconnue? Pourquoi me défend-elle de parler à ma mère de toutes les bontés dont elle nous comble? Pourquoi enfin, exige-t-elle que je fasse croire à ma mère que c'est mon oncle qui nous fait tout le bien qu'elle nous prodigue? Car ces cent écus, ces six mois de loyer... Oh! j'en suis sûre, c'est elle, elle seule qui a pu nous donner tout cela. Et, pourtant, elle semble pauvre.... Oui, bien pauvre.... Je ne comprends rien à un tel mystère... J'entends monter, c'est sans doute Clara. Ah! je vais tout lui dire; je vais lui demander conseil, elle trouvera peut-être un moyen pour me tirer de l'embarras, de l'inquiétude où je me trouve en ce moment.

SCÈNE TROISIÈME.

CLARA, JULIETTE.

CLARA, *entrant.*

Eh bien, mademoiselle, comment se porte madame votre mère?

JULIETTE.

Merci, bonne Clara; elle continue toujours à se mieux porter.

CLARA.

Mais vous-même, seriez-vous indisposée? Vous êtes pâle, agitée.

JULIETTE.

Ce n'est rien, Clara; seulement j'ai quelque chose qui me tourmente, qui me fait de la peine.

CLARA.

Ah! si je pouvais vous consoler, vous tirer d'inquiétude, mademoiselle, croyez-le bien, ce serait avec plaisir.

JULIETTE.

J'en suis persuadée, ma chère Clara; car vous êtes toujours prête à rendre service. Mais, aujourd'hui, je doute que vous puissiez me sortir d'embarras.... C'est si difficile!.... J'ai tant de peine!...

CLARA.

C'est égal; parlez toujours, et peut-être que le ciel me suggérera quelque bonne pensée.

JULIETTE, *d'un air irrésolu.*

Oui....je vais tout vous raconter.... Ah! que je suis coupable! le croiriez-vous? j'ai trompé ma mère.... Non, ce n'est point mon oncle qui nous a secourues; c'est une étrangère.... une pauvre femme qui me défend de parler d'elle, et je lui obéis; je trompe ma mère, pour qu'elle ne découvre pas ce mystère. Mais aujourd'hui enfin, je serai forcée de lui avouer la vérité, car elle veut absolument que je porte à mon oncle cette lettre de remerciement; si je ne la lui remets pas, je trompe encore cette bonne mère, et pourtant il m'est impossible de donner cette lettre à mon oncle qui a adressé à ma pauvre mère un refus aussi humiliant lors même qu'elle était le plus accablée par le malheur et les souffrances.

CLARA.

C'est vrai, mademoiselle, la circonstance est extrêmement difficile; mais votre oncle, que répondait-il donc?

JULIETTE, *lui présentant la lettre de M. Valmont.*

Tenez, lisez, et vous verrez s'il est permis d'écrire à une sœur d'une manière aussi humiliante. C'est pour épargner à ma mère la douleur de se voir

ainsi méprisée, que je n'ai pas voulu lui
donner cette lettre.

CLARA *prend la lettre et lit :*

« Madame, si vous aviez voulu suivre
» mes conseils, vous ne seriez pas ré-
» duite à implorer le secours de ceux
» qui vous ont abandonnée à votre mal-
» heureux sort. Rappelez-vous que l'é-
» poux que vous avez choisi est seul
» cause de tous les maux que vous souf-
» frez. Vous l'avez voulu, subissez
» donc maintenant sans vous plaindre
» toutes les conséquences de votre obs-
» tination à suivre vos volontés.

» VALMONT. »

Oh ! madame Lacy en serait morte de
douleur, si elle avait lu cette lettre.

JULIETTE.

Je le crois, Clara, et c'est pour cela
que je lui ai toujours caché la vérité sur
tout ce qui a rapport à son frère.

CLARA.

Mais pourquoi ne lui avez-vous pas
dit que c'est cette dame qui vous a secourues ?

JULIETTE.

Vous avez raison, j'aurais bien dû le
lui dire ; mais cette étrangère ne cessait
de me dire que si je parlais d'elle j'aurais lieu de m'en repentir, et qu'elle
me punirait sévèrement de mon indiscrétion.

CLARA.

Je vous avouerai qu'à votre place,
j'aurais été tout aussi embarassée que
vous.

SCÈNE QUATRIÈME.

LES PRÉCÉDENTES, MADAME LACY.

JULIETTE, *à Clara.*

Ciel ! ma mère ! à cette heure, que
vient-elle faire? Sans doute elle a tout
entendu ! Je suis perdue !

Mme LACY.

Eh bien, ma chère enfant, tu t'affliges, tu t'inquiètes... Comme te voilà
agitée ! Remets toi un peu, je t'en prie ;
je ne me trouve pas plus mal, mais je
ne sais pourquoi il m'est impossible de
reposer. Dis-moi, as-tu porté à ton oncle la lettre que je t'ai donnée?

JULIETTE, *avec embarras.*

Mais.... non, ma mère.

Mme LACY.

Et pourquoi ? Il faut y aller tout de
suite.

CLARA.

Mademoiselle Juliette craint peut-
être de vous laisser seule ; si vous voulez, donnez-la moi, je la porterai moi-
même à son adresse.

JULIETTE, *bas à Clara, pendant que
Mme Lacy est occupée à chercher quelque
chose.*

Y penses-tu, Clara? tu vas nous perdre.

CLARA, *bas à Juliette.*

Soyez tranquille, je sais bien ce que
je dois faire.

JULIETTE, *de même.*

Non, je ne veux pas mentir plus long-
temps à cette bonne mère ; je vais tout
lui avouer, et je suis sûre qu'elle voudra
bien m'accorder un généreux pardon.

CLARA.

Qu'allez-vous faire ! Oserez-vous bien
briser son âme en lui avouant que.....

JULIETTE, *avec émotion.*

Je vous en prie, Clara, taisez-vous ;
ce souvenir me fait mal.

Mme LACY, *revenant vers elles.*

Quoi ! vous n'entendez pas ? On frappe
à la porte, allez-donc ouvrir.

JULIETTE, *ouvrant.*

Ciel ! ma bienfaitrice, celle à qui j'ai
demandé l'aumône. (*Elle tombe évanouie.*)

sa mère et Clara s'empressent de la secourir, et elles ne font point attention à l'étrangère qui leur parle.)

SCÈNE CINQUIÈME.

LES PRÉCÉDENTES , MADAME DUMONT ,
MAGNIFIQUEMENT VÊTUE.

Mme DUMONT.

Je suis fâchée, mesdames, que ma présence ait occasionné du trouble dans cette maison.

Mme LACY.

Ce n'est rien, madame... une légère indisposition peut-être.... Déjà même elle est beaucoup mieux.... Mais permettez-moi , madame , de vous demander le sujet de votre visite; elle nous fait beaucoup d'honneur, il est vrai , mais....

Mme DUMONT.

Votre demande est fort juste, et je suis loin de m'en offenser. Je viens vers vous , madame , pour avoir quelques renseignemens sur la famille d'un monsieur Dumont qui, il y a plusieurs années, passa en Amérique, et......

Mme LACY, *l'interrompant.*

O mon Dieu ! c'est mon oncle ! Ah ! dites promptement, madame; savez-vous ce qu'il est devenu, ce cher oncle ?

Mme DUMONT.

Hélas ! il n'est plus.... et après lui toute sa fortune a été engloutie dans les flots.... Vous voyez devant vous sa veuve inconsolable, qui vient réclamer les secours généreux de sa famille adoptive; car il ne me reste plus que ces habits dont vous me voyez parée , et dont je me suis revêtue pour inspirer plus de confiance , ou plutôt pour que ma misère ne fît pas rougir les parens de mon mari.

Mme LACY.

Vous n'aviez pas besoin de prendre ces précautions, madame; le malheur est toujours sacré pour les âmes sensibles et généreuses , mais il doit l'être encore bien davantage lorsqu'il frappe nos parens. Parlez-donc avec confiance; que puis-je faire pour vous ?

JULIETTE *se lève et vient se jeter aux genoux de madame Dumont, en s'écriant :*

Pardonnez-moi , madame , vous venez sans doute ici pour m'accabler de reproches en présence de ma mère !.... Ah ! elle était si accablée ! si souffrante ! et moi, j'étais si malheureuse !..... Je n'avais plus rien à lui donner..... elle allait mourir !....

Mme LACY, *vivement.*

Qu'entends-je ? Toi ! ma fille, qu'as-tu fait qui puisse aujourd'hui te causer des larmes, des remords ?....

Mme DUMONT. (*A part.*) Il est inutile de feindre plus long-temps. (*Haut.*)
Rassurez-vous, madame ; elle n'a rien fait que de très-louable, et je viens aujourd'hui pour l'en féliciter et l'en récompenser tout à la fois. Je m'estime trop heureuse d'avoir pu trouver le moyen de vous être utile avant de me faire connaître ; vous n'eussiez peut-être pas voulu accepter mes bienfaits alors; car un procès, duquel dépendait toute ma fortune, absorbait toutes mes avances, et j'étais à la veille de manquer du nécessaire , lorsque toutes mes richesses me furent rendues. Cependant, comme je suis entièrement libre de partager mes trésors avec qui je voudrai, et que je n'ai point de parens de mon côté, j'ai cherché à connaître si ceux de mon mari étaient dignes de mes bienfaits. J'ai feint d'être pauvre, et je me suis présentée chez monsieur Valmont à plusieurs reprises pour implorer son assistance. Il m'a repoussée et chassée honteusement de chez lui, sans daigner me donner une obole. Le hasard m'a fait rencontrer cette jeune fille ; j'ai été touchée de sa piété filiale, je l'ai fait suivre , je me suis déguisée pour lui ap-

porter des secours, et enfin, quand j'ai appris son nom et le vôtre, je me suis empressée de venir vous prier de partager mes richesses et mon bonheur, car vous en êtes dignes.

Mme LACY, *stupéfaite.*

Quoi ! ce n'était donc pas mon frère qui m'envoyait tous ces secours que je recevais chaque jour ? Pourquoi m'as-tu trompée, Juliette ?

JULIETTE.

Pardonnez-moi, ma mère; mais je craignais de désobliger cette dame.

Mme DUMONT.

Oui; je ne voulais pas qu'on le sût, parce que je voulais voir si votre frère serait assez inhumain pour vous abandonner, lorsqu'il croyait que vous succombiez sous le poids de la misère.

Mme LACY.

Ah! je vous en conjure, pardonnez-lui; admettez-le à participer à vos bienfaits. Vous êtes trop généreuse pour ne pas exaucer ma prière.

Mme DUMONT.

Je regrette de ne pouvoir le faire; mais il faut que son orgueil et son avarice soient punis. Ainsi, puisqu'il m'a renoncée pour sa tante, je le renonce pour mon neveu. Et vous, à compter de ce jour, vous quitterez cette humble habitation, pour venir demeurer avec moi dans le magnifique palais que j'ai acheté en face de celui de votre frère; car j'ai voulu qu'en vous voyant élevées au comble de la fortune, il ap-

prît à rougir de sa conduite barbare, et qu'il sût que tôt ou tard l'orgueil est abaissé.

CLARA, *pleurant.*

Ah! mon Dieu, maintenant que vous voilà grande dame, mademoiselle Juliette, vous ne voudrez plus me recevoir; je ne serai plus votre amie.

JULIETTE.

Et pourquoi cela, ma bonne Clara? Oh! je vais prier ma tante de me permettre de vous prendre en qualité de dame de compagnie; au moins, nous ne serons plus séparées.

Mme DUMONT.

J'y consens, ma nièce; et c'est avec d'autant plus de plaisir, que je vois que tu es reconnaissante envers cette jeune fille des services qu'elle t'a rendus.

CLARA, *avec transport.*

Merci, madame; merci, mademoiselle Juliette. Oh! laissez faire, vous ne vous ennuierez pas avec moi; je vous chanterai tous les jours quelque jolie chanson. (*Elle chante.*)

AIR : *Eh! vogue ma nacelle.*

Ah! que je suis contente,
Je vais suivre vos pas,
Chez votre bonne tante
On ne s'ennuiera pas.

Plus de crainte importune;
Nous serons tous heureux.
Oublions l'infortune,
Les soucis dangereux.

Le jour de l'espérance,
Vient briller en ces lieux ;
Séjour de mon enfance,
Recevez mes adieux.

FIN.

Bourges, imprimerie de Veuve MÉNAGÉ.

RECUEIL

DE PIÈCES MORALES ET INSTRUCTIVES,

A L'USAGE

DES COMMUNAUTÉS RELIGIEUSES, DES INSTITUTIONS, DES PEN-
SIONNATS, ETC.

Par Victor Doublet,

PROFESSEUR DE BELLES-LETTRES,

AUTEUR D'UN GRAND NOMBRE D'OUVRAGES DE MORALE, DE LITTÉRATURE
ET D'ÉDUCATION, ET DE LA VIE DE SA MAJESTÉ DON CARLOS V, ROI
D'ESPAGNE, ETC.

A BOURGES,

CHEZ L'AUTEUR, RUE DES ARÉNES, 19,

ET CHEZ TOUS LES LIBRAIRES QUI TIENNENT LES LIVRES D'ÉDUCATION,

1841-42.

A ma nièce Thaïs.

[Une jeune personne instruite et vertueuse fait les délices de son père et la gloire de sa mère.

CINQUIÈME LIVRAISON.   31 DECEMBRE 1841.

ANNA,

COMÉDIE EN QUATRE ACTES, MÊLÉE DE CHANTS,

Par Victor Doublet,

PROFESSEUR DE BELLES-LETTRES,

AUTEUR DE PLUSIEURS OUVRAGES DE MORALE, DE LITTÉRATURE ET D'ÉDUCATION, ET DE LA VIE DE S. M. DON CARLOS V DE BOURBON, ROI D'ESPAGNE.

PERSONNAGES.

MM^mes DUBOIS, maîtresse de pension.
DE SAINT-ANGE, protectrice de l'établissement.
D'AUTEUIL, mère d'ANNA.
DE GUZMAN, jeune veuve.
MADELAINE, servante.

PERSONNAGES.

ANNA,
MARIE,
PAULINE, } pensionnaires.
ESTELLE,
CÉCILE,

Plusieurs pensionnaires.

ACTE PREMIER.

(*Le théâtre représente le salon d'un pensionnat. Les élèves sont occupées à préparer des couronnes pour la distribution des prix.*)

Au lever du rideau, plusieurs élèves chantent les couplets suivans :

AIR de la *Prima donna.*

UNE VOIX.

Du plus heureux succès
J'ai conçu l'espérance ;
Je suis sûre d'avance
Du fruit de mes progrès.

TOUTES.

Du plus heureux succès
Concevons l'espérance ;
Soyons sûres d'avance
Du fruit de nos progrès.

UNE VOIX.

O vous qui du succès
Êtes sûres d'avance,
Vous pourriez bien, je pense,
Eprouver des regrets.

SCÈNE PREMIÈRE.

ESTELLE, PAULINE, PENSIONNAIRES.

ESTELLE.

C'est vrai, ça; vous chantez déjà victoire comme si vous étiez certaines de remporter des prix. Attendez, attendez, le proverbe n'est pas faux : rira bien qui rira le dernier. Quant à moi, mesdemoiselles, ce que je dis, ce n'est, pas pour vous faire de la peine. Oh! je ne me crois pas meilleure qu'une autre; d'ailleurs je n'ai aucune prétention, et je sais me mettre à ma place. Les récompenses doivent être pour celles qui les ont méritées. Moi, voyez-vous, je n'aime pas beaucoup le travail, et je suis encore moins d'avis de me tuer pendant toute une année pour gagner une misérable récompense. N'es-tu pas de mon avis, Pauline?

PAULINE.

Pas tout-à-fait, vois-tu; je conçois que pendant le cours de l'année on puisse faire peu de cas des récompenses, mais au moment de la distribution des prix, oh! c'est bien différent. Le moindre petit prix a pour une jeune personne un je ne sais quoi d'attrayant qui lui plaît, qui la fait sourire de plaisir, qui lui procure une douce satisfaction.

ESTELLE.

Je vois que tu tiens bien à un livre; il n'en manque pourtant pas chez les libraires, et l'on peut facilement s'en procurer à peu de frais.

PAULINE.

Je le sais; mais ils n'ont plus le même mérite à mes yeux. Tous les plus beaux livres d'un magasin de librairie auraient pour moi moins de charmes qu'un seul petit volume que je recevrais pour prix de mon travail et de ma bonne conduite. Te rappelles-tu les jolies compa-raisons que nous fait notre professeur d'italien.

ESTELLE.

Oh! je ne m'en mets seulement pas en peine; car s'il fallait les retenir toutes, il faudrait avoir une mémoire....

PAULINE.

Eh bien! écoute; je vais t'en chanter une charmante, et qui te prouvera combien nous attachons de prix dans un moment à certains objets, dont nous ne ferions aucun cas dans d'autres temps.

AIR :

Sembra gentile
Nel verno un fiore,
Che in sen d'aprile
Si disprezzò.

Frà l'ombre è bella
L'istessa stella,
Che in faccia al sole
Non si mirò.

ESTELLE.

Eh! mais tu chantes l'italien à ravir; pour moi, je ne m'en rappelle pas un mot; c'est tout au plus si j'ai compris ta chanson.

SCÈNE DEUXIÈME.

LES PRÉCÉDENTES, CÉCILE.

CÉCILE, entrant.

Eh bien! mesdemoiselles, savez-vous quelque chose de nouveau? C'est une chose étonnante! Il faut avouer que tout le monde de cette maison a été bien discret, puisque nous ne savons pas encore quelle est celle d'entre nous qui obtiendra la couronne de roses blanches, ce prix si ardemment désiré, la plus belle, la plus honorable récompense que nous puissions recevoir. Depuis ce matin, je vais, je viens, je cours, je m'arrête, je m'informe, et partout.... bouche close! Mais madame Dubois aurait dû en dire quelque chose; les maîtresses doivent le savoir.....

Comment se fait-il qu'on ne puisse rien encore pénétrer de ce secret?

ESTELLE.

A voir le mal que tu te donnes, ma bonne amie, on croirait réellement que tu crains fort qu'on ne te fasse un passe-droit. Tiens-toi tranquille, ma chère; sur ce point, nous pouvons bien toutes deux nous donner la main et partir de compagnie. Car après tout, vois-tu bien, je ne puis me faire à tant d'exigeance; et comme je le disais, il y a quelque temps, on a pris pour devise de me faire endêver.

De temps en temps, ma chère, on aime le
[repos,
Car on n'a pas toujours un esprit bien dispos.
Eh bien! quoiqu'il en soit et malgré qu'on en
[dise,
C'est toujours travailler. . . . . . .
. . . . Et les conjugaisons,
L'analyse, les vers, les tristes fractions,
Broder, brocher, chanter, coudre, écrire, se
[taire,
C'est vraiment trop d'ouvrage et bien peu mon
[affaire.

CÉCILE.

Tu as parfaitement raison, je t'approuve; mais il faut avouer aussi qu'il est bien désagréable d'arriver à la maison les mains vides. C'est la bonne maman qui vient vous demander : « As-tu » de jolis prix, ma petite fille? Va dans » le cabinet de ton bon papa, va les lui » montrer, et pendant ce temps-là, je » vais te préparer une belle récom-» pense. » C'est ensuite bon papa, petit papa, petite maman, grand'maman, petite tante; enfin, c'est un déluge de questions, un déluge de quiproquos, un déluge de reproches, un déluge de regrets; c'est à n'y pas tenir. Oh! oui, c'est une chose bien cruelle que de s'en aller sans récompense!

PAULINE.

Réflexion admirable, ma bonne Cécile! mais un peu trop tardive. Les regrets aujourd'hui pourraient être superflus, car je pense bien que tout est décidé; mais au moins, à l'époque de la rentrée, si tu te rappelles bien ce que tu viens de dire, tu verras que tes souhaits s'accompliront et que tu ne regretteras pas d'avoir suivi l'impulsion que te donnera cette réflexion.

SCÈNE TROISIÈME.

LES PRÉCÉDENTES, MADELAINE.

MADELAINE.

On n'en finit pas, avec toutes leux quesquions; est-ce que j'savons queuq'chose, nous?

PAULINE.

Vous paraissez fâchée, Madelaine; qu'avez-vous donc, qui vous met ainsi de mauvaise humeur?

MADELAINE, *balayant.*

N'm'en parlez-pas, on n'en finit pas ici, on n'sait auquel entendre : Madelaine par ici!.. Madelaine par là!.. et toujours Madelaine. J'quitterions bentôt c'métier-là, si gn'avait pas queuques revenans bons. Aujourd'hui, par exemple, j'aurons une bonne aubaine. Ceux demoiselles en s'en allant nous feront leux p'tits cadeaux; vl'a s'qui m'arrange. Et la rosière donc, celle-là qu'aura la couronne; oh! pour celle-là, alle est bonne fille, alle nous donnera une bonne pièce.

CÉCILE.

Vous la connaissez donc, Madelaine?

MADELAINE.

Parguien, si j'la connaissons; c'est Mamselle.... Chut! j'entends quelqu'un. (*Madelaine continue à balayer.*)

SCÈNE QUATRIÈME.

LES PRÉCÉDENTES, MARIE, ANNA.

MARIE.

Ah! positivement la voici; nous la

cherchions depuis si long-temps, cette bonne Madelaine.

MADELAINE.

Oui, oui, cette bonne Madelaine, quand on a besoin d'elle pour queuque service ; sans ça, c'est Madelaine tout court, c'est....

ANNA.

Calmez-vous, Madelaine ; vous vous emportez trop facilement. Ecoutez, vous avez bon cœur ; il s'agit de nous rendre un petit service.

MADELAINE.

Ah ! j'savais ben qu'c'était queuque chose comme ça. Eh ben ?

ANNA.

Ma bonne Madelaine, pourriez-vous faire parvenir à madame de Guzman ce petit paquet ? Mais prenez bien garde qu'on ne le voie ! ce sont des livres. Tenez pour vos peines ! (*Elle lui glisse dans la main une pièce de monnaie.*)

MADELAINE.

Mais... oui, bah! J'y cours... Ecoutez ! j'entends madame Dubois.

ANNA ET MARIE.

Donnez ! donnez !... (*Marie remet le paquet à Anna, qui s'empresse d'aller le cacher dans son pupitre.*)

SCÈNE CINQUIÈME.

LES PRÉCÉDENTES, MADAME DUBOIS.

Mme DUBOIS.

Madelaine, allez au réfectoire ; hâtez-vous de préparer tout ce qu'il faut, et vous y mettrez un couvert pour madame de St-Ange, la protectrice de cet établissement : elle veut bien nous faire aujourd'hui l'honneur de dîner avec nous. Vous, mesdemoiselles, allez vous habiller. (*Elle sortent.*)

SCÈNE SIXIÈME.

Mme DUBOIS, *seule.*

Toujours de nouvelles peines, de nouvelles traverses ! Quelqu'un vient de m'annoncer que des romans circulent dans ma maison ; qu'une dame, que l'on ne veut pas nommer, en prête à mes jeunes pensionnaires ; que plusieurs de ces demoiselles dévorent avec avidité cette lecture pernicieuse. C'est un malheur fort grand, auquel il faut que je me hâte d'apporter un prompt remède. Je ne me serais jamais doutée qu'on pût ainsi prendre à tâche de pervertir le cœur de ces jeunes personnes, auxquelles nous nous efforçons d'inspirer des sentimens de vertu et de religion. Mais comment faire ? Une visite générale pourrait seule me mettre sur la voie et me faire trouver ces mauvais livres, qu'il est absolument nécessaire que je découvre. Oh ! oui, celle dans le pupitre de laquelle ils seront trouvés, doit être aussitôt bannie honteusement de la maison, afin qu'un abus aussi pernicieux ne se renouvelle pas à l'avenir.

ACTE DEUXIEME.

SCÈNE PREMIÈRE.

ANNA ET MARIE.

ANNA.

Je te le disais bien, Marie, que tes livres nous feraient arriver quelque désagrément. Non, en vérité, je ne la conçois pas, cette dame de Guzman ; on dit pourtant qu'elle a de l'esprit ; comment se fait-il donc qu'elle n'en pense pas plus long ?

MARIE.

Tu parles ainsi, parce que tu t'es toujours obstinée à ne pas vouloir lire ces livres charmans ; mais si tu avais commencé une fois, tu ne pourrais plus t'en passer.

ANNA.

Il me suffit, pour les croire mauvais, qu'ils portent le nom de romans ; et c'est assez pour que je me fasse une loi de n'en ouvrir aucun.

MARIE.

Ecoute ; je vais te raconter quelques passages qui suffiront aussi pour te prouver que, vraiment, on use d'une trop grande sévérité à notre égard, et te donner une idée du plaisir que l'on éprouve à lire des romans. Ecoute : (*elle récite*) « Un doux sommeil enchaî- » nait mes sens ; je voyais s'agiter au- » tour de moi les songes légers avec » leurs ailes dorées (car je rêvais). » Tout-à-coup se présente à ma vue un » spectre qui semble vouloir m'enlever; » déjà le terrible fantôme étendait ses » bras décharnés pour me saisir par » le milieu du corps; il allait me presser » dans ses terribles étreintes, lorsque, » tout-à-coup, un génie bienfaisant » vient lui disputer sa proie. Un choc » violent s'engage : le fantôme est mis » hors de combat; le coup qui l'a renver- » sé est si terrible, que l'air en retentit. » La terre est émue sous le poids du » monstre qui l'entr'ouvre et rentre dans » les abîmes ténébreux. Une odeur de » soufre et de fumée s'exhale de ces » régions souterraines ; je me sens suf- » foquée, je vais périr.... je m'éveille. » O bonheur ! ce n'était qu'un songe ! » Sens-tu quelle impression devait faire sur moi une telle vision ! Mais ce n'est pas tout ; écoute : Sais-tu quel était ce génie fortuné ? O la douce surprise !

ANNA.

Je ne le sais pas, et ne veux pas le savoir. Crois-moi, Marie, renonce à ces lectures dangereuses qui ne font que gâter l'esprit et le cœur; car on nous le répète assez souvent, et là-dessus, nous devons nous en rapporter entièrement à nos maîtresses qui sont plus éclairées que nous, et qui ne cessent de nous prévenir contre les dangereux effets que peuvent produire ces livres pernicieux.

MARIE.

Mais madame de Guzman ne cesse aussi de me dire que cette lecture est très-propre à former le goût et l'esprit. Elle m'assure qu'une jeune personne ne saurait se présenter dans le monde avec avantage, si auparavant elle n'a pas eu soin de former son jugement, d'étendre ses connaissances, d'acquérir une certaine expérience; et tous ces avantages, elle ne saurait les rencontrer ailleurs que dans ces livres charmans, que les beaux esprits s'évertuent à faire pour rendre notre sexe plus aimable et plus intelligent. Oh! si tu entendais toutes les jolies choses que cette dame me dit, tous les éloges dont elle comble les écrivains spirituels qui consacrent leurs

veilles à nous procurer de si délicieux plaisirs, tu te garderais bien de parler ainsi.

ANNA.

Il ne m'appartient pas de juger les raisons qui engagent madame de Guzman à te parler de la sorte; je me garderai bien de condamner sa conduite; mais il suffit que ses avis soient peu en rapport avec ceux que nous recevons ici, pour que je ne l'approuve pas. Et, je te le répète, je crains fort que madame Dubois ne les trouve dans mon pupitre, où je viens de les déposer. Il est vrai que, quand on a commis une faute, on croit que tout le monde vous a vu. Et pourtant, cela m'a paru bien extraordinaire de voir notre bonne maîtresse parler avec un ton si soutenu; vraiment elle paraissait troublée. Mais je vois venir ces demoiselles; tu vas sans doute apprendre quelque chose de nouveau, je te quitte un instant. (*Elle sort.*)

SCÈNE DEUXIÈME.

ESTELLE, PAULINE, CÉCILE, MARIE.

ESTELLE.

Toujours, toujours des contre-temps; là, là, je comptais si bien partir ce soir. Eh bien! la fête est remise: la distribution des prix est ajournée. Je vous demande un peu pourquoi? Quant à moi, c'est tout un, partir ce soir ou demain, je n'en serai pas plus chargée. D'ailleurs, maman ne cesse de me dire: ma fille, ne te tue pas à travailler, tu as de la fortune, tu n'as pas besoin de toutes ces connaissances dont on veut vous farcir la tête. Oh qu'elle a bien raison! que je lui en sais bon gré! Sois tranquille, petite mère, je suis bien obéissante. Mais ne pas partir ce soir, c'est bien désolant!

PAULINE.

Tu raisonnes à merveille! je n'en dis pas autant.

ESTELLE.

Je le sais; toi, qui prétends à de si beaux prix, tu serais bien fâchée que la distribution des prix passât sous silence. Mais....

PAULINE.

Non, tu me juges mal; si je regrette que la distribution n'ait pas lieu ce soir, c'est à cause du vif intérêt que je porte à cette bonne Anna. Tout le monde pensait qu'elle allait avoir la couronne de roses blanches; Madelaine nous en avait confié le secret, et maintenant tout le monde chuchotte: on dit qu'elle a commis une faute grave, et....

MARIE.

Que dis-tu, Pauline? Cette bonne Anna, elle, si sage, si complaisante! on dit qu'elle s'est rendue coupable d'une faute grave! Qu'est-ce donc?

PAULINE.

Oui; tout le monde parle, mais personne n'en peut dire le motif. Je pense que c'est à tort qu'on l'accuse.

CÉCILE.

Oh oui! c'est à tort. Si c'était moi, ce ne serait pas à tort; on s'empresserait de me condamner.

MARIE.

Voilà, voilà nos donneuses de conseils! Tantôt elle me faisait un grand crime de certaine petite infraction à la règle; une vétille, et elle!...... Voyez-vous ce que c'est; qu'elle y vienne maintenant, me donner des conseils, je la renverrai bien loin avec ses morales!

ESTELLE.

Pour moi, au moins, si je ne fais rien de bien, je ne fais point de mal, et personne ne peut me faire de reproches,

PAULINE.

Vous parlez bien légèrement, mes bonnes amies. Pourquoi condamner si-tôt cette bonne Anna, nous devrions toutes croire qu'elle n'est pas coupable; et lors même qu'elle le serait, nous devrions tâcher d'obtenir son pardon, car il n'en est pas une seule parmi nous, qui ne lui soit redevable de quelque petit service. Je vais tâcher de découvrir la vérité, et si elle est coupable, je viendrai vous prendre et nous irons toutes trouver madame Dubois: elle est bien indulgente, elle nous accordera sa grâce.

ESTELLE.

Oui, oui, et nous aurons les prix ce soir, et nous pourrons partir aujourd'hui! Oh quel bonheur!

TOUTES.

Quel bonheur!

ACTE TROISIEME.

SCÈNE PREMIÈRE.

MESDAMES DUBOIS, DE SAINT - ANGE, D'AUTEUIL, ANNA.

Mme DUBOIS, *à Anna.*

Vous avez raison, mon enfant, de paraître surprise en nous voyant ici toutes ici rassemblées. La présence de madame d'Auteuil, votre mère, a dû surtout vous contrarier dans ce moment où, au lieu de la sublime récompense qui vous était destinée, vous allez recevoir la juste punition de la faute grave que vous avez commise. Cependant je ne fais pas entièrement retomber sur vous tout le poids de la faute ; les personnes qui vous ont procuré ces mauvais livres que je viens de trouver dans votre pupitre, sont plus coupables que vous, et il est absolument nécessaire, pour le bien de cette maison, que je les connaisse. Ainsi, dites - moi, Anna, quelle est cette personne ennemie de votre bonheur, qui....

ANNA.

Ah! de grâce, madame, ne me contraignez pas..., Oh! non jamais...

Mme DUBOIS.

Cette résistance, prenez-y garde, vous rend encore plus coupable à mes yeux. Un aveu franc et sincère, peut seul m'engager à modérer en votre faveur les rigueurs du règlement de cette maison.

ANNA.

Madame, punissez - moi si vous me jugez coupable; mais, de grâce, ne me forcez pas à dévoiler ce secret.

Mme DUBOIS.

Anna, prenez garde, votre obstination indispose contre vous toutes les personnes qui s'intéressent à vous. Avouez!....

Mme D'AUTEUIL.

O ma fille! en faveur de ta bonne conduite, oui, je supplierai moi-même ces dames de te pardonner, car je ne te crois pas encore assez pervertie pour avoir par toi-même cherché à te procurer ces mauvais livres. Non, une fausse amie, quelque personne du monde, de ce monde corrompu, qui ne cherche qu'à détruire les bonnes impressions que l'on s'efforce chaque jour de faire germer dans le cœur des jeunes personnes, a sans doute fait des efforts inouïs pour te persuader, pour te convaincre, pour te perdre; mais, ô ma fille, puisque la divine providence a permis que cette intrigue coupable fut dévoilée, puisqu'il est encore temps d'apporter un prompt remède au mal, dévoile, je t'en supplie, le nom de cette coupable amie qui t'a induite en erreur ! Résisteras-tu aux prières, aux supplications, aux larmes de ta mère !.. (*Elle pleure en la pressant sur son cœur.*)

ANNA.

O ma mère, pardon !........ mille fois pardon !....

TOUTES ENSEMBLE.

Parlez ! parlez !

ANNA, *les larmes aux yeux, après un moment d'hésitation.*

...Je ne puis ! !

Mme D'AUTEUIL, *avec indignation.*

Quoi ! votre obstination vous portera-t-elle à contrister le cœur d'une tendre mère ? oserez-vous bien résister ainsi à nos prières et à nos larmes ? Non, je ne reconnais plus ma fille en celle qui ne craint pas de résister avec tant d'opiniâtreté à la volonté de ses maîtresses et à la mienne. Allez, vous vous êtes rendue mille fois plus coupable par votre obstination à garder le silence, que par la faute même que vous aviez commise.... Je vous retire mon amitié !

ANNA, *tombant aux pieds de sa mère.*

O ma mère ! pardonnez-moi. Hélas quel cruel combat ! Je ne suis peut-être pas aussi coupable que tu le penses.

Mme D'AUTEUIL.

Retirez-vous de ma présence. (*Anna sort en pleurant, et pouvant à peine se soutenir.*)

SCÈNE DEUXIÈME.

LES PRÉCÉDENTES, *moins* ANNA.

Mme DE St-ANGE, *à Mme d'Auteuil qui pleure.*

Je vous en prie, madame, ne vous af-fligez pas, je ne crois pas le mal aussi grand que vous le pensez ; il y a là-dessous un mystère que je prévois et qu'il importe de découvrir. Anna, d'après le témoignage de ses maîtresses, a toujours été sage, prudente, discrète, et surtout d'une obéissance aveugle aux volontés de ses supérieures. Ne nous bornons pas aux recherches que nous avons déjà faites ; de nouvelles perquisitions peuvent nous mettre sur la voie de la vérité.

Mme DUBOIS.

Je le pense comme vous, madame ; allons.... (*Elles sortent.*)

SCÈNE TROISIÈME.

MADELAINE, *seule. Elle range les chaises et les fauteuils.*

C'est donc pour toute la journée, ce remue-ménage ? En vérité, si j'y conçois queuque chose, j'veux bien parde mon nom. Il paraît tout de même que dans tout ça, c'est c'te pauve demoiselle Anna qui portera tout. Ah ! si j'pouvais la défendre ! si j'pouvais dire queuque chose en sa faveur ! mais j'me garderai ben d'ouvrir la bouche, moi, j'n'ai pas la parole ; ou ben j'm'entendrais bentôt répondre : Madelaine, c'est pas là votre place, allez dans vot'cuisine. C'est tout de même ben dûr. Et c'te commission, alle va donc en rester là ! j'voudrais pourtant pas avoir ça gagné vingt sous pour rien. Mais, pendant que j'y pense, ça pourrait ben être ça la cause du dérangement. Oui, c'est ben ça ; quoique j'ai pas été en pension j'suis pas si sotte, moi, j'trouve ben les choses. V'la l'affaire tout juste ! C'te commission en cachette chez madame de Guzman, et puis..... (*On frappe à la porte du salon à plusieurs reprises.*) Allons, encore du monde ; ça peut ben être encore du nouveau. Courons vite ouvrir.

SCÈNE QUATRIÈME.

MADAME DE GUZMAN, MADELAINE.

MADAME DE GUZMAN.

Peut-on voir mademoiselle Marie en ce moment?

MADELAINE.

J'pense ben qu'oui, madame; car toutes les pensionnaires sont dans la cour à se promener, à chuchotter, et personne ne s'occupe d'elles.

Mme DE GUZMAN.

En effet, c'est ce que j'ai cru voir en entrant; toute la maison m'a semblé dans un désordre affreux. Et quelle en est la cause?

MADELAINE.

Je ne saurais trop vous dire. Ah! tenez, voici positivement mademoiselle Marie qui cause là-bas, dans la cour; je vais aller la chercher. (*Elle sort.*)

SCÈNE CINQUIÈME.

MADAME DE GUZMAN, *seule.*

C'est une chose extraordinaire, qu'un pensionnat si mal tenu! On entre sans rencontrer personne; pas une maîtresse pour surveiller les élèves, pour recevoir les personnes qui entrent. On est obligé de s'adresser à une simple servante! est-cela élever des jeunes personnes comme il faut? Ne devrait-on pas leur inspirer au moins des airs de grandeur, de noblesse! cela convient si bien à une jeune fille.... Mais j'entends Marie....

SCÈNE SIXIÈME.

MADAME DE GUZMAN, MARIE.

MARIE, *en entrant, embrasse Mme de Guzman et dit:*
Bonjour, ma cousine, comment vous portez-vous?

Mme DE GUZMAN.

Fort bien, et toi, mon ange?... Mais, dis-moi, comme tu as l'air préocupé? D'où te vient donc cet air sombre; tu ne te plais donc plus ici?

MARIE.

Pardon, ma cousine, je m'y trouve fort bien.

Mme DE GUZMAN.

As-tu lu les jolis romans que je t'ai envoyés la semaine dernière?

MARIE.

Non, je ne les ai pas terminés.

Mme DE GUZMAN.

Et pourquoi cela, mon enfant? Cette lecture peut t'être fort avantageuse, je ne cesse de te le répéter; elle forme tout à la fois et l'esprit et le cœur; elle te donnera le goût du beau, elle t'inspirera des sentimens nobles et élevés; car ce n'est pas dans tes livres de dévotion pas plus que dans tes classiques, que trouveras ces grands mouvemens qui élèvent l'âme et qui vont droit au cœur. Et d'ailleurs, quand encore tu ne retirerais pas tous ces immenses avantages, ne serait-ce pas beaucoup déjà de te procurer, par cette lecture, une douce et innocente récréation.

MARIE.

Jusqu'à présent, je l'ai cru comme vous, ma chère cousine; mais on m'a fait comprendre que cette lecture peut bien devenir fort dangereuse à mon âge, où l'on ne sait pas encore distinguer ce qui est bien de ce qui est mal.

Mme DE GUZMAN.

Il est vrai que si tu choisissais toi-même tes livres de lecture, tu pourrais te tromper; mais je me charge moi-même du soin de te procurer les romans les plus à ta portée, et ceux qui sont sans aucun danger pour toi.

MARIE.

Il est donc vrai, ma cousine, qu'il y

en a de dangereux pour une jeune personne?

Mme DE GUZMAN.

Sans doute, mon enfant; et quelquefois même, une personne d'un âge mûr peut aussi éprouver quelque danger en lisant certains romans; mais je me tiens en garde contre ceux-là, et je ne lis que ceux qui sont bons.

MARIE.

Pardonnez-moi; mais comment pouvez-vous les distinguer les uns des autres?

Mme DE GUZMAN.

C'est en les lisant, mon enfant; et je t'avoue que, souvent, j'ai éprouvé bien des peines, bien du chagrin, bien des tourmens, après avoir lu quelques-uns de ces livres enchanteurs.

MARIE.

Quoi! et vous continuez à en lire encore!

Mme DE GUZMAN.

Comment! c'est là mon plus doux passe-temps. Je ne saurais t'exprimer tout le plaisir que je ressens à entretenir ces rêves de l'imagination qui me tiennent dans une agitation continuelle; c'est un plaisir suave, qui ne peut bien se sentir que lorsqu'on l'a éprouvé soi-même. Et, pourtant, si tu me voyais dans ces momens d'extase, tu me croirais souffrante, abattue, en proie à toutes les émotions les plus vives.... Oui, alors on ne vit plus.... Jusqu'à l'existence même, tout paraît n'être qu'imaginaire.

MARIE.

Mais si la lecture des romans est une si douce chose, pourquoi nous la défend-on avec tant de sévérité?

Mme DE GUZMAN.

C'est un préjugé. On la croit toujours dangereuse; et, pourtant, il y a bien des exceptions.

MARIE, vivement.

Comment! il y a des exceptions! Oh vous m'avouez donc qu'il y a beaucoup de danger à lire des romans. Elles ont donc raison, nos bonnes maîtresses, de nous prévenir continuellement contre les funestes accidens qui peuvent résulter de cette lecture. Eh bien! ma chère cousine, ne m'en voulez pas; mais je vous prie, à l'avenir, de ne plus m'envoyer de romans, et c'est en votre présence que je renonce pour jamais à lire des livres défendus par le réglement de la maison.

Mme DE GUZMAN, se levant avec colère.

Allez, vous n'êtes qu'une ingrate; puisque vous renoncez ainsi au bien que je voulais vous faire en suppléant à ce qui manque à votre éducation, je jure que désormais je ne m'occuperai plus de vous; je vous abandonne à votre ignorance. Allez, vous ne serez jamais qu'une petite sotte. (*Elle sort avec précipitation.*)

~~~~~~~~~~~~~~~~~~~~~~~~~~~~~~~~~~~~~~~

SCÈNE SEPTIÈME.

MARIE, seule et étonnée.

Quelle indignation! Il est donc bien vrai qu'elle est fâchée contre moi? mais je n'ai rien à me reprocher, j'ai fait mon devoir... Il fallait rompre; elle m'aurait toujours tourmentée. O bonne Anna, que je me repens de ce que j'ai dit tantôt contre toi! Oui, tes conseils étaient vraiment ceux d'une amie; et c'est à toi seule que je dois d'avoir rompu cette liaison dangereuse, qui pouvait me perdre pour jamais. Ah! oui, je vais aller avec mes compagnes supplier madame Dubois de lui pardonner. Elle doit être innocente; elle est si vertueuse! (*Elle sort.*)

ACTE QUATRIÈME.

SCÈNE PREMIÈRE.

CÉCILE, PAULINE, ESTELLE, *pensionnaires*

CÉCILE.

C'est une chose vraiment curieuse, qu'on ne puisse démêler la cause de tout ce remue-ménage. Toutes les maîtresses sont affairées : elles vont, elles viennent, elles parlent bas... Les élèves cherchent à interpréter tous leurs mouvemens ; elles ne savent que devenir... Toutes abandonnent leurs occupations les plus chères ; elles ne pensent pas même à s'amuser. Jamais on n'a vu un pareil bouleversement.

PAULINE.

Tu as bien raison ; car jusqu'à Marie, elle, toujours si solitaire, si occupée de ses lectures, on ne la voit plus comme autrefois se retirer avec son grand livre bleu ou vert, et passer à s'instruire tous les instans de la journée. Vraiment j'admire sa patience, sa persévérance ; elle ne perd pas un moment ; tous ses instans sont occupés : on dirait qu'elle néglige tous ses autres devoirs pour s'adonner à la lecture. Qu'elle est heureuse de pouvoir être ainsi appliquée !

CÉCILE.

Elle doit sans doute à Anna, sa meilleure amie, cette ardeur pour l'étude ; c'est Anna qui la lui aura communiquée. Oh ! que ne puis-je devenir studieuse comme elle !

ESTELLE.

Oui, studieuse ! Il est bien difficile d'être studieuse, quand on s'amuse à lire des livres charmans, des romans en un mot. Aussi elle en sera bien récompensée ; il lui en coûtera cher pour avoir voulu lire des romans. On parle de la chasser honteusement.

MARIE, *qui a entendu ces dernières paroles, s'approche, et d'un ton animé s'écrie :*

Que dis-tu, Estelle ? Que dis-tu ?

ESTELLE.

Je dis la vérité : Anna va être chassée honteusement, pour avoir lu des romans.

MARIE.

Comment peux-tu savoir cela ?

ESTELLE.

Oh je le sais, et d'une manière bien sûre, encore. J'étais cachée dans le petit cabinet noir qui donne dans l'appartement secret de madame Dubois ; j'ai entendu toute la conversation : Elle est pourtant bien sage, disait madame de Saint-Ange. Il faut un exemple, disait madame d'Auteuil, et je ne veux pas que ma fille soit un objet de scandale et de perdition pour cette maison. Mais, répétait madame Dubois, en faveur de sa conduite passée, on pourrait lui pardonner. Et aussitôt, madame d'Auteuil s'écriait : Non, non, il faut un coup d'éclat ; cela seul peut corriger ma fille et de sa désobéissance et de son mauvais penchant. Cette punition est juste et conforme aux règlemens ; ma fille l'a méritée tout entière, je l'exige !

CÉCILE.

Quelle est méchante, cette madame d'Auteuil,

MARIE.

Non, non, elle faisait son devoir de mère, je l'approuve ; mais Anna n'est pas coupable. Je cours chez ces dames.

SCÈNE DEUXIÈME.

*Ces dames entrent au salon comme
Marie allait sortir. Marie tremblante,
honteuse, se retire dans un coin de l'appartement. Toutes les élèves sont réunies.
Mme DUBOIS, élevant la voix d'un ton
grave et solennel, prononce ces paroles :*

« Mes chères élèves,
» Une circonstance bien affligeante pour
» notre cœur maternel est venue trou-
» bler la joie de cette maison. Ce jour,
» qui devait être pour vous un jour de
» fête, sera pour nous toutes un jour de
» deuil, puisque je me vois forcée d'in-
» fliger une rigoureuse punition à celle
» qui devait, aujourd'hui, parer son
» front de cette couronne de roses
» blanches, emblème de la candeur et
» du mérite distingué. Cette jeune per-
» sonne que, jusqu'à ce jour, nous
» avions crue si vertueuse, si appli-
» quée, si fidèle à observer les règle-
» mens de cette maison, a, malgré nos
» soins et notre vigilance, trompé une
» surveillance de tous les instans : elle
» a introduit dans cette demeure des
» livres pernicieux, dont le venin pour-
» rait corrompre le cœur et l'esprit des
» jeunes personnes de qui l'éducation
» nous est confiée. Approchez, Anna
» d'Auteuil, venez entendre...... »
*(Anna s'approche avec noblesse ; mais la
modestie est peinte sur son visage.)*

MARIE, *courant se jeter aux genoux
des dames.*

Elle est innocente ! C'est moi, c'est
moi seule qui suis coupable ! c'est pour
me sauver qu'elle s'est laissée croire
coupable. Ces livres que vous avez trouvés, elle me les avait comme arrachés
d'entre les mains, pour les rendre à la
personne qui me les avait prêtés. Surprise au moment où elle les remettait à
Madelaine, elle les a cachés dans son
pupitre, pour les dérober à vos regards
et me tirer d'embarras.

MADELAINE, *cachée dans un coin, s'approche les larmes aux yeux, et s'écrie :*

Oh dam ! c'est ben vrai, même qu'alle
disait, c'te bonne demoiselle Anna :
Ma chère Marie, ceux livres sont ben
mauvais ; je n'sais pas à quoi alle pense
c'te dame de Guzman, de vous prêter
des livres comme ça, et tant d'autes
belles choses qu'alle disait à mam'selle
Marie, c'te pauve demoiselle Anna, qu'
ça faisait pleurer, quoi !

MARIE.

Et toi, bonne Anna, pardonne-moi
de t'avoir ainsi exposée à perdre la confiance et l'amitié de ta mère, de toutes
ces dames ; pardonne-moi de t'avoir
cru un instant coupable, et d'avoir mé-
prisé tes avis. Tes bons conseils ont
changé mon cœur ; j'ai rompu tout-à-fait
avec madame de Guzman, et j'ai juré
que jamais je n'ouvrirai aucun livre qui
ne fût approuvé par le règlement du
pensionnat. Maintenant, je suis prête à
subir la punition que j'ai méritée. La
seule faveur que je demande, c'est
qu'on ne m'éloigne pas de cette maison,
afin que j'y puisse encore recevoir les
salutaires avis.

ANNA *l'embrasse, et dit :*

Puisque tout ce terrible mystère est
dévoilé, daignez me pardonner, ô ma
mère, et vous aussi, mes chères maîtresses, l'opiniâtreté que j'ai montrée
à vous céler le nom des coupables, et
permettez-moi d'implorer en faveur de
Marie toute la douceur de votre clémence ; que son repentir sincère et la
rupture qui vient d'éclater entre elle et
madame de Guzman, vous soient de
sûrs garans du changement subit qui
s'est opéré en elle. Je me croirai trop
heureuse, si vous daignez m'accorder
sa grâce.

*Toutes les élèves tombent à genoux, et
s'écrient :*

Grâce ! grâce !

(*Pendant ce temps, toutes les dames pressent tour-à-tour Anna dans leurs bras et la couvrent de larmes d'attendrissement*)

Mme Dubois *commande le silence, et parle ainsi :*

Rendons grâces à la divine providence, ô mes chères élèves, de ce qu'elle a voulu faire tourner à l'avantage de cette maison, une de ces circonstances rares mais bien fâcheuses, qui perdent presque toujours un établissement. Les devoirs que nous avons à remplir en ce moment, sont à la fois graves et bien doux. D'un côté, nous avons une grande faute à punir ; de l'autre, c'est un modèle rare de sagesse, d'indulgence et de dévouement, que nous avons à récompenser. L'action vertueuse d'Anna couvre la faute de sa compagne ; la première récompense que nous lui accordons, c'est la grâce qu'elle a sollicitée, et la seconde sera un prix d'honneur joint à la couronne de roses blanches, qu'elle a si bien méritée.

Toutes les élèves applaudissent et chantent les couplets suivans :

CHOEUR.

Air *d'une contredanse d'Adam.*

Ah ! c'est charmant !   *bis.*
Pour nous la fête
Est complète.
Ah ! c'est charmant !
Que ce moment
Nous offre d'agrément.

UNE VOIX.

Air *: J'ai vu le Parnasse des Dames.*

Anna, le public t'encourage ;
Il ne pouvait faire autrement.
Pour ta conduite rare et sage,
Pour tes vertus, pour ton talent,
Il te devait une couronne.
Ton front modeste la reçoit ;
Et crois bien que s'il te la donne,
C'est qu'il est satisfait de toi.

Reprise du chœur précédent.

Ah ! c'est charmant !   *bis.*

FIN.

Bourges, imprimerie de Veuve MÉNAGÉ.

RECUEIL

DE PIÈCES MORALES ET INSTRUCTIVES,

A L'USAGE

DES COMMUNAUTÉS RELIGIEUSES, DES INSTITUTIONS, DES PEN-
SIONNATS, ETC.

Par Victor Doublet,

PROFESSEUR DE BELLES-LETTRES,

AUTEUR D'UN GRAND NOMBRE D'OUVRAGES DE MORALE , DE LITTÉRATURE
ET D'ÉDUCATION , ET DE LA VIE DE SA MAJESTÉ DON CARLOS V, ROI
D'ESPAGNE, ETC.

A BOURGES,

CHEZ L'AUTEUR, RUE DES ARÉNES , 19,

ET CHEZ TOUS LES LIBRAIRES QUI TIENNENT LES LIVRES D'ÉDUCATION.

—

1841-42.

A Jules Deherpe.

Mon jeune ami,

Bientôt, les petites pièces morales que je t'offre, ne te paraîtront pas sans intérêt, et après les avoir lues, tu pourras répondre toi-même aux personnes qui trouvent ces sortes de sujets un peu trop au-dessous de la gravité pédantesque que l'on s'efforce d'inspirer aux enfans dès leur plus tendre jeunesse. Tu leur diras avec Fénélon :

La sagesse n'a rien d'austère ni d'affecté : c'est elle qui donne les vrais plaisirs ; elle seule les sait assaisonner pour les rendre purs et durables ; elle sait mêler les jeux et les ris avec les occupations graves et sérieuses ; elle prépare le plaisir par le travail, et elle délasse du travail par le plaisir.... Heureux ceux qui se divertissent en s'instruisant, et qui se plaisent à cultiver leur esprit par les sciences ! En quelque endroit que la fortune les jette, ils portent toujours avec eux de quoi s'entretenir; et l'envie qui dévore les autres hommes au milieu même des délices, est inconnue à ceux qui savent s'occuper par quelque lecture agréable.

Victor Doublet.

Bourges, le 13 janvier 1842.

PETIT-PIERRE,

COMÉDIE EN QUATRE ACTES, MÊLÉE DE CHANTS,

Par Victor Doublet,

PROFESSEUR DE BELLES-LETTRES,

AUTEUR DE PLUSIEURS OUVRAGES DE MORALE, DE LITTÉRATURE ET D'ÉDUCATION, ET DE LA VIE DE S. M. DON CARLOS V DE BOURBON, ROI D'ESPAGNE.

———❦———

PERSONNAGES.

PETIT-PIERRE, fermier de Provence.
JACQUES, prince de Calandron.
Le duc d'URBIN, chambellan du roi d'Espagne.

PERSONNAGES.

JEAN, domestique de Jacques.
LOUISON, femme de Petit-Pierre.
Intendant, trésorier, convives, huissiers, domestiques, créanciers, paysans, paysannes.

ACTE PREMIER.

(Le théâtre représente une chaumière proprement meublée ; deux paysans sont assis auprès d'une table couverte encore des restes d'un modeste repas.)

SCÈNE PREMIÈRE.

JACQUES, PETIT-PIERRE.

PETIT-PIERRE.

C'est donc bien vrai, mon pauvre Jacques, que tu vas nous quitter pour aller faire un long voyage. Tu as beau me le répéter, je ne puis le croire ; songe combien je vais me trouver isolé, lorsque tu seras loin de moi, car tu sais combien je t'ai toujours aimé, toi, mon ami d'enfance, le compagnon de mes études. Te souviens-t-il encore de ces momens heureux que nous passions ensemble au collège, lorsque, nous retirant à l'écart pour nous entretenir de nos bons parens, nous formions de si beaux projets pour leur bonheur. Oh ! que tu m'enchantais, quand tu me disais : Tiens, Petit-Pierre, tu vois tous ces orgueilleux fils de bourgeois, ils emblent nous mépriser parce que nous sortons de la campagne, ils nous délaissent pour ne s'occuper que de conversations frivoles, de grandeurs futures, d'honneurs, de richesses, que sais-je ? Eh bien! moi, ajoutais-tu, je n'aime que la campagne ; là, je trouve la paix, le bonheur, la douce amitié : crois-moi, retournons ensemble dans nos vertes prairies, nous y serons heureux, et nous ferons le bonheur et la félicité de nos parens.

JACQUES.

Eh bien! Petit-Pierre, n'ai-je pas tenu ma parole? As-tu quelque chose à me reprocher?

PETIT-PIERRE.

Oh rien! assurément rien....... Mais, vois-tu, si j'osais, je te dirais bien quelque chose.

JACQUES.

Parle avec confiance; n'es-tu pas mon ami, n'as-tu pas le droit de me faire des observations, comme je pourrais t'en faire moi-même?

PETIT-PIERRE.

Vois-tu, c'est que je t'aime bien, et je crains que ce long voyage ne te fasse oublier tes amis. Tu formeras de nouvelles liaisons, tu oublieras les anciennes; et peut-être même que les immenses richesses que tu vas recueillir feront de toi un homme nouveau. Pardonne, mon cher ami, si je te parle avec tant de franchise, c'est que mon amitié ne peut supporter l'idée d'un changement qu'elle redoute.

JACQUES, serrant son ami sur son cœur.

Loin de m'offenser de tes craintes, mon cher ami, je sais les apprécier ; elles me prouvent combien tu m'aimes, et je dois chercher à les dissiper autant que je le puis. Sois sûr, Petit-Pierre, que jamais je n'oublierai les tendres souvenirs de notre enfance; au contraire, il me sera bien doux, au milieu du tracas des affaires, de goûter quelques momens de repos pour penser à mon ami, à ma chaumière, à mes travaux champêtres, et aux divertissemens innocens que nous procure cette délicieuse vallée. Comment pourrais-je oublier ma Provence! Non, jamais son doux souvenir ne s'effacera de mon cœur.

PETIT-PIERRE.

Que tu me rends heureux, ô mon ami, lorsque tu parles de la sorte! Hâte-toi donc d'aller en Espagne recueillir la succession de ton oncle, et reviens parmi nous jouir de la félicité douce et pure que peut seul procurer le séjour des champs.

JACQUES.

Oui, je vais partir, et ce n'est qu'avec peine que je vois s'approcher l'heure de mon départ. Mais avant de te quitter, j'ai une grâce à te demander ; jure-moi de me l'accorder, et alors mon éloignement me semblera moins cruel.

PETIT-PIERRE.

Parle, ô mon ami, ton âme honnête et généreuse ne saurait rien exiger de moi qui ne soit juste et possible ; tu peux donc être assuré d'avance que je souscrirai à tout ce qu'il te plaira de m'imposer.

JACQUES.

J'étais sûr de ta réponse. Eh bien! je veux qu'avant mon départ, tu daignes recevoir, comme marque d'affection, la propriété pleine et entière du petit héritage que m'ont laissé mes parens. Je ne pourrais souffrir qu'à regret qu'il passât dans des mains étrangères; je te prie donc de le regarder désormais comme t'appartenant, et je suis persuadé que tu mettras tous tes soins à l'améliorer et à l'embellir.

PETIT-PIERRE.

J'accepte le présent que tu daignes me faire ; et si jamais le ciel t'envoyait quelque revers, tu serais toujours assuré de trouver ici un abri contre la cruelle nécessité.

JACQUES.

Je reconnais bien là ton excellent cœur. Mais espérons que jamais je n'aurai à redouter les atteintes de la misère ; et quand encore cela serait, je ne viendrais pas te redemander un bien qui ne m'appartient plus.

SCÈNE DEUXIÈME.

JACQUES, PETIT-PIERRE, JEAN.

JEAN.

Quand monsieur voudra partir, sa voiture est prête.

JACQUES.

C'est très-bien, mon ami ; n'as-tu rien oublié ?

JEAN.

Non, monsieur. J'ai attelé au chariot les deux plus forts chevaux de la ferme, j'ai recouvert la voiture d'une bonne toile cirée, j'ai bien graissé les roues, et avec un bon équipage comme ça, je vous jure qu'on peut aller loin.

JACQUES.

Mais dis-moi, Jean, tu n'as pas l'air gai ; est-ce que tu ne serais pas content de faire avec moi ce voyage ?

JEAN.

Parguien si, monsieur ; mais, voyez-vous, c'est tout de même ben loin, et puis, voyez-vous, qui sait si nous pourrons revenir dans nos belles vallées. Oh ! écoutez, je vous aime ben, mais je préférerais vous laisser partir seul, si j'savais quitter pour toujours ma Provence. Non, y me semble que par làbas, ça n'doit pas être du monde comme nous.

JACQUES.

Sois tranquille ; va, mon garçon, nous ne mettrons pas long-temps à faire ce voyage, je l'espère ; et lorsque nous serons de retour, je veux aussi que tu sois propriétaire, je t'acheterai la petite ferme dans laquelle tu servais avant d'entrer chez moi.

JEAN.

Oh quel bonheur ! C'est alors que je pourrai dire au père Richard : Ah ! ah ! vieux papa, refusez-moi donc encore vot'Jeannette, à présent que j' suis propriétaire. Ah ! ah ! ah ! tenez, monsieur Jacques, je ne vous quitte pas, faudrait-il aller au bout du monde. Être propriétaire ! oh dam ! c'est trop beau, ça. (Il chante.)

AIR : *Allons, amis de la Philosophie.*

Je me fie à la destinée
Qui vient enfin me prendre par la main.
Ma richesse était ma journée,
Je ne songeais pas à demain.
Mais jamais de chagrin,
Mais jamais de chagrin.

Je vais quitter le sol de la patrie,
Pour aller voir une terre chérie
Qui me promet et repos et bonheur.
De mon destin j'oublierai la rigueur.

Veille sur nous, ô destinée,
Conduis-nous toujours par la main.
La richesse de la journée
Pourra suffire au lendemain.
Et jamais de chagrin,
Et jamais de chagrin.

JACQUES.

AIR :

Jean, mon ami, partons ; l'heure s'avance
Et nous n'avons bientôt plus qu'un instant.

JEAN.

Comptez sur moi, ma juste prévoyance
A préparé tout, et, dans ce moment,
Sans nul retard rendons-nous en Espagne ;
Car, moi qui sais tout le bien que j'y gagne,
Je ne veux pas vous retarder, je crois,
Ah ! je te tiens, fortune, cette fois !

ACTE DEUXIEME.

(Le théâtre représente le cabinet d'un banquier. Messire Jacques est gravement occupé à déchiffrer des papiers. La scène se passe en Espagne.)

SCÈNE PREMIÈRE.
JEAN, MESSIRE JACQUES.

JEAN.

Monsieur, voici des lettres.

Messire JACQUES.

Apporte-les; voyons, d'où viennent-elles? (*Il prend les lettres et les examine à la hâte.*) Celles-ci viennent des États-Unis; va les porter à mon premier commis, tu lui diras d'y répondre promptement, je sais ce qu'elles contiennent. Celles-ci viennent d'Italie; je les verrai tantôt. Cette dernière vient de France. Ah! c'est sans doute de ce paysan de Provence, qui ne cesse de m'importuner. Que me veut-il enfin? N'ai-je pas fait assez pour lui, en lui donnant l'héritage de mes pères? Oh! si j'étais à recommencer, je n'agirais pas ainsi. L'insensé, il réclame mon amitié. Ne sait-il pas que les temps sont bien changés, que je ne suis plus Jacques, l'habitant du village, le modeste propriétaire d'une petite ferme; mais que, grâce à la riche succession de mon oncle, je suis messire Jacques, que tout plie devant moi, que plusieurs têtes couronnées ne dédaignent pas de venir s'incliner ici pour obtenir de moi l'or que je me plais à leur prêter à un gros intérêt. Le roi d'Espagne, lui-même, ne m'a-t-il pas fait offrir, il y quelques jours, l'excellent titre de prince, à la condition seulement de verser dans le trésor royal un million de réaux. C'est bien cher, il est vrai, mais que ne donnerais-je pas pour posséder un tel titre!

JEAN.

Mais, messire, n'aviez-vous pas promis à Petit-Pierre de l'aimer comme votre meilleur ami.

Messire JACQUES.

De quoi te mêles-tu, toi? Fais ton service, ou je te chasse de ma présence.

JEAN, *à part et se retirant.*

Gare ma propriété; elle est bien aventurée avec un homme comme celui-là, qui tient si bien ses promesses. (*Ces derniers mots sont prononcés avec ironie.*)

SCÈNE DEUXIÈME.
Messire JACQUES, *seul.*

Ce maudit valet ne cesse de m'importuner aussi, lui; il me conte chaque jour cent sottises toutes plus ennuyeuses les unes que les autres. Tantôt il me parle du village où je suis né, tantôt il me rappelle le souvenir de cet audacieux paysan qui ose s'arroger le droit de me donner des conseils. Il faut enfin en finir avec ces campagnards provençaux qui me regardent comme leur égal; et afin de rompre avec eux, je vais chasser ce dernier; au moins, je n'aurai plus à rougir en voyant devant moi des gens dont la seule vue me rappelle le souvenir des sottes habitudes de ma jeunesse. (*Il sonne.*)

SCÈNE TROISIÈME.
MESSIRE JACQUES, JEAN.

Messire JACQUES.

Il y a long-temps que je crois m'apercevoir, Jean, que tu t'ennuies beaucoup en Espagne , et que tu désires revoir ta Provence. Comme mes affaires me retiendront encore ici fort long-temps, je ne veux pas te retenir malgré toi ; ainsi, dès ce moment, tu es libre , et tu peux partir.

JEAN.

Mais, messire, oubliez-vous que je n'ai rien amassé à votre service, et que j'ai toujours vécu jusqu'à présent dans l'espoir qu'un jour vous me rameneriez vous-même dans les lieux de ma naissance, où vous avez promis de me rendre heureux.

Messire JACQUES.

C'est vrai ; mais les temps sont bien changés. Mes affaires me retiennent ici, et je sais que ton seul désir est de retourner en France. Je ne veux pourtant pas te laisser partir sans te donner auparavant quelque marque de ma bienveillance ; tiens, prends cette bourse, elle peut suffire à tous tes besoins. (Il lui donne une bourse remplie d'or.) Adieu.

JEAN, prenant la bourse.

(Haut.) Grand merci, messire. (A part.) C'est par vanité, qu'il me donne cet or, car il ne peut souffrir les gens qui le connaissent ; mais, c'est égal, profitons-en , autant moi qu'un autre, il va d'un si bon train , qu'il ne tardera pas à avoir tout dépensé. Au reste, qu'il fasse comme il l'entendra ; pour moi, j'en ai suffisamment , il ne m'en faut pas davantage.

AIR : Allons, amis de la Philosophie.

Je rends grâce à la destinée
Qui jusqu'ici m'a conduit par la main.
Je suis riche et cette journée
Suffit pour plus d'un lendemain.
Jamais plus de chagrin !
Jamais plus de chagrin !

Je vais quitter le sol de l'Hespérie ,
Pour aller voir une terre chérie ,
Qui me promet et repos et bonheur.
De mon destin je bénis la douceur.

Je te rends grâce, ô destinée ,
Conduis-moi toujours par la main.
La richesse de la journée
Pourra suffire au lendemain.
Jamais plus de chagrin !
Jamais plus de chagrin !

MESSIRE JACQUES.

AIR ;

Jean, je vous dis , sortez de ma présence ;
Je vous le dis , sortez vite à l'instant.

JEAN.

Ne pensez pas, monsieur, que mon absence
Se fasse attendre en cet heureux moment.
Sans nul retard je vais quitter l'Espagne ;
Que voulez-vous désormais que j'y gagne ?
Votre courroux. Ce serait tout, je crois.
Ah ! je te tiens fortune cette fois.
(Il sort.)

SCÈNE QUATRIÈME.

Messire JACQUES , seul.

L'insolent ! je le comble de richesses , et il part en se moquant de ma générosité. Il tourne en ridicule ma bienfaisance, il se rit de mes bontés. Non, je le jure, je n'aurai plus désormais la faiblesse de me laisser circonvenir par des gens de cette espèce. A présent que ma fortune m'élève au rang des princes, je ne veux plus fréquenter que les grands. En vérité , étais-je fait pour passer ma vie avec de pareils rustres ! Mais voici quelqu'un. Ah ! le duc d'Urbin , premier chambellan de sa majesté le roi d'Espagne. Remettons-nous un peu, qu'il ne voie pas le trouble dont je suis agité.

SCÈNE CINQUIÈME.

MESSIRE JACQUES , LE DUC D'URBIN.

LE DUC D'URBIN , s'inclinant.

Salut à monseigneur le prince de Calandron.

Messire JACQUES.

Monsieur le duc veut rire, sans doute

Ce n'est pas étonnant; il est toujours en belle humeur.

LE DUC D'URBIN.

Je parle très-sérieusement, monseigneur. Sa majesté m'a chargé de vous apporter de sa part les lettres patentes qui vous élèvent à la dignité de prince. Elle a obtenu de son neveu, le roi de Naples, la principauté de Calandron, et elle s'est empressée d'en disposer en votre faveur. La seule condition que le roi des Deux-Siciles met à votre nomination, c'est que vous serez tenu de résider ordinairement dans votre principauté; et comme le roi d'Espagne a pensé que cette condition vous serait agréable, il l'a acceptée en votre nom, (*Le duc d'Urbin remet à messire Jacques les lettres patentes.*)

Messire JACQUES, *les ouvrant.*

Quoi! c'est donc bien vrai! je n'en puis croire mes yeux. Je suis prince! je suis prince! (*Le bruit qu'il fait a attiré dans son appartement toutes les personnes de la maison.*)

SCÈNE SIXIÈME.

LES PRÉCÉDENS, COMMIS, VALETS, SERVANTES.

LE DUC D'URBIN.

Honneur et respect à monseigneur le prince de Calandron!

TOUS *s'écrient:*

Vive monseigneur! vive le prince de Calandron. (*Le nouveau prince, qui ne se sent pas de joie, distribue l'or à pleines mains à toutes les personnes qui l'entourent.*)

LE DUC D'URBIN.

Je dois rappeler à monseigneur que l'investiture de la principauté coûte un million de réaux, et que les lettres patentes sont de cent mille réaux.

LE PRINCE DE CALANDRON, *d'un ton grave.*

Caissier, comptez à monsieur le duc la somme qu'il réclame. (*Le duc salue le prince, et sort avec le caissier.*)

LE PRINCE DE CALANDRON, *à ses gens.*

A présent que j'ai l'honneur d'être prince, je vous donne à tous des titres. Chacun de vous aura le grade qui lui convient; et dès que toutes mes affaires seront liquidées, nous partirons pour l'Italie que nous ne quitterons plus désormais, car c'est là qu'est ma principauté.

Tous répètent les cris de Vive monseigneur le prince de Calandron!

ACTE TROISIEME.

(*La scène se passe en Italie. Le théâtre représente un salon magnifique, au fond duquel le prince de Calandron, assis sur un trône, dispense ses faveurs à une multitude de solliciteurs. Pendant ce temps, on entend chanter sur le devant de la scène le couplet suivant:*)

AIR:

Vraiment ce prince a l'air d'un sot:
Sa conversation est nulle;
Mais c'est-là son moindre défaut!...
Car chez lui tout est ridicule.

Il est vrai qu'il trouve tout bien,
Quand il est dans sa gaieté folle;
Puis, il ne se souvient de rien,
Fiez-vous donc à sa parole.

SCÈNE DEUXIÈME.

LE PRINCE, COURTISANS, OFFICIERS, HUISSIERS, SOLLICITEURS, FOURNISSEURS.

Plusieurs personnes s'avancent et présentent des mémoires, en demandant qu'on leur en paie le montant.

LE PRINCE DE CALANDRON.

Allez, allez trouver mon intendant ; je n'ai pas le temps de m'occuper de semblables bagatelles.

UN HUISSIER.

Un paysan demande à parler à monseigneur; il se dit natif de la Provence, il se nomme Petit-Pierre, et c'est presque malgré nous qu'il s'est introduit jusqu'auprès de l'appartement de monseigneur.

LE PRINCE, *troublé.*

Chassez ce misérable, qui ose ainsi s'introduire dans mon palais.

AIR : *Vaudeville de partie et revanche.*

LE PRINCE.

Concevez-vous bien son audace?
Oser ainsi se présenter chez moi !

UN DES FAVORIS DU PRINCE.

Ordonnez vite qu'on le chasse ;
Cet impertinent, sur ma foi,
Croit ici se moquer de vous.

LE PRINCE.

Il serait bien avec les fous;
Il a je crois perdu la tête.
Il vient se mêler parmi nous,
Au milieu d'une telle fête.

(*Tous sortent, à l'exception du prince.*)

SCÈNE TROISIÈME.

LE PRINCE DE CALANDRON, *seul.*

C'est une chose étrange, que je ne puisse me délivrer de cet homme ; sa pensée me poursuit partout. Le misérable ! s'il ose y revenir, je le fais assommer par mes gens. En Espagne, il ne cessait de m'importuner par ses lettres insignifiantes, que je jetais souvent au feu sans même prendre la peine de les lire. En Italie, il ose pénétrer jusque dans mon palais ! L'impertinent ! qu'il y revienne, il le paiera cher.

SCÈNE QUATRIÈME.

LE PRINCE, L'INTENDANT.

L'INTENDANT.

Monseigneur, une foule de créanciers attendent vos ordres.

LE PRINCE DE CALANDRON.

Eh bien ! que veux-tu dire? Est-ce à moi à prendre le soin de satisfaire tous ces misérables? Ta démarche me déplaît d'une manière tout-à-fait singulière; et pour te punir de ton insolence, je te chasse de ma présence. A compter de cette heure, je me passerai de tes services.

L'INTENDANT.

Je me retire; mais auparavant, je prie monseigneur de vouloir bien me faire compter les sommes qui me sont dûes.

LE PRINCE.

Va trouver mon trésorier.

L'INTENDANT.

Votre trésorier, vous pouvez le congédier aussi tout-à-l'heure, car je crois qu'il n'a plus de trésor à administrer.

LE PRINCE.

Impertinent ! sors de ma présence, si tu veux échapper à ma colère. (*Le prince se lève furieux et sort.*)

SCÈNE CINQUIÈME.

Une foule de convives arrivent dans la salle en chantant.

UN DES CONVIVES.

Quelle solitude aujourd'hui dans le palais du prince.

DEUXIÈME CONVIVE.

C'est étonnant ! il n'est pas là pour recevoir nos hommages.

TROISIÈME CONVIVE, *d'un ton ironique.*

Il faut qu'il soit gravement indisposé, car il aime trop les honneurs pour laisser échapper une si belle occasion.

QUATRIÈME CONVIVE.

Ah ! ah ! monsieur le prince de Calandron, nous feriez-vous faux-bon aujourd'hui ? j'ai pourtant grand faim !

PREMIER CONVIVE.

Ah ! monsieur le prince a sans doute oublié qu'il nous avait invités pour aujourd'hui. Quel singulier personnage ! avouons-le.

DEUXIÈME CONVIVE.

AIR :

Vraiment ce prince à l'air d'un sot :
Sa conversation est nulle ;
Mais c'est là son moindre défaut !....
Car chez lui tout est ridicule.
Il est vrai qu'il trouve tout bien,
Quand il est dans sa gaieté folle ;
Mais aujourd'hui qu'il n'a plus rien,
Fiez-vous donc à sa parole.

TOUS LES CONVIVES.

Comment ! que dites-vous ? le prince de Calandron n'a plus rien !

DEUXIÈME CONVIVE.

Je dis la vérité ; car, il n'y a qu'un instant, on est venu chez moi de sa part pour emprunter une somme assez considérable, et comme je n'étais pas en mesure de la lui prêter, je venais ici tout exprès pour lui en faire mes excuses.

TROISIÈME CONVIVE.

Et bien vous avez fait, de ne lui rien prêter ;
Car aujourd'hui qu'il n'a plus rien,
Fiez-vous donc à sa parole.

QUATRIÈME CONVIVE.

C'est un insensé, un dissipateur, un débauché !

UN AUTRE CONVIVE.

J'en suis extrêmement fâché, car il aimait les gens de lettres, et il les protégeait de tout son pouvoir.

UN AUTRE CONVIVE.

Oui, il les protégeait afin qu'ils le comblassent de louanges, qu'ils publiassent partout ses éloges.

PREMIER CONVIVE.

Quel insensé, que ce prince de Calandron ! Avait-il besoin de faire venir de France des meubles précieux ; de Londres des chars magnifiques, et de tous les pays étrangers, tout ce qu'ils possèdent de plus rare et de plus exquis ! Les produits de notre belle Italie ne suffisaient-ils pas à ses besoins ?

DEUXIÈME CONVIVE.

Quel orgueil ! Pour donner une idée de sa personne et pour se faire admirer, inviter chaque jour à sa table de nombreux convives, les laisser libres de commander chez lui chacun à sa fantaisie, de disposer de tout ce qui se trouvait dans son palais !

TROISIÈME CONVIVE.

Quelle folie ! Se reposer du soin de surveiller son nombreux domestique sur un serviteur à gages, le plus fripon que j'aie jamais connu. Oh je reconnais bien là le prince de Calandron !

SCÈNE SIXIÈME.

TOUS LES PRÉCÉDENS, LE PRINCE DE CALENDRON.

LE PRINCE DE CALENDRON, *d'un air affligé et avec effusion.*

Mes bons amis, que je suis heureux de vous rencontrer ici en ce moment où votre présence m'est si nécessaire. Ah ! je vous en prie, au nom de l'amitié sincère qui nous unit depuis si longtemps, aidez-moi de vos conseils et de vos secours ; car je ne sais plus de quel côté tourner la tête. Mon trésorier et mon intendant viennent de m'abandonner, une foule de créanciers m'assiègent de toutes parts, des huissiers me pressent de payer des sommes considérables que je ne savais pas devoir ; ils me menaçent de me priver de la liberté si je ne leur compte à l'instant même les sommes qu'ils sont chargés de me réclamer, et je n'ai pas un seul séquin à leur donner.

PREMIER CONVIVE.

C'est de tout mon cœur que je plains votre sort, monsieur le prince ; mais il m'est tout-à-fait imposible de vous être utile. (*Il s'incline et sort.*)

DEUXIÈME CONVIVE.

Quant à moi, monseigneur doit déjà connaître ma réponse, je l'ai donnée à son envoyé. (*Il s'incline et sort.*)

Les autres convives lui tournent le dos et chantent :

AIR :

Il fallait être sage,
Toujours mettre en usage
Les leçons du ménage.

(*Ils sortent tous et laissent le prince seul.*)

LE PRINCE DE CALANDRON, *seul et désespéré.*

Quelle ingratitude! Les voilà donc tous ces amis qui me juraient une amitié éternelle, qui protestaient sans cesse de la sincérité de leurs sermens, qui ne cessaient de m'offrir leur services, qui

m'assuraient que jamais ils n'auraient rien de plus cher au monde que mon honneur et ma gloire. La première nouvelle de mon infortune les a tous dissipés! Tous m'abandonnent! Ils me laissent seul avec le regret d'avoir consumé pour eux toutes mes richesses. Insensé que j'étais! mes yeux étaient fascinés par l'éclat de leurs louanges ; mon âme nageait dans un torrent de plaisir, quand ils me comblaient d'éloges. Ils vantaient ma puissance et mes trésors, et ils se moquaient en secret de ma crédulité et de ma sotte vanité. Que vais-je donc devenir aujourd'hui qu'il ne me reste plus rien? Resterai-je dans ce pays, témoin de mes éclatantes folies, pour y mourir de regret, de honte et de misère? D'ailleurs, n'ai-je pas à craindre la rage aveugle de mes impitoyables créanciers, qui menacent de me faire traîner dans les noirs cachots réservés aux dissipateurs insensés! Irai-je dans ma Provence, revoir les lieux de mon enfance et rougir de mon fol orgueil et de mes désordres, traîner une existence pénible et misérable sous les yeux des bons habitans que j'ai tant de fois méprisés. Non, cette idée m'accable! Mais pourtant, il faut prendre un parti. O mon Dieu! Vous qui protégez les malheureux, vous qui ne rejetez pas la prière du coupable qui revient sincèrement à vous, daignez guider mes pas; vous êtes désormais mon seul appui, mon seul soutien, mon unique espérance !

ACTE QUATRIÈME.

(Le théâtre représente l'intérieur d'une ferme ; les meubles sont simples, mais propres : tout dans la maison respire l'aisance.)

SCÈNE PREMIÈRE.

PETIT-PIERRE , LOUISON.

PETIT-PIERRE, *l'air triste et rêveur.*

Tiens, vois-tu, Louison, il me semble qu'il ne manquerait plus rien à mon bonheur, si je pouvais revoir Jacques au moins encore une fois, et lui rendre ce qu'il m'a donné. Au moins, après cela je serais tranquille, je dirais : Qu'il me méprise s'il le veut, je n'ai plus rien à lui. Oh! que je serais fier alors !

LOUISON.

A quoi bon toujours penser à ce vilain prince de Calandron, qui, parce qu'il est bien riche et qu'il est devenu grand seigneur, oublie qu'il est ton ami d'enfance et simple laboureur comme toi. Nous serions si heureux, si tu pouvais l'oublier! Car je t'assure, Petit-Pierre, que vraiment tu m'inquiètes, tu te rendras malade. Allons donc, prends donc le dessus et oublie cet ingrat, qui ne mérite pas qu'on s'occupe de lui.

PETIT-PIERRE.

Ça t'est bien facile, à toi, Louison, de parler ainsi; mais songe que j'ai fait un long voyage pour l'aller voir, pour lui dire de me rendre son amitié, ou de reprendre cette terre qu'il m'a donnée ; et, pour récompense, il m'a fait chasser de chez lui comme un misérable. Oh! quand j'y pense, je n'y tiens plus, ça me brise le cœur. Moi, qui avais pris tant de soin pour améliorer son bien! je me disais : Ah! comme il sera content en voyant comme, chaque année, avec le produit de son héritage, j'ai su y ajouter un petit morceau de terre !

Sais-tu bien, Louison, qu'aujourd'hui ce bien-là vaut de l'argent!

LOUISON.

J'crois bien, et encore il ne t'en sait pas plus de gré. Ah! laisse faire, si jamais je le vois, moi, ton prince de Calandron, je saurai bien lui dire qu'il n'est qu'un ingrat. C'est vrai ça; voyez donc, à présent qu'il est grand seigneur, il ne regarde pas ceux qui se sont donné de la peine pour l'enrichir.

PETIT-PIERRE.

Allons, ma bonne Louison, modère un peu ton humeur, je sais que ça te fait de la peine de voir tant d'ingratitude ; mais Jacques avait bon cœur autrefois, peut-être qu'un jour il sentira sa faute, et qu'il changera de conduite à mon égard. Allons, pendant que tu vas préparer le souper, je vais aller faire un tour dans la campagne; la fraîcheur du soir pourra dissiper ma tristesse. (*Il sort.*)

SCÈNE DEUXIÈME.

LOUISON , seule.

Mon Dieu, qu'il a donc de chagrin ce pauvre Petit-Pierre, un homme si bon, qui aimerait mieux mourir que de faire de la peine à qui que ce soit; faut-il qu'il soit si mal récompensé de ses soins et de son amitié. Aussi je fais bien tout ce que je peux pour le consoler et pour dissiper sa tristesse..... Mais j'aperçois là-bas quelqu'un qui dirige ses pas vers notre habitation.... Voyons qui ça peut-être.... (*Elle s'approche de la fenêtre et regarde.*) Bon, un étranger. Un voyageur, sans doute, qui se sera égaré dans ces parages. Il vient probablement nous demander l'hospitalité. Tant mieux; il nous tiendra compagnie, et puis il récréera un peu ce pauvre Petit-Pierre par ses conversations; car les étrangers, quelque malheureux qu'ils soient, ont toujours cinquante choses nouvelles à vous raconter. Mais le voici. Dieu! comme il est pâle et défait! Il doit-être bien fatigué.

SCÈNE TROISIÈME.

LOUISON, L'ÉTRANGER.

L'ÉTRANGER *salue en entrant.*

Seriez-vous assez généreuse, madame, pour accorder l'hospitalité à un malheureux étranger qui s'est égaré et qui craint d'être surpris par les ténèbres dans ces contrées désertes?

LOUISON.

C'est avec plaisir, monsieur, que nous recevons tous les étrangers qui s'écartent de leur route et qui nous font l'honneur de venir réclamer nos services, d'autant plus que cette habitation isolée est la seule qui puisse leur offrir un asile. Soyez donc le bienvenu, et veuillez vous reposer un peu en attendant mon mari, qui ne saurait tarder à venir; car il est allé faire une petite promenade autour de ses champs, pour respirer la fraîcheur du soir.

L'ÉTRANGER.

Je vous remercie bien humblement, madame, du bon accueil que vous daignez me faire; vous me rendez la vie, car j'allais mourir de faim et de fatigue si vous m'eussiez refusé l'entrée de votre demeure.

LOUISON.

Oh! nous ne refusons jamais personne. Mon mari aime beaucoup les étrangers, et il leur fait tout le bien qu'il peut.

L'ÉTRANGER.

Le ciel doit l'en récompenser; car c'est l'œuvre la plus agréable à Dieu, que de soulager les misères des infortunés.

LOUISON.

Aussi, nous avons beau donner, nous n'en sommes pas plus pauvres. Le Seigneur daigne répandre sa bénédiction sur nos récoltes, et chaque année nous voyons accroître nos richesses.

L'ÉTRANGER.

Que Dieu vous conserve cette prospérité dont vous jouissez et dont vous me semblez si dignes. Il y en a tant d'autres qui usent mal de leur fortune et qui pourraient faire tant de bien! Aussi, souvent le ciel irrité du mauvais emploi qu'ils font de leurs trésors, les leur retire pour les remettre en des mains plus fidèles et plus bienfaisantes.

LOUISON.

Mais mon mari tarde bien à revenir. Dites-moi, n'auriez-vous pas besoin de prendre quelque chose, en attendant le souper; car vous me semblez bien accablé de fatigue, et il y a peut-être long-temps que vous n'avez mangé?

L'ÉTRANGER.

C'est vrai, madame; mais je pourrai bien attendre l'arrivée du maître de la maison, d'autant plus que je suis trop fatigué pour rien prendre encore; car j'ai fait quinze lieues aujourd'hui, presque sans savoir où je vais, et je n'ai mangé qu'un peu de pain noir et quelques olives sèches qu'un bon paysan a eu la charité de me donner.

LOUISON.

Ah! mon pauvre ami, que je vous plains! Vous avez donc éprouvé bien des malheurs?

L'ÉTRANGER.

Hélas oui! Autrefois, j'étais comme

vous, habitant des campagnes ; je cultivais la terre , et ses richesses suffisaient pour contenter tous mes désirs ; alors , j'étais heureux. Plus tard , je devins riche , mes goûts changèrent , mes besoins se multiplièrent, ma vanité voulut être satisfaite. J'ambitionnai les honneurs et les louanges ; je ne manquai pas de flatteurs et de parasites qui , attirés par mes prodigalités , vinrent me fêter, me combler d'éloges, et me faire oublier que la fortune est périssable. Enivré de leur encens, je me crus un homme extraordinaire ; je regardai comme avilissant le soin de mes propres intérêts, je confiai le gouvernement de ma maison à des intendans qui me ruinèrent en peu de temps. Alors j'eus recours à mes nombreux amis, je sollicitai leur secours , je les priai de venir à mon aide pour me tirer d'un embarras financier que je croyais n'être que momentané ; mais, les fourbes , ils connaissaient mieux que moi où en étaient mes affaires, ils savaient que j'étais ruiné sans ressource, que j'étais accablé de dettes ; et, ces mêmes amis, après avoir consumé ma fortune , tout en me jurant une amitié éternelle, furent les premiers à m'abandonner lorsqu'ils me virent inquiétés par mes créanciers. Les uns prétextèrent qu'ils étaient gênés eux-mêmes, et qu'ils ne pouvaient m'obliger en ce moment ; les autres refusèrent de me recevoir et me firent dire qu'ils étaient absens, quoique je susse fort bien qu'ils étaient chez eux ; d'autres enfin, eurent l'audace d'affirmer qu'ils ne m'avaient jamais connu. Tant d'ingratitude me révolta. Je maudis en cet instant ma faiblesse , ma crédulité, ma vanité et la sotte confiance avec laquelle je m'étais lié d'amitié avec de tels hommes. Cependant mes créanciers ne s'en tinrent pas à de vaines menaces : ils firent vendre à leur profit tout ce que je possédais ; et cela ne suffisant pas pour les satisfaire, ils me menacèrent de me traîner en prison si je ne

leur donnais aussitôt le reste de ce qui leur était dû. Quel parti prendre dans cette terrible circonstance ? La fuite était mon unique ressource. Je sortis d'Italie, je rentrai en France ; et , sans savoir où j'allais, j'arrivai jusqu'ici en tendant la main pour recevoir le pain de l'aumône.

LOUISON, *essuyant quelques larmes.*

Vraiment, pauvre étranger, votre sort est bien digne de pitié. Mais ne vous abandonnez pas à la douleur, prenez courage : mon mari est bon , il a un excellent cœur, il aime beaucoup les étrangers, et je suis sûre qu'il fera tout son possible pour vous tirer d'embarras. Tenez, à propos le voici qui s'avance là-bas, toujours rêveur comme à l'ordinaire ; car, lui aussi , il avait un ami. Oh ! un ami qui lui a causé bien du chagrin, je puis le dire, depuis qu'il l'a abandonné.

SCÈNE QUATRIÈME.

LOUISON , L'ÉTRANGER , PETIT-PIERRE.

(*L'étranger, en apercevant Petit-Pierre, se retire vers le fond de la chambre. Petit-Pierre entre en rêvant.*)

LOUISON *court au devant de lui, l'embrasse et dit :*

Tu as été bien long-temps dans ta promenade, mon ami ; je craignais qu'il ne te fût arrivé quelque accident. C'est vrai ça, depuis plusieurs jours, ta mauvaise santé m'inquiète.

PETIT-PIERRE.

Je suis plus désolé que jamais.

LOUISON , *avec inquiétude.*

Explique-toi vite, tu m'affliges.

PETIT-PIERRE.

En me promenant, j'ai suivi tout le long du champ de blé qui borde la route au nord, et sans m'en apercevoir, je suis arrivé jusque sur le grand chemin.

Là, une scène d'un nouveau genre vint me tirer de ma rêverie habituelle et piquer ma curiosité.

LOUISON.

Et c'était ?

PETIT-PIERRE.

Deux hommes que les gendarmes venaient d'arrêter, et qu'ils emmenaient en prison, malgré leurs protestations d'innocence et les riches voitures dans lesquelles il se faisaient traîner en poste. Mais ce n'est pas tout ; juge de ma surprise. L'un des coupables s'écrie : Suis-je responsable des actions du prince de Calandron ? N'était-il pas libre de se ruiner ? Pour moi, tout le temps que j'ai été à son service, j'ai rempli mes devoirs avec le plus grand scrupule. L'autre disait : Vous pouvez bien m'arrêter, mais vous vous en repentirez, car je protesterai, et lorsque mon innocence aura été reconnue, je vous ferai punir selon toute la rigueur des lois. Au nom du prince de Calandron, je m'étais approché des hommes d'armes, je leur demandai quels étaient ces hommes qu'ils venaient d'arrêter ? Ce sont, me répondit l'un d'eux, l'intendant et le trésorier du prince de Calandron. Cet insensé s'est laissé ruiner par eux, et aujourd'hui les créanciers les font arrêter afin de se faire rendre les trésors du prince, qu'ils ont détournés à leur profit. Je m'écriai aussitôt: Et le prince, qu'est-il devenu ? Il s'est enfui de l'Italie, me répondit le même homme d'armes, on ne sait ce qu'il est devenu. Cependant on croit qu'il est rentré en France ; mais il peut y rester en sûreté, s'il y est, car ses créanciers savent qu'il ne possède plus rien, et ils ne veulent pas l'inquiéter.

Ah ! Louison ! si je pouvais seulement découvrir en quel endroit il se tient caché, comme je volerais à son secours ! comme je l'embrasserais ! Oh ! je le ramènerais ici, je lui dirais : Mon pauvre Jacques, à présent que tu n'es plus

prince, que la destinée t'a rendu de nouveau mon égal, ah ! viens vivre avec nous ! sois toujours mon ami, ne nous quittons plus ! (*Pendant cette scène, l'étranger s'est retiré dans une autre appartement.*)

LOUISON.

Eh bien ! mon ami, console-toi ; si tu n'a pas le plaisir de rendre service à Jacques dans son malheur, tu pourras du moins satisfaire ton penchant généreux en secourant un autre infortuné qui, comme lui, a été riche, qui s'est ruiné et qui, mourant presque de faim, est venu nous demander l'hospitalité.

PETIT-PIERRE, *vivement.*

Et où est-il cet infortuné ?

LOUISON.

Le voici. (*L'étranger rentre dans la chambre.*)

L'ÉTRANGER.

Ciel ! Petit-Pierre ! (*Il se cache le visage dans ses mains et recule quelques pas en arrière.*)

PETIT-PIERRE.

Que vois-je ! Mais.... oui... C'est bien lui... C'est Jacques !

JACQUES.

Ah ! je vous en supplie, ne m'accablez pas de reproches, contentez-vous de m'abandonner à mon malheureux sort. Je suis trop coupable envers vous, pour que jamais vous puissiez me pardonner ; et moi je ne pourrais souffrir votre présence, qui serait pour moi un reproche continuel de ma conduite passée... Adieu !... (*Il veut sortir.*)

PETIT-PIERRE, *le retenant.*

Non, non, reste ; tu ne nous quitteras plus désormais. Le ciel m'a rendu mon ami, en lui ôtant cette fortune brillante qui me l'avait enlevé ; je bénis ses décrets, et je veux qu'à l'avenir nous vivions tous en commun. (*A Jacques, en lui présentant un papier.*) Tiens, Jacques, voici la donation que tu m'as faite de ton héritage paternel; reprends ce bien, il pourra de nouveau suffire à tes besoins. Il est considérablement augmenté, je suis heureux de pouvoir te le rendre en si bon état.

JACQUES.

Que dites-vous ? Comment ! j'oserais reprendre ce que j'ai donné ?.... Non... jamais... plutôt mourir de misère, que de vous priver d'un bien qui ne m'appartient plus et dont vous êtes si digne.

PETIT-PIERRE.

Ce ne sera pas pour moi une privation. Grâce à mon travail et à mon économie, j'ai augmenté considérablement le petit domaine de mes pères; aujourd'hui, je suis un des plus riches fermiers des environs. Ma femme a secondé parfaitement mes efforts, nous élevons avec soin notre petite famille ; Dieu bénit nos travaux ; nos récoltes sont abondantes, elles nous fournissent plus que le nécessaire et nous nous plaisons à donner aux pauvres, et surtout aux malheureux étrangers, une partie de ce superflu qui nous deviendrait inutile.

JACQUES.

Eh bien ! puisque vous voulez absolument que j'accepte vos offres, je ne vous demande qu'une seule chose, permettez-moi de vivre ici en famille avec vous. Conservez l'héritage que je vous ai donné, il ne saurait être mieux placé qu'entre vos mains ; les miennes ne sont plus habituées à labourer la terre. Mon occupation sera d'instruire vos enfans, et je n'oublierai jamais de leur répéter chaque jour combien l'orgueil est funeste aux hommes, et combien un véritable ami est une douce chose.

CHŒUR DE PAYSANS ET DE PAYSANNES.

AIR :

» Eternelle amitié,
» Notre sort est lié;
» Entre nous désormais, tout sera de moitié.
» Soit misère ou bonheur,
» Soit fortune ou malheur,
» A nous tous nous n'aurons qu'une bourse
[qu'un cœur.

JACQUES.

» Courant, pressant ma fuite périlleuse,
» A tout hazard, j'allais sans savoir où;
» Plus de vingt fois, la route dangereuse
» M'a fait manquer de me rompre le cou !
» Dieu me guidait dans ces momens terribles
» Car j'ai trouvé pour me donner la main,
» Un ami tendre et des ames sensibles.
» Oh ! je le vois, j'ai pris le bon chemin. *bis.*

CHŒUR.

» Eternelle amitié,
» Notre sort est lié, etc.

FIN.

Bourges, Imprimerie de Veuve MÉNAGE.

RECUEIL

DE PIÈCES MORALES ET INSTRUTICVES,

À L'USAGE

DES COMMUNAUTÉS RELIGIEUSES, DES INSTITUTIONS, DES PENSIONNATS, ETC.

SEPTIÈME LIVRAISON.   31 JANVIER 1842.

ÉMILIE,

COMÉDIE EN QUATRE ACTES, MÊLÉE DE CHANTS,

Par Victor Doublet,

PROFESSEUR DE BELLES-LETTRES,

AUTEUR DE PLUSIEURS OUVRAGES DE MORALE, DE LITTÉRATURE ET D'ÉDUCATION, ET DE LA VIE DE S. M. DON CARLOS V DE BOURBON, ROI D'ESPAGNE.

PERSONNAGES.	PERSONNAGES.
Mme DURAND, veuve.	Mme DELAMARRE, riche veuve.
ELINA,	EMILIE, nièce de Mme Delamarre.
CLAIRE, ses trois filles.	Un petit paysan.
AUGUSTA,	Paysans, paysannes, domestiques, qui arrivent à la fin.
PROSPER, son fils.	

ACTE PREMIER.

(Le théâtre représente un appartement pauvre ; mais le peu de meubles qui s'y trouvent sont bien rangés et bien propres. Au lever du rideau, trois jeunes personnes sont occupées à travailler et chantent les couplets suivans :)

SCÈNE PREMIÈRE.

ELINA, CLAIRE, AUGUSTA, *chantant en travaillant :*

AIR :

Rien n'égale ma peine ;
Et malgré ses excès,
Je voudrais que sa haine
S'éteignit pour jamais.

CLAIRE.

O ma sœur, du courage !
J'ose espérer qu'un jour,
Il se montrera sage,
Digne de notre amour.

AUGUSTA.

Alors plus de nuages ;
Des jours purs et sereins,
A l'abri des orages,
Formeront ses destins.

TOUTES.

Entends notre prière,
Dieu qui vois son erreur ;
Que ta sainte lumière
Eclaire enfin son cœur.

ELINA.

Oh ! que nous serions donc heureuses, mes sœurs, s'il revenait enfin, changé, bon, sensible, exempt de tous ces défauts qu'on ne cesse de lui reprocher ! Avec quel plaisir je lui dirais : Mon bon frère, ne nous quitte plus ; tu seras heureux avec nous, nous oublierons toutes tes fautes, nous ne t'en parlerons jamais ; maman sera si contente, si joyeuse de te voir enfin revenu à de meilleurs sentimens !

CLAIRE.

Oui, il y a assez long-temps qu'elle le désire, cette pauvre mère ! que de larmes notre malheureux frère lui a déjà coûtées ! Tous les jours encore, elle pleure, elle gémit sur ses erreurs.

AUGUSTA.

Travaillons bien, mes sœurs, pour la dédommager au moins de tant de peines ; aimons-la bien, cette tendre mère, et tâchons que nos soins et notre amour lui fassent enfin oublier ses chagrins.

TOUTES.

Oui, oui, travaillons, travaillons.

SCÈNE DEUXIÈME.

MADAME DURAND, LES PRÉCÉDENTES.

Mme DURAND, *tenant à la main une lettre ouverte, entre d'un air affligé.*

Tenez, mes enfans, voyez s'il est possible d'être plus malheureuse que nous le sommes ! Encore une lettre !....

TOUTES à *la fois.*

De mon frère ?

Mme DURAND.

Oui, de votre malheureux frère ; il nous demande encore de l'argent, et il nous menace, si nous ne lui en envoyons pas, de venir ici, nous en arracher par force. Le misérable ! croit-il que nous puissions ainsi fournir à toutes ses folles dépenses ? n'est-ce pas assez de nous avoir réduites à la plus extrême misère ? Croit-il que nous nous priverons du seul morceau de pain que nous gagnons chaque jour avec peine, pour lui procurer le plaisir de se divertir ? Non, il n'obtiendra rien, absolument rien ; et s'il vient..... Oui, je le chasserai de cette maison, j'en aurai le courage !

ÉLINA.

Mais, maman, si pourtant il en avait absolument besoin, de cet argent qu'il vous demande ? si, comprenant enfin qu'il lui est impossible de mener plus long-temps ce genre de vie que vous lui reprochez sans cesse, il voulait commencer à se rendre utile à lui-même et à la société, il lui faudrait pourtant bien quelqu'argent pour se vêtir au moins convenablement et inspirer quelque confiance aux personnes chez lesquelles il se présenterait pour obtenir de l'emploi.

Mme DURAND.

Tu as raison, ma fille, et j'approuve fort le sentiment de générosité que t'inspire ton amour pour ton frère ; je desirerais moi-même que ce fût là le motif qui l'engage à nous demander encore une fois des secours ; alors, je puis t'assurer que je ne balancerais pas à faire un dernier sacrifice, dussé-je vendre le peu de mobilier qui nous reste encore à présent. Mais, par malheur, je ne vois que trop que son cœur n'est point changé, qu'il est encore en proie à tous les vices auxquels il ne cesse de s'abandonner depuis la mort de votre malheureux père, et ce qui m'afflige encore davantage, c'est que je crains fort qu'il ne change jamais de conduite.

AUGUSTA.

Mais, maman, vous nous avez cependant dit bien des fois qu'avec le temps, il pourrait revenir à de meilleurs sentimens ; que ses premières folies ne devaient être imputées qu'à la bouillante ardeur de la jeunesse, et que l'homme qui a reçu des principes de religion et de morale dans son enfance, peut bien les oublier pour un temps, mais que, plus tard, ces principes se réveillent avec plus d'ardeur, et qu'il est impossible d'étouffer leur voix qui se fait entendre au fond du cœur.

Mme DURAND.

C'est vrai, ma fille ; mais il arrive aussi quelquefois que l'homme, s'efforçant de se rendre sourd à cette voix salutaire, cherche à s'étourdir par les bruyans plaisirs du monde, par une folle dissipation qui finit par lui inspirer une espèce de sécurité trompeuse, il est vrai, mais qui n'en est pas moins funeste, puisqu'elle empêche le cri de la conscience de produire ses heureux effets.

CLAIRE.

Oh ! ma mère, votre affliction vous fait porter vos craintes à l'excès ; oh ! je vous en supplie, ne perdez pas tout-à-fait l'espérance que nous avions conçue de voir un jour notre malheureux frère revenir au milieu de nous. Le ciel, sans doute viendra à notre aide ; il nous sera favorable, et, un jour, j'espère que nous serons tous réunis.

Mme DURAND.

Dieu le veuille, ma fille ; mais je crains bien que tes souhaits ne soient jamais réalisés. Cependant j'attends mademoiselle Émilie, cette jeune personne si charitable ; je pense qu'elle me donnera quelque avis salutaire dans cette circonstance si critique. Ses conseils m'ont toujours été d'un grand secours, depuis la perte douloureuse que j'ai eu le malheur de faire, et elle n'a jamais manqué de venir nous visiter, chaque jour, depuis notre infortune.

ÉLINA.

Elle a eu la bonté de nous procurer de l'ouvrage fort avantageux. Sans elle, nous aurions été en proie à la plus affreuse misère. Oh ! c'est bien avec juste raison que tout le monde l'appelle *la dame de charité.* Elle est si bonne ! aucune peine, aucun malheur ne lui est étranger ; elle porte partout ses secours, elle soulage toutes les misères, elle est la providence du pauvre, la consolatrice des affligés, l'inépuisable ressource de tous les malheureux.

Mme DURAND.

Tais-toi, ma fille, j'entends quelqu'un; c'est sans doute elle; et tu sais qu'elle est si modeste, et qu'elle redoute tant les éloges, que si elle t'entendait parler ainsi, elle croirait que tu veux la flatter; elle cesserait tout-à-fait de venir nous visiter.

ELINA.

Cependant, ô ma mère, je ne dis que la vérité, et je ne crois pas qu'elle ait le droit de s'en offenser. (*La porte du fond s'ouvre.*)

SCÈNE TROISIÈME.

LES PRÉCÉDENTES, EMILIE. (*Son maintien est noble, son port majestueux, sa démarche lente, son visage est couvert d'un long voile. Madame Durand et ses trois filles se lèvent et vont au devant d'elle.*)

ÉMILIE, *d'un ton grave mêlé de douceur.*)

Je vous en prie, mesdemoiselles, ne vous dérangez pas; je viens seulement savoir de vos nouvelles, et je pars à l'instant.

Mme DURAND.

Vous êtes toujours trop bonne, mademoiselle; nous ne saurions être assez reconnaissantes de tant de bontés; et pourtant je soupirais ardemment après le moment de votre arrivée, pour vous prier de nous donner un petit conseil.

ÉMILIE.

Parlez, bonne mère, je vous écoute; et quoique votre expérience vous mette à même de savoir mieux que moi, ce que vous avez à faire dans quelque circonstance que ce soit, je ne veux cependant pas vous désobliger; car je me croirais trop heureuse si mes faibles lumières pouvaient vous être de quelqu'utilité.

Mme DURAND.

Il s'agit encore de mon fils, Hélas! je ne sais vraiment pas ce que je dois faire; il me demande encore de l'argent, et me menace, si je ne lui en envoie pas tout de suite, de venir lui-même ici nous rançonner encore une fois. Je sais que si je lui en envoie, c'est lui fournir les moyens de continuer ses débauches; si, au contraire, je refuse de lui envoyer ce qu'il me demande, je l'expose à commettre quelque mauvaise action.

ÉMILIE.

Bonne mère, votre position est assez difficile, je le conçois, mais il ne faut pourtant pas exposer ce malheureux jeune homme à devenir le triste jouet des passions; avec l'éducation religieuse que vous lui avez donnée, il y a tout lieu de croire qu'un jour il ouvrira les yeux sur ses défauts, qu'il les détestera, et qu'il fera des efforts pour se corriger. Je pense que le plus sûr moyen d'accélérer cet heureux moment, ce serait le faire revenir ici; et alors, vos exemples, vos bons conseils, les sages avis de ses vertueuses sœurs, seraient d'un puissant secours pour opérer cette conversion que vous souhaitez depuis si long-temps.

Mme DURAND.

Mais le moyen de le faire revenir, quand même il y consentirait? Vous savez, mademoiselle, que nous sommes tout-à-fait dans l'impossibilité de faire de nouveaux sacrifices. Il nous a ruinées, et ruinées sans ressources.

ÉMILIE.

Soyez sans inquiétude à ce sujet, madame, je pourvoirai à tout. D'abord, prenez cette bourse, elle suffira je pense aux frais de voyage, et aux premières dépenses que vous aurez à faire pour ce jeune homme. (*Elle donne une bourse à madame Durand.*)

(*Les trois demoiselles tombent à ses genoux et la remercient en disant :*)

Soyez mille fois bénie, ange du ciel, qui venez soulager nos misères, nous rendre la paix et le bonheur. Grâce à

votre charité, nous allons retrouver un frère qui était perdu. Ah! priez, priez pour lui, le ciel daignera exaucer vos vœux ; tant de vertu ne saurait rester sans récompense devant le trône du Seigneur! (*Emilie s'arrache avec peine à leurs transports de reconnaissance, et se dérobe à leur vue.*)

ACTE DEUXIEME.

(*La scène se passe dans l'appartement précédent.*)

SCÈNE PREMIÈRE.

MADAME DURAND, PROSPER.

Mme DURAND.

Enfin, mon fils, je t'assure que nous sommes toujours pauvres, et que c'est à une personne charitable que nous sommes redevables des secours que nous t'avons envoyés.

PROSPER.

Cela peut-être ; mais puisqu'elle est si généreuse, priez-la donc de m'en donner davantage ; car, que veut-elle que j'entreprenne avec si peu de chose ?

Mme DURAND.

Ingrat ! est-ce ainsi que tu reconnais les bienfaits de cette dame ? oh je te croyais un cœur reconnaissant. Je désirais te revoir, espérant que tu profiterais ce que l'on a fait pour toi. J'osais me flatter qu'enfin, lassé de tes désordres, tu te rendrais à nos avis, que tu changerais de conduite, que tu prendrais la ferme résolution de devenir homme de bien : alors, tu aurais mérité l'estime de notre bienfaitrice ; elle aurait pu faire pour toi, peut-être, quelque nouveau sacrifice, et t'aurait procuré une position sociale honnête et assurée.

PROSPER.

Ah ! si telles sont ses intentions, c'est

différent ; il fallait donc parler plus tôt. Eh bien oui, si vous voulez que je vous l'avoue, je suis lassé de la vie vagabonde que j'ai menée jusqu'à ce jour, je suis enfin résolu à me soumettre à vos volontés ; mais aussi, je veux que vous me promettiez de m'assurer tous les moyens de me créer un genre de vie convenable, aisée et qui puisse me mettre au-dessus du besoin.

Mme DURAND.

Oui, mon fils, si tu veux te décider à travailler, nous seconderons de tout notre pouvoir les efforts que tu feras, et je puis t'assurer par avance que tu ne peux manquer de réussir.

PROSPER.

Puisqu'il en est ainsi, comptez sur ma parole; je vous promets que, dès aujourd'hui, je suis disposé à exécuter toutes vos volontés, et que je veux désormais vous causer autant de joie et de de satisfaction que je vous ai causé de chagrin.

SCÈNE DEUXIEME.

MADAME DURAND, PROSPER, ÉMILIE.

EMILIE, *à Mme Durand.*

Je viens vous annoncer, madame, que si votre fils est disposé à travailler, il peut entrer en apprentissage aujour-

d'hui chez un orfèvre qui a besoin d'un
jeune homme.

Mme DURAND.

Je vous rends grâces, mademoiselle ;
mais vous avez peut-être oublié que
mon fils ne sait pas travailler, et qu'il
ne pourra pas convenir pour la place
que vous lui offrez.

ÉMILIE.

C'est vrai, c'est un embarras auquel
je n'avais pas pensé...... mais attendez
donc, ne pourrait-on pas trouver un
moyen ?... Oui, j'y pense... c'est vrai...
Excusez-moi un instant, je vais revenir. (*Elle va pour sortir, elle revient sur
ses pas.*) A propos, mais il faut auparavant que je sache s'il y voudra bien consentir. (*S'adressant à Prosper.*) L'état
d'orfèvre vous plairait-il ?

PROSPER.

Et pourquoi pas, mademoiselle ; puisqu'il faut que je travaille, autant celui-
là qu'un autre.

ÉMILIE.

Vous êtes donc bien décidé à travailler ?

PROSPER.

Il le faut bien, puisque je n'ai pas
d'autre moyen pour subsister.

ÉMILIE.

Et jusqu'à présent, comment avez-
vous vécu, loin de vos parens ?

PROSPER.

Tantôt bien, tantôt mal ; quand on
m'envoyait de l'argent, je ne l'épar-
gnais pas, quand je n'en avais plus, je
faisais des dettes ; mais cela ne peut pas
toujours durer, voyez-vous, il faut un
terme à cette existence précaire, et
puisque vous voulez bien vous charger
de me faire un sort plus doux, je l'accepte avec plaisir.

ÉMILIE.

Oui, pauvre jeune homme, votre situation m'afflige, je puis améliorer vo-

tre sort, et si vous voulez devenir vertueux, je mettrai tout en œuvre pour
vous tirer du malheureux état où vous
a réduit votre dissipation. Le peu de
lumières que vous avez, et les attraits
funestes du mauvais exemple vous ont
fait abandonner le sentier de la vertu.
Sortez de l'abîme que vous avez creusé
sous vos pas, puisqu'il en est encore
temps, et lorsque vous aurez commencé à
goûter combien la vertu est aimable,
vous ne l'abandonnerez plus. Adieu, je
vous laisse pour quelques instans seulement, car bientôt j'espère vous apporter une bonne nouvelle. (*Elle sort ; Mme
Durand l'accompagne.*)

SCÈNE TROISIÈME.

PROSPER, seul.

Enfin, elles ont entrepris de me faire
tourner la tête. Oh ! ce n'est pas encore
pour aujourd'hui. Je sais à quoi m'en
tenir sur ce chapitre, et je ne ferai
toujours que ce que je voudrai bien. A
propos, il me vient une excellente idée.
(*Il pose sa main sur son front et paraît réfléchir un instant. Tout-à-coup il s'écrie :*)
Oui, c'est bien cela. Je vais abonder
dans son sens ; je dirai toujours comme
elle, je voudrai bien tout ce qu'elle voudra.
Ah ! c'est divin ! A présent, les écus
ne me manqueront pas, et quand j'en
aurai une bonne provision... oh ! alors,
je me donnerai de l'air. Mais, silence :
j'entends ma mère qui revient, cette
pauvre bonne femme, ne lui ôtons pas
le plaisir de croire à ma conversion.
Tout de même ça me fait de la peine
pour elle, elle est si bonne. Mais cette
autre, cette demoiselle Émilie, je vous
demande un peu de quel droit elle vient
m'ennuyer de ses jérémiades ?

SCÈNE QUATRIÈME.

MADAME DURAND, PROSPER.

Mme DURAND.

Tu vois, mon fils, combien nous sommes redevables à cette demoiselle charitable qui veut bien avoir pitié de nous et nous secourir dans nos malheurs; sans elle, nous ne pourrions pas aujourd'hui te mettre en état d'apprendre un métier honorable. Fais donc bien attention à ne rendre pas vains les sacrifices qu'elle fait pour toi. Tâche au contraire de te montrer reconnaissant en travaillant avec zèle, afin de pouvoir un jour rendre aux pauvres la portion d'aumônes qui t'est départie en ce moment; persuade-toi bien que ce n'est qu'un prêt que le ciel te fait pour t'aider à sortir du pressant besoin dans lequel tu te trouves, et que plus tard tu seras obligé d'en rendre compte à celui qui dispense à son gré sur la terre et les biens et les maux.

PROSPER.

Soyez sans inquiétude, ma mère; vous n'aurez pas à vous plaindre de moi.

Mme DUMEND.

Que j'aime, ô mon fils, à t'entendre parler de la sorte! Non, il me semble que tu n'es déjà plus le même; que je me trouve heureuse, malgré tous mes malheurs! Béni soit le ciel qui a daigné enfin exaucer tous mes vœux! (*Elle embrasse son fils et sort.*)

SCÈNE CINQUIÈME.

PROSPER, *seul.*

C'est tout de même dommage, de tromper une si bonne mère; elle me ferait bien pleurer, si elle me parlait longtemps sur ce ton-là; car je suis sensible encore, oui, moi. C'est vrai, ça; je me rapelle encore ce jour où n'ayant plus qu'une pièce de cinq francs, j'allais aller la dépenser au jeu, (pour tâcher d'en gagner d'autres, bien entendu!) Eh bien! je rencontrai une malheureuse mère avec deux petits enfans qui avaient bien froid, qui mouraient presque de faim.... Mon cœur fut ému à un pareil spectacle; je détournai les yeux, je leur jetai ma pièce de cinq francs, et je m'éloignai à pas précipités. Oui, je sens que j'éprouverais assez de plaisir à faire le bien; mais quand on n'a rien, il faut songer à autre chose.

SCÈNE SIXIÈME.

PROSPER, ÉLINA, CLAIRE, AUGUSTA.

PROSPER.

Ah! bonjour, mes petites demoiselles, soyez les bienvenues. Vous venez sans doute de faire un tour de promenade?

ÉLINA.

Non, mon frère, nous nous sommes tenues renfermées jusqu'à présent dans notre chambre, pour y terminer quelques petits objets que nous venons t'offrir, et nous espérons que tu voudras bien les agréer, puisque c'est l'ouvrage de tes sœurs.

PROSPER.

Et comment donc? crois-tu que je voudrais vous refuser? Oh non certes! Je ne refuse jamais rien, et surtout...

ÉLINA.

Tiens, essaie cette petite blouse; je crois qu'elle n'ira point mal. (*Elle lui donne une blouse.*)

PROSPER, *essayant la blouse.*

A merveille! Ah! ça! tu veux donc me mettre déjà en costume d'ouvrier?

ÉLINA.

Ne nous as-tu pas dit que désormais tu veux travailler pour gagner ta vie?

PROSPER.

C'est vrai! c'est vrai! (*A part.*) Je ne me le rappelais déjà plus.

(*Claire et Augusta lui présentent chacune un objet à l'usage des ouvriers.*)

PROSPER.

C'est bien! c'est bien! vous êtes trois petites rusées, mais je ne vous en veux

pas ; vous avez raison. Oh! c'est bien ça , c'est tout-à-fait ça ! (*Il chante.*)

AIR *du vaudeville du petit courrier.*

Je vais donc prendre de l'emploi
Et me rendre enfin nécessaire.
Sans état que pourrais-je faire ?
C'est un poste au-dessus de moi.

AUGUSTA.

Tu n'aurais pas assez d'audace
Pour vivre dans l'oisiveté.
Hâte-toi de prendre ta place
Et montre de l'activité.

PROSPER.

C'en est donc fait, et par avance,
Je dis : adieu jeux et plaisir.
Adieu voyage, adieu dépense,
Je serai sage à l'avenir.

CHŒUR.

AIR :

Quand tu reviens près de nous,
Et plus soumis et plus tendre,
Ah! ne crains pas de t'attendre
A ne voir plus de courroux.
Le ciel, à nos vœux propice,
Nous rend un frère chéri ;
Qu'à jamais mon cœur bénisse
Le jour qui nous a souri.

~~~~~~~~~~~~~~~~~~~~~~~~~~~~~~~~~

SCÈNE SEPTIÈME.

LES PRÉCÉDENS, MADAME DURAND, ÉMILIE.

ÉMILIE, *à Prosper.*

Jeune homme, vous pouvez vous rendre tout de suite chez monsieur Norblin , orfèvre ; il vous attend ; tout est
arrangé et convenu avec lui. Il faut cependant encore que je vous demande si
les arrangemens que j'ai pris en votre
nom vous conviennent, les voici : Vous
demeurerez chez ce monsieur, qui se
charge de vous apprendre son état et de
subvenir à vos besoins ; en revanche ,
vous serez obligé de travailler avec activité et de veiller aux intérêts de sa
maison. Les frais de votre apprentissage sont payés d'avance, et si vous
vous conduisez bien, vous recevrez à
la fin de chaque semaine, une petite
gratification qui vous suffira pour vos
menus plaisirs.

PROSPER.

Comment pourrais-je, mademoiselle ,
ne pas accepter avec empressement
l'offre généreuse que vous daignez me
faire, surtout, lorsque vous avez la bonté de penser même à mes menus plaisirs.
Oh je vous jure que le souvenir de vos
bienfaits restera éternellement gravé
au fond de mon cœur.

*Mme Durand, Elina, Claire, Augusta,
tombent aux genoux de la dame de charité pour la remercier. Cette action forme
tableau.*

ACTE TROISIÈME.

(*Le théâtre représente encore le même appartement ; mais il est un peu mieux
meublé. Les trois jeunes filles sont occupées à travailler comme au premier acte.*)

SCÈNE PREMIÈRE.

ELINA , CLAIRE , AUGUSTA.

AUGUSTA.

Quel silence aujourd'hui, mes sœurs !
depuis une heure que nous travaillons,
nous n'avons pas encore desserré les
dents.

CLAIRE.

Je ne sais pas ce qui m'arrivera ; mais
je me sens une tristesse, un accable-
ment qui n'est point ordinaire. J'ai fait
cette nuit un rêve affreux, et il me revient sans cesse à l'esprit.

ÉLINA.

Tu es bien bonne, ma pauvre sœur, de te tourmenter ainsi l'esprit sur la foi d'un rêve. Sois donc gaie à présent que nous n'avons plus aucun sujet de peine. Nous avons de l'ouvrage plus que nous n'en pouvons faire ; nous sommes habituées au travail ; nous avons enfin oublié notre ancienne splendeur ; notre frère est retiré du désordre, il est très-assidu, très-zélé ; vraiment, ce serait offenser le ciel, que de nous plaindre.

AUGUSTA.

Elina a bien raison ; et pour dissiper cette pauvre Claire et lui faire oublier ses songes, si vous voulez, nous allons chanter quelques couplets ?

ÉLINA.

Très-volontiers. Et toi, Claire, y consens-tu ?

CLAIRE.

Puisque cela vous fait plaisir, mes sœurs, je me garderai bien de vous contrarier ; et quoique j'aie l'esprit attristé, je ferai tous mes efforts pour vous accompagner.

AUGUSTA.

Voilà qui est charmant. On ne saurait être plus aimable ; en récompense, tu verras que tu oublieras ta tristesse. (*Elle chante :*)

AIR de *Julie*.

Il aura bientôt par son zèle,
Un avenir sûr et charmant
Et la fortune la plus belle.

CLAIRE.

Dont il fera part à maman ?

ÉLINA.

Il a bon cœur, je te le jure :
Pour elle il est très-complaisant.

AUGUSTA.

Il est aimable, il est charmant.

CLAIRE.

Ah pourvu que tout cela dure !...

AUGUSTA.

Ah ! je ne te conçois pas, ma sœur, d'avoir de semblables pensées. Sois donc un peu plus indulgente pour ce pauvre Prosper. Si maman t'entendait, cela seul suffirait pour lui causer de nouvelles peines. A propos, taisons-nous, ne parlons plus de cela, car je l'entends venir.

SCÈNE DEUXIÈME.

LES PRÉCÉDENTES, MADAME DURAND.

Mme DURAND.

Réjouissez-vous, mes enfans, j'ai une bonne nouvelle à vous apprendre.

TOUTES.

Qu'est-ce que c'est ? qu'est-ce que c'est ? dites-donc bien vite, maman !

Mme DURAND.

Je viens en ce moment de chez M. Norblin, le patron de votre frère. Ce bon monsieur m'a fait l'éloge de mon fils ; il est on ne peut plus satisfait de son zèle, de son activité et de son intelligence. Ce témoignage d'un homme aussi respectable, m'a remplie de joie ; j'ai embrassé votre frère, qui m'a remis pour vous une petite boîte de bijoux, en me chargeant de vous les offrir moi-même de sa part.

AUGUSTA et CLAIRE.

Voyons ! voyons !

ÉLINA.

Et pour vous, ma mere, n'a-t-il rien donné ?

Mme DURAND.

Pour moi, mes enfans, je n'ai rien voulu accepter, parce que je craindrais d'épuiser ses petits moyens, mais, pour vous, c'est bien différent ; vous devez agréer ce qu'il vous envoie.

AUGUSTA.

Dieu ! que c'est beau ! la jolie paire de pendans d'oreilles.

CLAIRE.

Et moi, cette jolie boucle! Oh! comme elle fera un effet charmant sur ma ceinture.

ÉLINA.

Ce bon frère! il m'envoie une petite montre. (*Elles chantent.*)

TOUTES.

AIR : *Un homme pour faire un tableau.*

Jamais, jamais entre nos mains
Nous n'avons eu, j'ose le dire,
Tant de bijoux. A nos besoins
A peine nous pouvions suffire.

Mme DURAND.

Oui, mes enfans, je le conçois,
Car nous étions dans la misère;
Mais espérons que cette fois
Mon fils vous tiendra lieu de père.

ÉLINA.

O mes sœurs! il faut aussi nous hâter de lui faire quelque petit présent. Mettons-nous à l'ouvrage, et dès aujourd'hui, commençons à travailler pour lui; il faut rivaliser de générosité. D'ailleurs, vous connaissez le proverbe : les petits présens entretiennent l'amitié.

CLAIRE et AUGUSTA.

Oui, oui, nous allons lui faire quelque chose de bien joli, qui en même temps pourra lui être d'une grande utilité.

SCÈNE TROISIÈME.

LES PRÉCÉDENTES, ÉMILIE.

ÉMILIE.

Mesdames, je viens vous faire partager la joie que j'éprouve en ce moment. Mon protégé se conduit à merveille ; il fait des progrès très-rapides; son maître est très-content de lui, et j'espère que dans peu, ce pauvre jeune homme en saura assez pour se suffire à lui-même. Je dois aussi vous dire que, sous prétexte de m'envoyer un échantillon de son travail, il m'a fait présent d'un fort beau chapelet que j'ai apporté tout exprès pour vous le faire voir. (*Elle montre le chapelet.*)

Mme DURAND, *regardant le chapelet.*

Comment, c'est là son ouvrage? c'est étonnant, vraiment!

ÉLINA, CLAIRE, AUGUSTA.

Qu'il est joli! c'est charmant!

ÉLINA.

Et ces pierres qui marquent les dizaines, comme elles brillent!

CLAIRE.

Ce sont des pierres précieuses, je crois!

AUGUSTA.

Oui, des pierres fines, des brillans! Et la chaînette est en argent.

Mme DURAND, *souriant.*

Des diamans! Oh! pour cela, vous êtes dans l'erreur, mesdemoiselles; comment votre frère aurait-il fait pour se les procurer? Vous n'y pensez donc pas?

ÉMILIE.

Oh! pour cela, je suis persuadée que ce ne sont point des pierres fines; car les menus plaisirs de ce pauvre enfant sont loin d'être assez considérables pour lui permettre de faire une telle dépense; mais pourtant, avouez que toutes fausses qu'elles sont, ces pierres sont d'un goût exquis et que le travail de ce chapelet est d'un fini rare.

TOUTES.

C'est vrai, c'est vrai!

ÉMILIE.

Aussi, pour le récompenser et l'encourager à continuer, je lui ai envoyé une bourse, que j'ai eu le soin de bien garnir, car je craignais qu'il n'eût contracté quelque dette pour satisfaire son penchant généreux.

Mme DURAND.

Vous êtes vraiment trop bonne, ma-

demoiselle ; ne craignez-vous pas que
Prosper abuse de tant d'indulgence ?
(*On entend frapper à la porte du fond.
Une des jeunes personnes court ouvrir. Une
dame entre avec précipitation ; la tristesse
est peinte sur son visage.*)

SCÈNE QUATRIÈME.

LES PRÉCÉDENTES, MADAME DELAMARRE.

EMILIE, *étonnée et effrayée en même temps.*

Quoi ! Vous ici, ma tante ? Et comment avez-vous su ?... Pourquoi ?... Il
est donc arrivé quelque malheur ?

Mme DELAMARRE.

Il est vrai, ma nièce, que ma présence en ces lieux doit vous étonner,
et qu'il a fallu une circonstance bien
urgente pour me faire quitter le lit sur
lequel je languis depuis plus de quatre
mois. Au récit d'un malheur affreux qui
nous menace toutes, j'ai retrouvé mes
forces, mon courage, la vigueur de ma
jeunesse, et je suis accourue ici pour
vous annoncer cet horrible événement.

TOUTES.

Ciel ! qu'y a-t-il donc !

EMILIE, *troublée.*

Parlez, ma tante, hâtez-vous de me
dire.

Mme DELAMARRE.

Lorsque je vous ai chargée du soin de
distribuer mes aumônes, c'est que je
vous ai reconnue capable d'en faire un
bon emploi ; mais j'eus tort de ne pas
réfléchir que votre jeunesse pourrait
vous exposer à recevoir quelques humi-
liations dans ce monde si pervers. Votre âme sensible et généreuse, usant
largement de la liberté que je vous ai
donnée, s'est empressée de soulager
les infortunes de tout genre, sans
penser qu'il en est certaines qu'il faut
bien se garder de faire cesser entièrement tout-à-coup, parce que ceux qui
les souffrent les ont méritées, et que s'ils

se voient relevés subitement de l'état de
misère où ils s'étaient pour ainsi dire
précipités volontairement par leurs
désordres, ils se servent bientôt des
bienfaits qu'ils ont reçus pour se livrer
à de nouveaux excès ; et, par là, ils de-
viennent encore plus misérables et plus
à plaindre que par le passé. C'est ce qui
vient d'arriver à l'égard de ce malheureux jeune homme que vous avez placé
chez l'orfèvre, M. Norblin.

Mme DURAND.

Grand Dieu ! Mon fils, mon malheureux fils !... (*Elle tombe sur un siège et se
trouve mal ; ses trois filles éplorées volent à
son secours.*)

Mme DELAMARRE.

Qu'ai-je fait ? je suis venue percer de
douleur le cœur d'une mère infortunée !
Sortons, ma nièce, sortons, notre vue
la ferait mourir !

EMILIE.

Pauvre mère ! pauvres enfans ! Quel
malheur !... Sortons...

Mme DURAND, *revenant à elle.*

Non, mesdames, continuez. J'aurai le
courage de tout entendre ! Parlez, je
vous en supplie. Le coup est porté ; je
m'attends à tout de la part de ce monstre d'ingratitude.

Mme DELAMARRE.

Pauvre mère, que je vous plains ! Vous
ne méritez certainement pas l'affliction
d'avoir un tel fils. L'ingrat ! Avec la
somme que ma nièce lui avait envoyée
pour l'encourager et pour le remercier
de son présent, il a disparu subitement,
emportant avec lui des valeurs considérables qu'il a soustraites à M. Norblin.
(*Les trois sœurs, pendant ce récit, se ca-
chent le visage dans leurs mains et laissent
éclater de profonds gémissemens.*) Ce matin, le marchand joaillier étonné de ne
point voir son ouvrier à l'ouvrage, le
fait appeler, et en même temps il pro-
mène ses regards sur différens bijoux :

bientôt il s'aperçoit qu'il lui en manque plusieurs. Alors il examine avec plus d'attention, et une pâleur mortelle couvre son visage quand il reconnaît qu'il est victime d'un vol considérable. Aussitôt il accourt chez moi, il entre sans se faire annoncer, pénètre dans mon appartement : « Je suis perdu, s'écrie-t-il, que vais-je devenir? Je suis perdu sans ressources! L'infâme jeune homme que votre nièce a placé chez moi m'a ravi toute ma fortune. Oui, ce que je possède ne suffira jamais pour payer le chapelet enrichi de diamans qui ne m'appartient pas. Vous m'en répondrez, madame! » Et en disant ces paroles, il s'agitait comme un forcené, se lamentait, se désespérait, s'arrachait les cheveux. Après les premiers transports de la colère, après avoir maudit mille fois le scélérat qui l'avait trompé d'une manière si indigne, il éclata en reproches et en injures contre ma nièce. Il menaça de la faire jeter dans les prisons, comme complice, si elle ne lui rendait la valeur des objets qui lui avaient été ravis.

Ses invectives sanglantes me courroucèrent; je lui imposai silence et l'invitai à sortir à l'instant même. Je lui promis pourtant que j'allais aviser avec vous au moyen de l'apaiser, et de l'indemniser au moins d'une partie de ses pertes, car son malheur m'afflige.

ÉMILIE.

Certes, le malheur est grand; mais calmez-vous, ma bonne tante, il n'est pas irréparable. J'ai ici, sans doute, ce chapelet dont la perte fait le désespoir du marchand. Le ravisseur n'a probablement pas connu la valeur du présent qu'il m'a fait, car sans cela, il l'aurait certainement emporté. Quant à moi, je ne me doutais pas qu'il fût d'un si grand prix; autrement je n'aurais pas accepté. Courons vite, ma tante, consoler ce pauvre homme, et lui remettre cet objet précieux.

ÉLINA, *s'approche d'Émilie en pleurant, et lui donne sa montre.*

Tenez, mademoiselle, remettez-lui aussi cette montre, car je ne doute pas non plus qu'elle ne lui ait été dérobée.

CLAIRE, *de même.*

Et cette boucle; je n'en veux plus.

AUGUSTA, *aussi de même.*

Et ces pendans d'oreille; ils me feraient honte, je rougirais de les porter.

Mme DELAMARRE.

Je vous plains de tout mon cœur, mes bonnes demoiselles.

TABLEAU.

Mme Durand ne peut soutenir plus long-temps une scène aussi cruelle; ses jambes chancellent, ses forces l'abandonnent. Les trois sœurs, prosternées, aux pieds des deux dames, s'écrient :)

ÉLINA.

Nous vous en supplions, mesdames, apaisez le courroux de monsieur Norblin; nous vous en supplions, priez-le en grâce de ne pas faire retomber sur notre mère la peine due à un fils coupable; faites qu'il épargne sa faiblesse et sa sensibilité.

Mme DELAMARRE.

Ne vous abandonnez pas à la douleur, enfans vertueuses, la peine due au coupable ne saurait retomber sur des infortunées dignes de compassion. Rassurez-vous; nous regarderons désormais votre famille comme le plus digne objet de toute notre sollicitude, et la bienfaisance fortifiera les liens qui unissent celles qu'un malheur commun est venu frapper.

ACTE QUATRIÈME.

(Le théâtre représente une jolie petite habitation champêtre, dans laquelle plusieurs jeunes personnes sont occupées à broder.)

SCÈNE PREMIÈRE.

ÉLINA , CLAIRE , AUGUSTA.

ELINA.

Il faut avouer, mes sœurs, que tout ce que l'on dit de l'être mystérieux qui habite ces contrées, est vraiment bien surprenant.

CLAIRE.

Moi, je suis assez portée à croire que c'est quelque revenant.

AUGUSTA.

Tais-toi donc, ma sœur, avec tes revenans, tu me ferais bien peur, là. Voyez-donc ce que c'est, ces dames nous font venir ici avec elles pour leur tenir compagnie, elles se retirent du monde pour vivre en paix dans la solitude, et bientôt elles vont se trouver plus troublées ici que dans la ville la plus populeuse et la plus bruyante.

ELINA.

Que dis-tu, ma sœur? Notre solitude ne saurait être troublée un seul instant par les bruits vagues que l'on raconte dans les campagnes. Il n'appartient qu'à des esprits grossiers et ignorans de croire à tous ces contes absurdes de revenans, de fantômes, de loups-garoux, de feux-follets et de tant d'autres rêves d'une imagination malade.

AUGUSTA.

Oh ! pourtant c'est bien vrai qu'il existe des revenans dans ce pays. Tu ne te rappelles donc pas l'histoire que nous racontait l'autre jour Suzette, la fille du fermier? tu sais bien qu'elle nous disait que, tous les soirs, le fantôme vient chercher sa nourriture à la ferme.

CLAIRE.

Mais les fantômes ne mangent pas , puisque ce sont des esprits.

AUGUSTA.

Il paraît bien, que celui-là mange, puisque chaque jour, au coucher du soleil, on lui met ses provisions sur le mur qui renferme la grande cour, et qu'il ne manque jamais de venir les prendre.

ELINA.

C'est sans doute quelque malheureux qui abuse de la crédulité de ces bonnes gens pour se procurer l'existence ; car ces sortes d'esprits n'existent que dans l'imagination des hommes faibles. D'ailleurs, nous n'avons rien à craindre de celui-ci , puisqu'on ne raconte de lui que de bonnes actions.

CLAIRE.

C'est vrai. L'autre jour, le feu avait pris à la ferme ; en vain tous les paysans s'étaient réunis pour l'éteindre; le feu avait résisté pendant tout le jour : vers le soir, il continuait même ses ravages avec plus de fureur. Toute l'habitation allait devenir la proie des flammes : tout-à-coup, le fantôme apparaît. En un instant, il est sur le haut du toit; il court à l'endroit le plus dangereux , il s'élance au milieu des flammes , arrête le feu. Les paysans étonnés, osent à peine en croire leurs yeux ; ils veulent le remercier, mais déjà le fantôme a disparu dans l'ombre.

AUGUSTA.

Voilà bien sûr quelque chose de surprenant; mais ce qui étonne encore davantage, c'est l'histoire de cette jeune

fille qu'il arracha à une mort inévita-
ble.

CLAIRE.

Quelle est cette histoire ? je ne l'ai pas
entendu raconter.

AUGUSTA.

Je vais te la raconter ; tu verras si,
après cela, il est permis de douter qu'il
y ait des revenans. Écoute bien. La
fille du garde-champêtre allait porter à
dîner à son père, qui se trouvait dans
la forêt à surveiller des ouvriers ; c'é-
tait pendant l'hiver. A l'entrée du bois,
une louve affamée se jette sur cette
malheureuse enfant ; elle eut à peine le
temps de crier à son secours, que déjà
la louve cruelle l'avait renversée et allait la dévorer, lorsque le sol s'entr'ou-
vrit à quelques pas de là, et un géant
énorme sorti des entrailles de la terre,
fondit avec impétuosité sur la louve,
l'étendit morte à ses pieds, releva la
jeune fille et retourna s'enfoncer dans
les abîmes profonds d'où il était sorti.
Le fait est bien vrai, puisque la peau de
la louve a été déposée dans le château.

CLAIRE.

A la place de cette jeune fille, je ne
sais pas trop de qui j'aurais eu plus
grand'peur, ou de la louve, ou du
géant. (Mme Durand entre.)

SCÈNE DEUXIÈME.

MADAME DURAND, LES PRÉCÉDENTES.

Mme Durand, d'un air affairé.

Mes enfans, vous n'avez pas encore
vu revenir cette bonne demoiselle Émilie ?

ÉLINA.

Non maman ; nous l'attendons pour
aller faire notre promenade du soir. En
effet, il est déjà bien tard, et il y a fort
long-temps qu'elle est partie.

Mme DURAND.

Madame Delamarre est dans la plus
vive inquiétude ; elle se tourmente,
elle craint qu'il ne lui soit arrivé quelqu'accident, parce qu'elle a dû traverser la rivière, pour aller porter des secours à cette pauvre femme qui demeure
là-bas sur l'autre rive. Heureusement encore que sa bonne tante, qui garde le
lit, ne sait pas que les eaux sont en ce
moment si rapides et si grandes, que
l'on court les plus grands risques à les
traverser.

ÉLINA.

N'a-t-elle emmené personne avec
elle ?

Mme DURAND.

Non, parce qu'elle a dit à sa femme
de chambre, qui voulait l'accompagner,
qu'elle serait bientôt de retour.

CLAIRE.

Oh ! dans ce cas, c'est qu'il y a du
danger, et qu'elle a voulu seule s'y exposer, car depuis qu'elle habite la campagne, elle ne sort jamais sans sa femme
de chambre.

AUGUSTA.

Aussi cette bonne d'moiselle a tort
de s'exposer ainsi. Ah ! si je l'avais su,
moi, je l'aurais bien empêchée d'y aller.
Je l'aurais tant priée, que je l'aurais
gagnée.

ÉLINA.

N'en crois rien, ma sœur, tu t'abuses ;
car quand il s'agit de faire une bonne action, mademoiselle Émilie compte pour
rien les plus grands sacrifices ; aussi
ce n'est pas sans raison qu'on l'a nommée
ici la dame de charité, et que
tous les habitans, tout grossiers qu'ils
sont, la regardent comme un ange des-
cendu du ciel exprès pour leur apporter le bonheur et les consolations.

SCÈNE TROISIÈME.

LES PRÉCÉDENTES, UN PETIT PAYSAN
entrant à pas précipités.

Mesdames, on m'envoie vous dire de préparer un lit bien chaud pour une femme qui vient de se noyer et qu'on va apporter ici, parce que c'est la maison la plus voisine.

TOUTES LES DAMES.

Ciel ! et mademoiselle Emilie qui n'est pas arrivée ! Protégez-la, ô mon Dieu ! veillez, veillez sur elle ! (*Elles courent toutes dans un autre appartement pour préparer un lit.*)

SCÈNE QUATRIÈME.

LE PETIT PAYSAN, *seul.*

Ah ! ben, ben, si j'sais c'que ça veut dire, par exemple ; j'accours faire ma commission, on ne m'répond rien, c'est absolument comme si elles savaient mieux que moi c'qui s'est passé. Après tout, elles n'ont pas grand'peine, car j'arrive au bord de l'eau pour pêcher, et v'là qu'un grand fantôme me dit : Petit, cours vite à la maison là-bas, tu leux diras d'préparer un lit pour c'te dame-là qui vient de s'noyer. Enfin v'là tout, ma commission est faite, j'm'en vas. (*Il sort.*)

SCÈNE CINQUIÈME.

Un inconnu habillé de peaux de loups et tout dégouttant d'eau.

L'INCONNU *entre, en regardant de côté et d'autre.*

Il paraît qu'il n'y a personne ici. Enfin j'ai trouvé un lit, je l'ai placée dedans, et je vais attendre qu'il vienne quelqu'un. Mais ne ferais-je pas mieux de m'en aller ? ma figure et mes vêtemens, tout mon être est bien capable de leur inspirer de la frayeur. Pourtant, sous ce

costume, j'expie les crimes de ma jeunesse. Non, je ne suis plus digne d'habiter parmi les hommes, je ne dois plus penser qu'à mériter mon pardon en pratiquant le bien dans la solitude et dans la misère, afin de réparer tout le mal que j'ai fait.

SCÈNE SIXIÈME.

LE PRÉCÉDENT, MADAME DURAND, ÉLINA,
CLAIRE, AUGUSTA.

(*À la vue de ces dames, l'inconnu s'est retiré dans un coin de l'appartement.*)

Mme DURAND, *affligée.*

Mes chères enfans, pendant qu'elle repose, prions pour elle ; et le Seigneur nous la rendra. Son état est satisfaisant. Dieu n'a pas voulu qu'elle fût victime de son charitable dévoûment, et il a permis qu'une main habile lui donnât les premiers soins. Mais ce qu'il y a d'étonnant, c'est que l'on ne puisse pas savoir qui l'a déposée là dans cette chambre.

AUGUSTA.

Mais, maman, ça ne peut être que le fantôme. Oh ! j'en suis bien sûre.

CLAIRE, *effrayée en apercevant l'inconnu.*

Le fantôme ! Maman, le fantôme !

Mme DURAND.

Ciel ! Prosper ! (*Elle tombe évanouie.*)

PROSPER *tombe à ses pieds.*

Ma mère !

ÉLINA, AUGUSTA, CLAIRE.

Mon frère !

PROSPER.

Ah ! ma mère, pardonnez, pardonnez à un fils ingrat et malheureux ; ouvrez encore une fois les yeux, qu'il voie son pardon dans vos regards, et aussitôt il s'éloignera de vous pour jamais, afin de ne plus troubler par sa présence la paix dont vous jouissez en ces lieux.

Mme DURAND, *reprenant ses sens.*

Malheureux! qu'es-tu venu faire ici!

PROSPER.

Apporter celle que j'ai sauvée des eaux au péril de ma vie.

Mme DURAND.

Ah! je te pardonne; tu nous as rendu notre bienfaitrice, celle que tu as outragée par ton crime. Viens dans mes bras, mon fils! Le repentir et les bonnes actions couvrent les fautes passées.

PROSPER.

Puisque vous m'avez pardonné, ô ma mère, je cesserai donc d'être errant et malheureux. C'est Dieu qui a fait naître dans mon cœur le repentir de mes fautes, qui a aussi permis que cet heureux accident arrivât pour me tirer de l'état presque sauvage auquel je m'étais condamné. Pour expier les crimes de ma jeunesse, j'ai fait vœu de me rendre utile aux hommes; j'ai choisi ma demeure dans un caveau ténébreux, j'ai vécu d'aumônes, et le plus souvent de ma chasse et de fruits sauvages. Mes habits, vous le voyez, les bêtes fauves me les fournissaient. Dans cet état, les hommes me fuyaient comme un monstre ou comme un fantôme, et moi, je leur faisais tout le bien qu'il était en mon pouvoir de faire.

ELINA.

Eh bien! mes sœurs, le voilà le fantôme.

CLAIRE.

C'est donc toi qui as arrêté le feu de l'arme?

AUGUSTA.

Oui, as tué cette louve affamée, qui allait dévorer une jeune fille.

PROSPER.

Oui, mes sœurs; c'est moi, et je suis encore tout disposé à rendre de semblables services.

LES TROIS SOEURS.

Oh! mademoiselle Emilie nous disait bien que tu changerais. Viens avec nous la voir; elle te pardonnera bien sûrement, lorsqu'elle saura combien tu es devenu bon, sensible et généreux. Aujourd'hui surtout que tu lui as sauvé la vie, pourrait-elle te refuser ta grâce!

CHOEUR.

PAYSANS, PAYSANNES, DOMESTIQUES.

AIR:

Vous avez conservé sa vie!
Pour ça quel courage il fallait!
C'est surtout votre modestie
Qui rend encore plus beau ce trait.
Pour cela nous vous rendons grâce;
Et pour toujours, dans notre cœur,
Vous aurez la seconde place
Puisque vous êtes son sauveur.

FIN.

Bourges, Imprimerie de Veuve MÉNAGE.

RECUEIL

DE PIÈCES MORALES ET INSTRUCTIVES,

A L'USAGE

DES COMMUNAUTÉS RELIGIEUSES, DES INSTITUTIONS, DES PEN-
SIONNATS, ETC.

Par Victor Doublet,

PROFESSEUR DE BELLES-LETTRES,

AUTEUR D'UN GRAND NOMBRE D'OUVRAGES DE MORALE , DE LITTÉRATURE
ET D'ÉDUCATION , ET DE LA VIE DE SA MAJESTÉ DON CARLOS V, ROI
D'ESPAGNE, ETC.

A BOURGES,

CHEZ L'AUTEUR, RUE DES ARÈNES, 19,

ET CHEZ TOUS LES LIBRAIRES QUI TIENNENT LES LIVRES D'ÉDUCATION.

1841-42.

A Jules Deherpe

Mon jeune ami,

Bientôt les petites pièces morales que je t'offre, ne te paraîtront pas sans intérêt; et après les avoir lues, tu pourras répondre toi-même aux personnes qui trouvent ces sortes de sujets un peu trop au-dessous de la gravité pédantesque que l'on s'efforce d'inspirer aux enfans dès leur plus tendre jeunesse. Tu leur diras avec Fénélon :

« La sagesse n'a rien d'austère ni d'affecté : c'est elle qui donne les vrais plaisirs; elle
» seule les sait assaisonner pour les rendre purs et durables; elle sait mêler les jeux et les ris
» avec les occupations graves et sérieuses; elle prépare le plaisir par le travail, et elle dé-
» lasse du travail par le plaisir...... Heureux ceux qui se divertissent en s'instruisant, et qui
» se plaisent à cultiver leur esprit par les sciences! En quelque endroit que la fortune les
» jette, ils portent toujours avec eux de quoi s'entretenir; et l'envie qui dévore les autres
» hommes au milieu mêmes des délices, est inconnue à ceux qui savent s'occuper par quel-
» que lecture agréable. »

Bourges, le 15 février 1842,

Victor Doublet.

THÉOPHILE,

COMÉDIE EN QUATRE ACTES, MÊLÉE DE CHANTS,

Par Victor Doublet,

PROFESSEUR DE BELLES-LETTRES,

AUTEUR DE PLUSIEURS OUVRAGES DE MORALE, DE LITTÉRATURE ET D'ÉDUCATION; ET DE LA VIE DE S. M. DON CARLOS V DE BOURBON, ROI D'ESPAGNE.

PERSONNAGES.

THÉOPHILE, jeune joueur.
Le comte de SPOLETTE, père de Théophile.
GUSTAVE,
VICTOR,
JULES,
ALFRED, } amis de Théophile.
Autres jeunes gens.

PERSONNAGES.

MM. VENTRU, maître d'hôtel.
RICOURT,
TRANCHEPAIN,
BOURSIER
RAPÉ, } banquiers.
JEAN, domestique du comte de Spolette.

ACTE PREMIER.

(Le théâtre représente une salle de festin. Les restes d'un magnifique repas sont encore épars sur une table en désordre. Plusieurs jeunes gens chantent et s'accompagnent en frappant sur la table et en brisant les vases et les plats.)

SCÈNE PREMIÈRE.

THÉOPHILE, ALFRED, VICTOR, GUSTAVE,
et autres jeunes gens.

Air du *Boléro espagnol (conseil de discipline).*

CHŒUR.

Loin de moi la tristesse ;
De plaisir, d'allégresse ,
De bonheur et d'ivresse ,
Que ma vie

Soit remplie !
Amis, dans ces beaux lieux
Rendons nos jours heureux
Par nos repas joyeux
Et nos jeux.

ALFRED, *applaudissant.*

C'est ça ; c'est charmant : vive la joie ! (*Il brise une assiette.*) J'aime le fracas, moi, brisons tout ; quand on a fini de manger, à quoi bon garder les

plats? Allons : (*Il jette une soupière par la fenêtre.*) C'est plus tôt desservi de cette manière. (*Ses camarades suivent tous son exemple.*)

~~~~~~~~~~~~~~~~~~~~~~~~~~~~~~~~~~~~~~~

SCÈNE DEUXIÈME.

LES MÊMES, M. VENTRU, maître d'hôtel.

M. VENTRU, *en colère.*

Que signifie tout ce vacarme, messieurs? Ici, on se contente de nettoyer les plats et de payer ensuite.

GUSTAVE, *avec ironie.*

C'est juste, ça; c'est très-juste, messieurs. Pourquoi casser les plats de ce brave homme?

ALFRED.

Quoi! tu te fais l'avocat du maître d'hôtel? Il ne risque rien dans ce cas; ah! ah! ah! (*Il rit aux éclats.*)

M. VENTRU.

Il a raison, ce monsieur; ces plats me coûtent de l'argent.

VICTOR.

Allons, allons, brave homme, pas tant de contes, on vous les paiera vos plats; portez-les sur la carte.

M. VENTRU, *ôtant son bonnet et saluant.*

C'est bien, messieurs, ça suffit. Commandez-vous rien autre chose?

VICTOR.

Pas pour le moment; laissez - nous tranquilles.

M. VENTRU, *en sortant et à part.*

Bon, bon, ils les paieront plus cher qu'au marché. Ah! ils veulent s'amuser, ces messieurs. On leur fera voir ce qu'il en coûte pour venir se divertir de la sorte dans nos maisons. (*Il sort.*)

~~~~~~~~~~~~~~~~~~~~~~~~~~~~~~~~~~~~~~~

SCÈNE TROISIÈME.

THÉOPHILE, ALFRED, GUSTAVE, VICTOR.

THÉOPHILE.

Il est curieux, vraiment, ce maître d'hôtel, qui vient se fâcher contre nous parce qu'on lui casse ses plats!

ALFRED, *ironiquement.*

Il n'est pas raisonnable, M. Ventru.

GUSTAVE.

Et que lui importe comment se fait le débit, pourvu qu'il se fasse.

VICTOR.

Enfin, avoue, Théophile, que cela s'appelle vivre, et que tu dois te trouver heureux d'avoir rencontré des amis tels que nous.

THÉOPHILE.

C'est vrai; jamais je n'avais encore connu les plaisirs de la vie. Renfermé dans un collége pendant sept ou huit années, je n'ai appris qu'à obéir passivement à des pédans qui se faisaient un véritable plaisir de contrarier mes goûts et mes inclinations. Enfin arrivé à un âge où l'on peut sans crainte secouer le joug fastidieux d'une discipline insupportable, j'allais retomber sous la férule d'un bon vieux père morose, taciturne, qui a des goûts bizarres, et qui voudrait trouver toute la sagesse d'un philosophe dans un jeune homme de vingt ans. J'allais cependant, docile à ses lois, me laisser conduire comme un bambin, lorsqu'un heureux hasard m'a fait faire votre connaissance. Ce n'est qu'alors que j'ai commencé à connaître le prix de l'existence; car, jusqu'à ce moment, je n'avais pas encore commencé à vivre.

VICTOR.

Sois tranquille : tu en verras bien d'autres. Il n'y a qu'un mois que nous nous connaissons; mais quand tu auras passé avec nous cinq ou six mois, il ne te semblera plus possible de croire qu'il y a des jeunes gens de notre âge assez sots pour se laisser endoctriner par des vieilles têtes à perruque, qui ne cessent de leur prêcher l'économie, la sagesse; que sais-je enfin! Vois-tu, tous ces vieux matois ont passé leur temps ; et jaloux de voir qu'ils ne peuvent plus s'amuser comme nous, ils maudissent les plaisirs de notre âge, et s'efforcent de nous en inspirer le dégoût.

GUSTAVE.

C'est ainsi que fait mon bonhomme de père ; car, à ce que j'ai entendu dire, il était des bons, dans son temps ; et aujourd'hui, il n'y a peut-être personne plus sévère que lui en fait de divertissemens. Aussi on l'écoute.... tiens, ça fait peur ! (*Il fait un geste ironique.*)

ALFRED.

Et le mien donc, qui, tout en me racontant les farces de sa jeunesse, voulait faire de moi un Caton ! Mais je lui disais fort bien : Papa, je serai sage comme toi, quand j'en aurai fait autant.

TÉOPHILE.

Pour moi, je n'ai pas à me plaindre. Mon père n'est pas extrêmement sévère ; mais je crois que s'il savait tout ce que je fais, il ne serait pas fort content, surtout s'il apprenait que je dépense tant d'argent ; car il est un peu avare, le bonhomme.

GUSTAVE.

Ah ! bien, s'il fallait rendre compte aux pères, on n'en finirait pas. Ce serait tous les jours des réprimandes, des gros mots, des injures ; on serait rebattu de ces grandes démonstrations, de ces sentences solennelles : Je vous renonce pour mon fils ! je vous déshérite ! Oh ! s'ils le faisaient toutes les fois qu'ils le disent, il y a long-temps déjà que je serais sans famille.

THÉOPHILE.

Mais je crois que ton père ne veut déjà plus entendre parler de toi ; on dit même qu'en effet il t'a déshérité.

GUSTAVE.

Vaines menaces, que tout cela ; je ne m'y arrête pas seulement un instant.

D'ailleurs, il aurait bien de la peine à me déshériter, puisque je veux tout engager, même avant sa mort.

THÉOPHILE.

Et après, comment feras-tu ?

GUSTAVE.

Comme tant d'autres, qui déjà m'ont donné l'exemple. Laisse faire, on n'en est pas plus malheureux pour cela.

THÉOPHILE.

Mais on trouve donc facilement des gens assez complaisans pour avancer de l'argent sur une succession à venir ?

VICTOR.

Eh comment ! Tout à l'heure, si tu le veux, je vais te faire trouver cent mille francs sur un simple billet signé de ta main.

THÉOPHILE.

Cent mille francs ! cela est-il possible ?....

ALFRED.

C'est tellement possible que, si tu le veux, tu n'as qu'à dire une seule parole, et, dans un instant, tu verras l'honnête monsieur Ricourt t'apporter des espèces sonnantes en échange de ta signature.

THÉOPHILE.

Mais c'est merveilleux cela, avouez-le. Oh ! ce matin encore, je craignais de perdre au jeu, parce qu'il m'aurait fallu demander de l'argent à mon père ; mais à présent que vous m'éclairez, grâce à vos conseils, je saurai bien me dispenser de m'exposer davantage à ses mercuriales. Maintenant, si ce que vous me dites est vrai, je ne crains plus de jouer ; je serai même le premier à proposer une partie d'écarté.

ALFRED.

Comment ! si c'est vrai, en doutes-tu ? Tiens, je vais de ce pas chez monsieur Ricourt, je te l'amène sur-le-champ ;

en attendant, commence à jouer avec les amis. (*A demi-voix, s'adressant à Victor et à Gustave.*) Nous le tenons enfin ; vous autres, serrez l'anguille, et nous verrons beau jeu. (*Il sort.*)

SCÈNE QUATRIÈME.

GUSTAVE, VICTOR, THÉOPHILE, etc.

VICTOR.

Allons, Théophile, il faut continuer la partie que nous avons commencée ce matin. Tiens, veux-tu des cartes ? (*Il lui offre des cartes.*)

THÉOPHILE.

La partie de ce matin, tu sais que je l'ai perdue, et je dois payer le déjeûner plus de dix louis.

VICTOR.

Belle misère que cela, on n'en parle plus ; c'est ta revanche que je t'offre.

THÉOPHILE.

Mais tu sais bien que je n'ai plus d'argent.

VICTOR.

Le charmant, l'honnête, le complaisant monsieur Ricourt ne va-t-il pas t'en apporter tout à l'heure !

THÉOPHILE.

C'est vrai ; mais en attendant, il est indispensable que j'aille un peu voir mon père ; le bonhomme pourrait se fâcher s'il ne me voyait pas de la journée, et je ne voudrais pas qu'il sût que j'ai passé la nuit hors de la maison.

VICTOR.

Eh bien ! va, mais ne tarde pas à revenir ; nous t'attendrons ici pour faire la partie, et j'espère que ce soir la chance te sera favorable.

THÉOPHILE.

Je l'espère de même ; ainsi donc adieu, mes amis, à ce soir !

TOUS.

A ce soir ! au revoir ! (*Il se serrent la main mutuellement.*)

THÉOPHILE.

AIR : *De la maison de Plaisance.*

A ce soir,
Bon espoir !
Reviendra l'abondance ;
Comptez sur ma présence.
Bon espoir !
A ce soir !

VICTOR A THÉOPHILE.

Je prétends te livrer bataille.
C'est décidé, nous serons ennemis ;
Mais, malgré bombes et mitraille,
Nous serons tôt redevenus amis.
Après le gain je dépose les armes,
Je me montre indulgent vainqueur;
Mais si c'est ton jour de bonheur,
Ce sera sans verser des larmes
Que je déposerai les armes.

ENSEMBLE.

THÉOPHILE.

A ce soir,
Bon espoir !
Reviendra l'abondance ;
Comptez sur ma présence.
Bon espoir !
A ce soir !

GUSTAVE, VICTOR, etc.

A ce soir !
A ce soir!
Reviendra l'abondance ;
Fiez-vous à ma prudence.
Mais pour lui quel espoir!

THÉOPHILE.

A ce soir !
Bon espoir !
Reviendra l'abondance ;
Comptez sur ma présence.
A ce soir !
A ce soir !

(*Il sort.*)

SCÈNE CINQUIÈME.

JULES, VICTOR, GUSTAVE, etc.

GUSTAVE.

Enfin il est pris ; nous le tenons ; et, comme disait tout à l'heure Alfred, serrons l'anguille... On sait ce que ça veut dire.

JULES.

Mais ne crains-tu pas, Gustave, que son père, qui est si clair-voyant, ne s'en aperçoive et ne l'arrête en si beau chemin ?

VICTOR.

Tais-toi donc, Jules, tu me fais trembler ; j'ai tellement besoin de jouer avec lui quelques parties pour remonter mes finances et payer certaines dettes, que je voudrais déjà le tenir à cette table de jeu. (*Il montre du doigt une table de jeu.*)

GUSTAVE.

Que vous êtes donc simples ! Ne craignez rien ; quand même son père le surveillerait jour et nuit, il ne nous échapperait pas. Il a perdu une somme assez forte ; il jouera jusqu'à extinction, dans l'espoir de rattraper ce qu'il a perdu, et si nous nous entendons bien, nous le plumerons sans peine. Il y a de quoi, là ; c'est vraiment une bonne fortune que la rencontre de cet idiot tout frais moulu et sentant encore son air de collége à vingt pas.

JULES.

A propos, Alfred tarde bien à revenir. Est-ce que, par hasard, ce juif de Ricourt croirait que c'est une feinte pour lui tirer quelques écus? Ah ! par exemple ! Ce serait bien mal de sa part, en ce moment surtout, que nous nous trouvons en si bonne veine.

VICTOR.

Oh ! ils ne peuvent tarder à revenir. L'honnête usurier a trop de confiance dans Alfred pour se douter qu'il voudrait lui jouer un tour ; n'a-t-il pas gagné déjà avec lui quelques centaines de mille francs ?

JULES.

Et avec moi, donc !

GUSTAVE.

Que dis-tu? Avec toi ! Voilà grand chose ; une trentaine de mille francs, tout au plus ! Si tu parlais de moi, à la bonne heure ; trois cents mille francs ! et sur lesquels il m'a donné tout au plus moitié !

JULES.

Il faut avouer tout de même que nous avons été bien fous de nous laisser ainsi ruiner ; nous aurions bien mieux fait....

VICTOR.

Ne va-t-il pas nous faire de la morale, lui, à présent ! Oublions donc le passé, ne pensons plus à ce que nous étions, pensons à ce que nous sommes maintenant ; et puisque d'autres se sont enrichis de nos dépouilles, tâchons aujourd'hui de nous emparer de celles des imbéciles qui voudront bien les exposer entre nos mains.

TOUS.

A merveille ! A merveille !
(*Ils frappent tous des mains en signe d'applaudissement.*)

ACTE DEUXIEME.

(*Le théâtre représente une salle de jeu. Un vieillard est assis à une table couverte de sacs d'argent; il paraît ennuyé d'attendre. Tous les joueurs sont rassemblés autour de lui, et leurs regards inquiets semblent convoiter l'or du vieillard.*)

SCÈNE PREMIÈRE.

ALFRED , VICTOR , GUSTAVE , JULES, M. RICOURT , joueurs.

M. RICOURT, *d'un air impatienté.*

Avouez , monsieur Alfred, que cela s'appelle abuser de la patience d'un honnête homme ; voilà déjà deux heures que j'attends , et je ne vois pas venir votre monsieur Théophile !

ALFRED , *avec ironie.*

Encore un instant, papa Ricourt, et l'oiseau arrivera. Oh! c'est un bon coup, celui-là ; oui , d'honneur, une excellente affaire :

M. RICOURT.

A vous entendre parler , jeunes gens, ce sont toujours des affaires superbes, et en attendant, je me ruine tous les jours. Je suis vraiment trop consciencieux , moi, et je finis par être la dupe de ma franchise, de ma loyauté, de ma bonne foi. Ils ne le croient pas , eux , pourvu que l'argent leur vienne ; mais, moi, je sais ce qu'il coûte, et souvent, malheureusement , j'éprouve des pertes vraiment cruelles. Comptez donc sur un héritage que le père mange quelquefois avant que le fils soit en âge de lui réclamer ses droits !

ALFRED.

Vous avez peut-être perdu avec moi, papa Ricourt?

VICTOR.

Et avec moi , dites ?

TOUS LES AUTRES , *à la fois.*

Et avec moi ! Et avec moi, dites, vieil avare, vieil usurier !

M. RICOURT.

Je ne dis pas cela , je ne dis pas cela , mes enfans ; oh ! pour vous , vous êtes d'honnêtes gens , je ne vous réclame rien ; mais il y en a tant d'autres ?... (*Théophile entre tout essoufflé.*)

SCÈNE DEUXIÈME.

LES PRÉCÉDENS, THÉOPHILE.

ALFRED , *courant à sa rencontre.*

Allons donc, mon cher ami, allons donc. Ce pauvre M. Ricourt, qui t'attend depuis deux heures, allait s'en aller ; il croyait que nous avions voulu nous moquer de lui. Qui a pu te retenir si long-temps?

THÉOPHILE , *laissant échapper un soupir.*

Ah ! ne m'en parle pas. Tiens, je suis désespéré !

ALFRED.

Que t'est-il donc arrivé ?

THÉOPHILE.

La plus fatale rencontre que j'aie jamais pu faire. Figure-toi qu'en sortant de chez mon père pour me rendre ici, je passai devant le petit 113 qui est au coin de la rue des Brigands. Là , Julien était sur la porte , il vient à moi, et dit : Ah ! Théophile, si tu savais quel beau coup je viens de manquer ! j'allais débanquer la roulette !.. la chance tourne ; je perds tout...Si tu voulais me prêter seulement cinq francs , je suis en veine ; je crois que je ne ferais pas mal de recommencer. J'étais porteur d'une somme considérable en billets de banque que mon père m'avait chargé d'aller escompter, je ne me défie pas du sort malheureux qui m'attendait, je monte avec Julien au 113, il m'engage à commencer la partie, je mets cent francs, je gagne mille francs ! Encouragé par ce premier succès, je mets cinq mille francs sur la noire, je fais tourner la bille.... Rien ne va plus... Rouge, pair, passe. J'ai perdu !... Vois-tu, vois-tu, déjà cinq mille francs de flambés !

ALFRED.

Belle misère, ma foi, quand on est riche. Il fallait aussitôt doubler ta mise.

THÉOPHILE.

C'est ce que je fis. Je mis dix mille francs, pensant me rattraper. Je mis sur la rouge..... je fais tourner la machine.... rien ne va plus. Noire, pair, manque....

ALFRED.

Et tu as encore perdu !....

THÉOPHILE.

Comme tu le dis. Et il ne me reste plus rien !.... Comment oser maintenant retourner chez mon père !.....

ALFRED.

N'as-tu pas là, le bon, le charitable monsieur Ricourt, qui va te tirer d'embarras ?

THÉOPHILE.

Quoi ! c'est ce vieux râpé ?.... Quelle figure rechignée !....

ALFRED, à Théophile.

Allons, approche. (A M. Ricourt.) Tenez, monsieur Ricourt, voici notre jeune comte qui réclame vos services.

M. RICOURT, posant ses lunettes sur son nez, l'examine de la tête aux pieds.

Ah! ah! vous êtes comte, monsieur, et de quelle famille ?

THÉOPHILE.

Des anciens comtes de Spolette.

M. RICOURT.

Oui-dà; bonne famille, vraiment; famille illustre, et riche surtout ! Monsieur, commandez, que puis-je faire pour vous être agréable ?

ALFRED.

Vous êtes bon, vous, monsieur Ricourt; est-ce que cela se demande ?

M. RICOURT.

C'est bien; j'ai compris. Combien vous faut-il ?

ALFRED.

Mais tout ce que vous voudrez bien lui donner.

M. RICOURT.

Ça suffit. (A Théophile.) Si monsieur veut sortir avec moi, nous allons passer chez mon notaire.

ALFRED.

Non, non, il sera mieux de le faire venir ici; envoyez-le chercher.

M. RICOURT.

J'y consens. Mais auparavant, dites-moi : combien voulez-vous me donner pour mes petits honoraires, ma commission, etc. ?

THÉOPHILE, d'un air embarrassé :

Mais.... monsieur.... je ne saurais....

ALFRED.

Allons donc, vous savez bien ce que vous voulez lui prendre ; il ne sera pas plus difficile que nous ; à quoi servent donc toutes ces questions ?

M. RICOURT.

Suffit, suffit. (A Théophile.) Monsieur le comte, passons dans la pièce voisine, pour y régler nos affaires. (Ils sortent par la porte du fond.)

SCÈNE TROISIÈME.

ALFRED, VICTOR, GUSTAVE, JULES, joueurs.

VICTOR, à Alfred.

Il faut avouer que tu t'entends à merveille à arranger les affaires.

GUSTAVE, *au même.*

Tu les mènes rondement ; c'est là
ce qui s'appelle travailler en maître.

JULES.

Ah! tant mieux ; je vais donc encore
avoir quelques pièces d'or !

ALFRED.

Pas plus tard que ce soir. Ah ! ça,
entendons-nous bien ; il faut être tous
bien d'accord. Nous partagerons en
frères, nous jouerons toujours à quatre,
et nous fournirons toujours la mise de
celui qui jouera avec lui ; car il faut bien
que celui-là nous aide, en commettant
des erreurs.

GUSTAVE.

Je commencerai, moi ; soyez tranquilles, nous verrons-beau jeu !

VICTOR.

Il serait bien plus prudent de lui laisser choisir son partenaire, parce qu'a-
lors il ne se douterait de rien.

TOUS.

Tu as raison, tu as raison !

LES JOUEURS, *se détournant un peu.*

Et nous, sommes-nous aussi de la
partie ?

VICTOR, GUSTAVE, etc.

Eh comment donc ! Nous partagerons en frères.

LES JOUEURS.

C'est bien. On reconnaît toujours les
amis de la joie.

VICTOR.

AIR : *L'or est une chimère.*
Enfin voici la fortune
Qui nous sourit en ces lieux ;
Plus de tristesse importune,
Amis, commençons nos jeux.
Jouer, voilà ma devise !
C'est le bonheur, c'est le plaisir !
L'argent n'est qu'une bêtise
Lorsqu'on ne sait pas s'en servir !

TOUS ENSEMBLE.

Profitons de la fortune
Qui nous sourit en ces lieux ;
Adieu, détresse importune !
Amis, livrons-nous aux jeux,
Jouer, c'est notre devise!
Notre bonheur, notre plaisir !
L'argent n'est qu'une bêtise
Lorsqu'on ne sait pas s'en servir !

ACTE TROISIEME.

(*Le théâtre représente un cabinet richement décoré. Un vieillard vénérable est
assis dans un fauteuil et paraît livré à de pénibles réflexions. Il tient à la main
une liasse de papiers.*)

SCÈNE PREMIÈRE.

LE COMTE DE SPOLETTE, *feuilletant
les papiers qu'il tient dans sa main.*

Combien de mémoires! Que de dettes! Que d'argent dépensé inutilement!
Et qui sait encore, s'il ne doit pas bien
d'autres sommes qu'on n'aura pas encore osé me réclamer ! Malheureux
jeune homme ! Se livrer ainsi sans réflexion à des amis pervers ! suivre leurs
funestes maximes ! se perdre sans res-

source ! Oui, c'en était fait de lui pour
jamais, si quelques amis sincères ne
fussent pas venus me prévenir de ses
désordres ! Mais que dois-je faire ?... le
traiter avec rigueur ?... le chasser honteusement de la maison paternelle ?...
lui refuser désormais les secours de ma
bourse et de mon expérience ? endurcir
mon cœur, le rendre tout-à-fait insensible au cri de la nature ?... Non, il doit y
avoir d'autres moyens moins violens et

peut-être plus efficaces, qui pourraient me rendre mon fils, le corriger de ses habitudes vicieuses, lui faire perdre enfin pour toujours le goût de la débauche et le forcer à fuir les mauvaises compagnies. Mais avant de prendre aucune mesure, sachons de lui où en sont ses affaires, arrachons-lui ce secret fatal qui le tourmente et qui le rend depuis si long-temps morne, taciturne, qui lui fait fuir jusqu'à la présence même de son père. Je l'entends... Il vient à propos.

SCÈNE DEUXIÈME.

LE COMTE DE SPOLETTE, THÉOPHILE.

THÉOPHILE.

Mon père, je vous apporte l'argent de vos billets de banque que vous m'avez chargé d'escompter. Tenez, voilà quinze mille francs en or, comptez. (*Il remet un sac sur la table.*)

LE COMTE, *d'un air sévère.*

Très-bien, mon fils, très-bien...... Mais, dis-moi, n'aurais-tu pas besoin de quelque argent, en ce moment? Il y a long-temps que tu ne m'en as demandé.

THÉOPHILE, *d'un air embarrassé.*

Mon père..... Cette question me paraît étrange, d'autant plus que vous paraissez toujours vous fâcher quand je vous demande quelque chose.

LE COMTE.

Il est inutile de feindre plus long-temps, ô mon fils. Lorsqu'autrefois tu t'adressais à moi pour obtenir l'argent nécessaire à tes dépenses, je me fâchais, oui, parce que je voyais que tes prodigalités te conduiraient à quelque malheur que je ne pouvais prévoir. Mais quand j'ai vu que tu cessais absolument de t'adresser à moi, loin de croire que tu t'étais corrigé, j'ai dû faire des recherches, afin de découvrir de quels moyens tu te servais pour te

procurer de l'argent. J'ai enfin réussi. Ta conduite odieuse m'est enfin connue, et il ne me reste plus qu'à apprendre le chiffre total de tes dettes, et c'est ce que je veux savoir de ta propre bouche.

THÉOPHILE, *interdit, tombe aux pieds de son père et s'écrie :*

Mon père! Je sens combien je suis coupable, et puisque vous daignez encore descendre dans des détails qui me font frémir pour l'avenir, ah! lisez vous-même, ce que je n'aurais jamais la force de vous avouer. (*Il remet à son père un portefeuille.*)

LE COMTE, *jetant les yeux sur ce portefeuille, s'écrie avec indignation :*

Misérable! Toute ta fortune! Retire-toi! Mon courroux! (*Théophile se retire.*)

SCÈNE TROISIÈME.

LE COMTE *seul, tenant à la main le portefeuille de Théophile.*

Ciel! faut-il qu'il y ait des gens assez infâmes pour oser mépriser à un tel point toutes les lois divines et humaines! Prêter de l'argent à deux cents pour cent! n'est-ce pas là un vol manifeste? Malheureux jeune homme! en quelles mains es-tu tombé!..... Mais il paraît confus. Non, la passion du jeu n'est pas encore tellement enracinée chez lui, qu'on ne puisse sans danger le tirer de cet abîme, mais il faut user de douceur, de ménagemens. (*Il pense.*) Voyons!... Oui, c'est cela: je vais faire venir tous ses créanciers, leur remettre les sommes qu'ils ont prêtées à mon fils, et je crois qu'en les menaçant de les livrer à la justice, ils se désisteront de leurs odieuses prétentions. Au moins, par là, je pourrai sauver encore l'honneur de mon fils et une partie de sa fortune. (*Il sonne.*)

SCÈNE QUATRIÈME.

LE COMTE, JEAN, *domestique du comte.*

LE COMTE , *remettant un billet à Jean.*

Jean , va tout de suite chez messieurs Ricourt, Tranchepain , Boursier et Rapé : dis-leur de venir me parler sur-le-champ ; qu'il s'agit d'une affaire sérieuse de laquelle dépend leur sûreté personnelle.

JEAN.

Monsieur sera servi à l'instant; j'y cours.

LE COMTE.

Avant de sortir, fais-moi venir mon fils.

JEAN.

Oui , monsieur. (*Il va pour sortir et rencontrant Théophile, il dit :*) Monsieur, le voici.

LE COMTE.

C'est bien ; cours vite exécuter mes ordres.

SCÈNE CINQUIÈME.

LE COMTE , THÉOPHILE.

LE COMTE, *d'un air grave et sévère.*

Mon fils , quoique votre conduite ait été celle d'un dissipateur, d'un débauché , je veux cependant bien encore venir à votre secours pour vous tirer de l'abîme dans lequel votre inexpérience et vos mauvaises inclinations vous ont jeté. Tenez, voici deux sommes énormes (*Il lui montre deux monceaux d'argent.*) ; la plus faible est celle que vous avez empruntée ; et quelque forte qu'elle soit , elle n'est rien en comparaison de l'autre que vous auriez dû plus tard , donner aussi à vos créanciers pour les intérêts des avances qu'ils vous ont faites. Je veux bien aujourd'hui vous sauver du naufrage en satisfaisant, au comptant, les misérables qui ont ainsi abusé de votre jeunesse et de votre inexpérience ; mais remarquez bien que c'est là tout ce qui vous restera dé-

sormais. (*Il lui indique la somme des intérêts.*) Vous la ferez valoir vous-même, en vous occupant à régir une propriété qu'elle vous servira à acquérir ; et ce sera sur votre conduite future que je me réglerai pour établir mes dispositions relativement à mes autres biens. Ainsi , maintenant , c'est à la campagne et en travaillant que vous allez expier vos fautes passées et apprendre à devenir plus sage.

SCÈNE SIXIÈME.

LES PRÉCÉDENS , MESSIEURS RICOURT, TRANCHEPAIN , BOURSIER ET RAPÉ.

M. RICOURT.

Monsieur, nous nous rendons à vos ordres ; que désirez-vous de nous ?

LE COMTE.

Misérables ! avez-vous bien pu profiter de l'inexpérience d'un jeune homme aveuglé par les passions , pour dévorer par anticipation toute l'immense fortune dont il doit hériter un jour !

M. TRANCHEPAIN.

Doucement, doucement , monsieur le comte ; nous sommes de fort honnêtes gens, et nous prêtons notre argent au taux légal. Voyez plutôt ces billets, n'y est-il pas question seulement d'un intérêt de cinq pour cent ?

LES AUTRES USURIERS, *vivement.*

Comme nous, absolument comme nous ; et de quoi vous plaignez-vous donc ? (*Ils montrent leurs billets.*)

LE COMTE, *furieux.*

Impudens ! et vous osez encore venir en imposer avec tant d'effronterie en la présence d'un père malheureux des désordres de son fils. Je le jure ! ou remettez-moi ces billets sur-le-champ , ou j'invoque contre vous toute la rigueur des lois ! Voici l'argent que vous avez prêté à mon fils , prenez-le et retirez-vous de ma présence. (*Les usuriers, ef-*

frayés, donnent leurs billets, prennent l'argent et s'en vont en chantant.)

AIR de la belle nature.

ENSEMBLE.

Ah! mauvaise chance !

Quel malheur pour nous !
Messieurs, par prudence,
Il faut filer deux.

ACTE QUATRIÈME.

(Le théâtre représente le modeste salon d'une habitation champêtre. Théophile, assis dans un fauteuil antique, tient à la main des papiers qu'il vient de lire ; il essuie avec son mouchoir les larmes qui coulent de ses yeux.)

SCÈNE PREMIÈRE.

THÉOPHILE, seul.

Tu m'as donc enfin pardonné, ô mon père ! Tu rends à ton fils, ton amour, ton estime, tes caresses. Je vais donc enfin jouir de tes doux entretiens. Tu m'as mis à une rude épreuve, il est vrai ; mais c'était pour mon bonheur ! C'est ici que j'ai appris à connaître ton amour pour moi et à t'aimer sincèrement, en considérant comme ton plus grand bienfait celui de me retirer des désordres de ma jeunesse. (Il se retourne en entendant du bruit ; un homme couvert de haillons entre.)

SCÈNE DEUXIÈME.

THÉOPHILE, UN MENDIANT.

LE MENDIANT.

Dieu vous bénisse, seigneur ! Daigneriez-vous accorder l'hospitalité à un malheureux voyageur qui n'a d'autre ressource que la charité des âmes sensibles à sa misère ?

THÉOPHILE.

Soyez le bien venu ; je vais donner des ordres pour que vous soyez convenablement reçu.

LE MENDIANT.

J'ai donc enfin trouvé un cœur compatissant ! Dieu soit béni ! Hélas ! peut-être qu'enfin sa colère s'est apaisée et qu'elle cessera de me persécuter.

THÉOPHILE.

Vous avez donc éprouvé bien des malheurs ? Vous paraissez encore jeune et vigoureux ; le travail aurait dû vous aider à les surmonter.

LE MENDIANT.

Hélas ! oui ; mais je n'ai jamais appris à travailler. Ma naissance m'avait placé dans un rang où je n'avais pas besoin de m'inquiéter pour l'avenir ; j'étais riche, et si les imprudences de ma jeunesse ne m'eussent pas fait dissiper en peu d'années un patrimoine considérable, j'aurais pu obtenir quelque rang et quelques distinctions dans la société.

THÉOPHILE.

Et personne n'a été assez charitable pour vous faire ouvrir les yeux sur votre conduite imprudente, pour vous empêcher de tomber dans le précipice que vous aviez creusé sous vos pas ?

LE MENDIANT.

Par malheur, je n'avais que des parens éloignés qui n'osaient pas me faire des remontrances, puisque je n'avais pas été docile à la voix de mon père qui m'avait prédit, avant de mourir, tout ce qui m'est arrivé depuis que je l'ai perdu.

THÉOPHILE.

Vous n'avez donc rien pu sauver du naufrage.

LE MENDIANT.

Rien ; au contraire, j'ai même entraîné avec moi plusieurs jeunes gens auxquels ma société a été bien cruellement fatale. Aujourd'hui, il ne me reste plus qu'un seul espoir, c'est d'aller trouver un de ces anciens amis de débauches, qui, dit-on, plus sage que nous, a eu le bon esprit de se rendre aux avis de son père, et s'est retiré à la campagne pour y réparer, par le travail, les torts de sa jeunesse.

THÉOPHILE, *ému.*

Et comment le nommez-vous donc, cet ami ?

LE MENDIANT.

Le fils du comte de Spolette, Théophile ; le connaissez-vous ?

THÉOPHILE, *après un moment d'hésitation, et cherchant à cacher son embarras.*

Mais croyez-vous que cet ancien ami de débauche consente aujourd'hui à vous recevoir, si, comme vous le dites, il a quitté le chemin du vice pour suivre le sentier de la vertu ?

LE MENDIANT.

Oh! dans ce cas je l'y contraindrais, dussé-je encore commettre une mauvaise action pour la dernière fois de ma vie.

THÉOPHILE, *avec sévérité.*

Malheureux! Qui êtes-vous donc pour oser parler ainsi ?

LE MENDIANT, *qui vient de reconnaître Théophile.*

Quoi! tu ne reconnais pas Alfred, Théophile! Mes traits, contractés par la douleur et la misère, t'empêchent-ils de reconnaître celui qui te fit faire les premiers pas dans la carrière des plaisirs! Ne t'avais-je pas guidé dans le chemin du vice! Ne me dois-tu pas pour récompense, de me haïr éternellement! Pourras-tu souffrir plus long-temps ma présence odieuse ? Donne-moi de l'argent, et je pars! C'est là le seul moyen que tu puisses employer pour te délivrer de ma vue insupportable!

THÉOPHILE, *avec calme et dignité.*

Alfred! la misère t'accable, le désespoir t'aveugle; va reposer un instant, et je penserai à ce que je dois faire pour toi. Si la vue d'un de mes anciens compagnons de débauche me couvre de honte en me rappelant les torts de ma jeunesse, la charité me fait un devoir de le secourir, la religion m'ordonne de lui pardonner et de lui ouvrir le chemin de la vertu, en lui offrant le fruit de mon travail pour l'aider à entrer dans une carrière honorable. Puissé-je être à même d'en agir ainsi avec tous ceux que la vue de mes désordres a entraînés!

ALFRED, *tombant aux pieds de Théophile.*

Ami généreux! pardonne au désespoir l'injure que je t'ai faite. Mon âme déchirée par le malheur, dégradée, avilie par la corruption du vice, était incapable de croire à tant de vertu.

SCÈNE TROISIÈME.

ALFRED *est encore aux pieds de Théophile, lorsque le comte de Spolette entre.*

THÉOPHILE, ALFRED, LE COMTE.

LE COMTE, *étonné.*

Que vois-je, Théophile?

ALFRED, *effrayé à la vue du comte, se lève et veut fuir.*

THÉOPHILE.

Où vas-tu, Alfred? c'est mon père!

LE COMTE, *saisissant Alfred par son habit déchiré.*

Arrête, misérable! tu vas être livré entre les mains de la justice! Viens

tu ici te faire donner encore par force
de l'argent, comme tu le fis chez moi
il y a quelques jours en venant t'infor-
mer du lieu qu'habite mon fils?

ALFRED.

Grâce! grâce! épargnez le malheureux Alfred, marquis de Fiordi.

LE COMTE.

Ciel! le marquis de Fiordi! le fils de
mon meilleur ami! dans quel état je le
retrouve! Quelle fatalité, jeune homme,
vous a précipité du faîte des grandeurs
dans l'abjection et dans le crime?

ALFRED, *baissant les yeux.*

Ce sont les mauvaises compagnies!

LE COMTE.

Vois, Théophile, aujourd'hui, si tu
n'as pas lieu de te féliciter d'avoir quitté ces compagnies funestes qui t'entraî-
naient à ta perte!

THÉOPHILE.

Grâce à vos conseils et à votre prudente fermeté, ô mon père, j'ai ouvert
les yeux au moment où j'allais périr victime de mon imprudence et de ma per-
versité. Que de grâces vous dois-je, ô
mon père, pour un si grand bienfait!

LE COMTE.

Je vais t'offrir un moyen de t'acquit-
ter envers moi, c'est de faire pour le
fils de mon ancien ami ce que j'ai fait
pour toi; car le père m'a sauvé la vie,
et en échange tu sauveras l'honneur du
fils.

THÉOPHILE.

Ce devoir que vous m'imposez, ô mon
père, me paraît d'autant plus sacré,
qu'Alfred est un de mes anciens camarades.

LE COMTE.

De débauches, sans doute?

ALFRED.

Je rends grâces au ciel qui a daigné
m'envoyer un puissant protecteur au
moment où je me croyais sans espoir;
Dieu m'a fait miséricorde, puisqu'il n'a
pas permis que je payasse dans ce monde,
comme tant d'autres, la peine due à mes
crimes.

THÉOPHILE.

Mais tu me fais frémir! Que sont donc
devenus Gustave, Victor, Jules et tous
les autres?

ALFRED.

Gustave s'est tué de désespoir de n'a-
voir plus rien à perdre. Victor traîne
une vie pénible et misérable dans les
rues de Paris, où il vit d'aumônes. Jules,
accablé de toutes les infirmités d'une
vieillesse anticipée qu'avait amenée la
débauche, a rendu le dernier soupir
dans un hôpital où la charité publique
l'avait recueilli; et les autres ont eu
déjà, ou s'attendent à avoir une fin à
peu près semblable.

THÉOPHILE, *étonné.*

Voilà donc où conduisent, les jeunes
gens, tous ces faux plaisirs que l'on
vante. Combien ne dois-je pas m'esti-
mer heureux d'avoir eu un père sévère
qui m'a forcé de quitter cette vie volup-
tueuse, qui m'aurait infailliblement entraîné dans les mêmes malheurs! car le
jeu est de toutes les passions, celle
dont on se corrige le moins facilement,
et pourtant, c'est celle qui nous prépare le plus de regrets pour l'avenir,
puisqu'on ne se console jamais de la
perte de sa fortune.

LE COMTE, *ironiquement.*

Voilà! Voilà! Moquez-vous donc
maintenant, jeunes gens, des conseils
des vieilles têtes à perruque, et chantez votre chanson favorite.

Air du *Boléro Espagnol.*
CHŒUR.

Loin de moi la tristesse ;
De plaisir, d'allégresse,
De bonheur et d'ivresse,

Que ma vie
Soit remplie !
Amis, dans ces beaux lieux,
Rendons nos jours heureux
Par nos repas joyeux
Et nos jeux.

FIN.

AVIS.

Nous croyons faire plaisir à nos lecteurs, en leur annonçant que le joli roman religieux (*Aurélie et Mathilde*), va paraître incessamment chez M. Pornin, imprimeur-libraire à Tours. L'accueil favorable qu'a reçu notre *Amalia Corsini*, nous a engagé à publier ce second ouvrage du même genre ; et nous ne craignons pas de nous avancer trop, en avouant que nous le devons à notre vieille expérience dans la carrière de l'enseignement, et aux heureuses inspirations d'une profonde méditation.

Nous engageons donc les personnes qui désirent se procurer cet ouvrage, à s'adresser à M. Pornin, imprimeur-libraire, à Tours (Indre-et-Loire).

Elles trouveront aussi chez le même libraire, notre *Logique des Demoiselles*, pour faire suite à la *Rhétorique* que nous avons déjà publiée.

Cette *Logique*, tracée sur un plan extrêmement vaste, quoique simplifiée, offrira aux maîtresses de pension et aux mères de famille l'immense avantage de former le jugement des jeunes personnes, et de leur apprendre à penser juste sur chaque chose.

Les prix de ces deux ouvrages sont extrêmement modérés.

Bourges, 15 février 1842,

Victor Doublet.

Bourges, Imprim. de Veuve MÉNAGE.

RECUEIL

DE PIÈCES MORALES ET INSTRUCTIVES,

A L'USAGE

DES COMMUNAUTÉS RELIGIEUSES, DES INSTITUTIONS, DES PEN-
SIONNATS, ETC.

Par Victor Doublet,

PROFESSEUR DE BELLES-LETTRES,

AUTEUR D'UN GRAND NOMBRE D'OUVRAGES DE MORALE, DE LITTÉRATURE
ET D'ÉDUCATION, ET DE LA VIE DE SA MAJESTÉ DON CARLOS V, ROI
D'ESPAGNE, ETC.

A BOURGES,

CHEZ L'AUTEUR, RUE DES ARÈNES, 19,

ET CHEZ TOUS LES LIBRAIRES QUI TIENNENT LES LIVRES D'ÉDUCATION.

1841-42.

A ma nièce Thaïs.

Une jeune personne instruite et vertueuse fait les délices de son père et la gloire de sa mère.

PERSONNAGES.		PERSONNAGES.	
Mme GUICHARD, fermière.		La tante d'Aglaé.	
MARTHE,		JEANNETTE,	
MARIE,		CATHERINE,	camarades de
GEORGETTE,	ses filles.	FRANÇOISE,	Marthe.
BERTHE,		Et autres jeunes filles,	
LUCILE,		CASINO, charlatan.	
La mère SUZANNE, leur grand'mère.		Une écuyère.	
La marquise d'ARGENTIÈRES.		Paysans, paysannes, tambours, clairons, spectateurs, domestiques.	
AGLAÉ, sa fille.			

MARTHE,

COMÉDIE EN QUATRE ACTES, MÊLÉE DE CHANTS,

Par Victor Doublet,

PROFESSEUR DE BELLES-LETTRES,

AUTEUR DE PLUSIEURS OUVRAGES DE MORALE, DE LITTÉRATURE ET D'ÉDUCATION, ET DE
LA VIE DE S. M. DON CARLOS V DE BOURBON, ROI D'ESPAGNE.

ACTE PREMIER.

*(Le théâtre représente une chaumière, dans laquelle plusieurs jeunes personnes se hâ-
tent de ranger les objets qui s'y trouvent.)*

SCÈNE PREMIÈRE.

MARTHE, MARIE, GEORGETTE, BERTHE,
LUCILE, Mme GUICHARD, leur mère,
la mère SUZANNE, leur grand'mère.

Les jeunes filles chantent.

AIR :

LUCILE.

Allons de ce pas,
Mes sœurs, faire notre toilette,
Et ne tardons pas ;
Pour moi, je serai bientôt prête.
Vous, ne tardez pas ;
Car on ne vous attendra pas.

ENSEMBLE.

Allons de ce pas ;
Mes sœurs, faire notre toilette ;
Elle sera prête,
Et l'on ne nous attendra pas.

Mme GUICHARD.

Qu'est-ce que c'est? Qu'est-ce que
c'est? Comment pouvez-vous être si peu
raisonnables, mesdemoiselles, de vouloir vous habiller aujourd'hui !

LUCILE.

Mais, maman, n'est-ce pas aujourd'hui
la foire à Bréteuil? et n'avons-nous pas
coutume d'y aller tous les ans?

Mme GUICHARD.

C'est vrai, mes enfans, c'est vrai ;
mais les temps sont bien changés! Autrefois nous étions heureux en travaillant ; votre pauvre père était notre appui, notre soutien ; les méchans n'o-
saient pas alors nous faire du mal. Mais
depuis que nous l'avons perdu, vous savez combien la jalousie de nos voisins
nous est nuisible: tous les jours, ils
cherchent de nouveaux prétextes pour
nous ôter les moyens de gagner notre
vie, et malheureusement ils ne réussissent que trop bien dans leurs mauvais desseins.

MARTHE.

Mais, maman, n'avons-nous pas la protection de madame la marquise, qui, chaque jour, nous comble de nouveaux bienfaits ? Qu'avons-nous à craindre ! n'est-elle pas plus puissante que tous ces méchans qui nous veulent du mal ?

Mme GUICHARD.

Tu as raison, ma fille; mais ce qui m'afflige le plus, c'est précisément parce qu'on est parvenu à nous mettre mal dans l'esprit de madame la marquise.

TOUTES LES DEMOISELLES.

Ciel ! est-il possible !

Mme GUICHARD.

Hélas ! oui, mes chères enfans. On lui a fait croire que, depuis la mort de votre malheureux père, cette ferme dépérissait de jour en jour ; que nous avions beau faire tous nos efforts, nous ne serions jamais capables de la faire valoir convenablement. Elle a cru tous ces faux rapports ; et, hier, son intendant est venu m'annoncer que je n'avais plus que huit jours à rester ici, et qu'au bout de ce temps, il me faudrait quitter la ferme.

LES DEMOISELLES.

Grand Dieu ! qu'allons-nous donc devenir ? (*Elles pleurent.*)

Mme GUICHARD.

Ne vous affligez pas, mes enfans, il me reste encore quelqu'espoir. Je vais aller moi-même me jeter aux pieds de madame la marquise ; je lui exposerai bien en détail tout ce que nous avons fait pour améliorer ses terres, et je lui prouverai clairement qu'elles ne sont pas plus mal entre nos mains qu'elles ne l'étaient du vivant de M. Guichard, puisque nous n'épargnons ni nos soins ni nos peines pour les rendre fertiles ; et, d'ailleurs, la meilleure preuve que je pourrai lui en donner, c'est que, malgré tous les malheurs que nous avons éprouvés, nous n'avons jamais manqué une seule fois de payer notre terme le jour même de son échéance.

LES DEMOISELLES.

Oh ! c'est bien vrai, ça ! Soyez tranquille, maman, la marquise est trop bonne pour nous causer une si grande peine ; elle ne voudra pas nous plonger dans une situation si déplorable.

Mme GUICHARD.

Je l'espère, mes enfans, et c'est pour cela que je m'empresse d'aller la trouver. Vous, pendant ce temps-là, vous resterez à la maison ; vous vous occuperez de votre mieux ; et dès que je serai de retour, si j'apporte une bonne nouvelle, je vous conduirai moi-même à la foire.

La mère SUZANNE.

C'est ça, c'est ça. Entendez-vous bien, mesdemoiselles, vous resterez ici à me tenir compagnie. Et toi surtout, Marthe, ne va pas faire le train pour t'en aller ; tu entends bien ce que vient de dire ta mère ?

MARTHE.

Eh bien ! voilà tout, quoi donc ! je resterai, puisqu'il est dit qu'ici on ne peut jamais avoir un seul instant d'agrément.

Mme GUICHARD.

Marthe, il faut avoir plus de respect pour ta grand'mère, mon enfant. Allons, sois raisonnable, je ne tarderai pas à revenir. (*Elle sort.*)

~~~~~~~~~~~~~~~~~~~~~~~~~~~~~~

SCÈNE DEUXIÈME.

MARTHE, MARIE, GEORGETTE, BERTHE, LUCILE, la mère SUZANNE.

La mère SUZANNE.

Eh bien ! eh bien ! qu'avez-vous donc là, à tant chuchotter ? Là, là, à peine votre mère a tourné les talons, que vous voilà déjà en dispute !

MARIE.

Grand'maman, c'est Marthe qui veut me prendre mon tablier de soie !

GEORGETTE.

Et ma chaîne d'or, que tu m'as donnée pour mes étrennes !

BERTHE.

Et mon beau bonnet à dentelles !

La mère SUZANNE.

Qu'est-ce que ça signifie, cela, mademoiselle ? N'avez-vous pas vos affaires ? Pourquoi donc prendre celles de vos sœurs ?

MARTHE.

Les miennes ne sont pas en état. Elles peuvent bien me prêter ces objets pour un instant. Qu'elles sont donc peu complaisantes !

La mère SUZANNE.

Ah ! vous.... ce serait un miracle, si vous aviez quelque chose en ordre ! Mais après tout, pourquoi donc faire, tous ces beaux atours ? Vous n'en avez pas besoin, mademoiselle, puisque votre mère vous a défendu de sortir.

MARTHE.

Je ne veux pas sortir non plus ; je veux seulement faire un peu de toilette pour ne pas paraître ridicule, aujourd'hui, le jour d'une si belle fête !

LUCILE.

Calme-toi, Marthe, je vais te prêter tout ce qui t'est nécessaire. Viens avec moi dans ma chambre.

MARTHE.

J'accepte ta proposition, ma sœur ; sois sûre que je serai reconnaissante de ce que tu veux bien faire aujourd'hui pour moi.

LUCILE.

Mais tu me promets bien que tu ne sortiras pas ?

MARTHE.

Je te le promets, sois en sûre ; tu peux compter sur ma parole.

LUCILE.

Dans ce cas, allons vite ; je vais t'aider à faire ta toilette. (*Elles sortent.*)

SCÈNE TROISIÈME.

MARIE, GEORGETTE, BERTHE, la mère SUZANNE.

La mère SUZANNE.

Qu'ont-elles donc à bavarder si longtemps toutes deux ? cela me semble de mauvais augure ; et si je ne connaissais le caractère de Lucile, je croirais volontiers qu'il se trame quelque complot.

MARIE.

Ce n'est pas cela, grand'mère ; c'est que Marthe tient à se parer de ses plus beaux atours ; et comme elle a gâté toute sa toilette le jour de Pâques, elle a prié Lucile de lui prêter la sienne.

GEORGETTE.

Eh ! qu'est-ce que cela te fait à toi ? As-tu besoin de parler de ça ? On ne te demande rien.

BERTHE.

Elle fait bien. Aussi, cette Marthe, elle est trop ennuyeuse ; elle nous prend toutes nos affaires. Et toi-même, Georgette, ne te plaignais-tu pas tout-à-l'heure, qu'elle voulait te prendre ta chaîne d'or ? D'ailleurs, elle est toujours cause que nous sommes grondées, parce que nous cherchons à cacher ses fautes. Mais, aujourd'hui, qu'elle s'en tire comme elle pourra ; si elle sort, je ne me charge pas de l'excuser.

MARIE.

Ni moi non plus, bien certainement !

La mère SUZANNE.

Oh! elle ne voudrait pas désobéir à ce point; sa mère lui a trop bien re-commandé de garder la maison ; et puis je suis là, moi, je veillerai à ce que l'on ne s'absente point.

ACTE DEUXIEME.

(*Le théâtre représente la même chaumière. Sur le devant, plusieurs personnes traversent la scène et chantent en se rendant à la foire.*

SCÈNE PREMIÈRE.

Marthe, debout sur le seuil de la porte, regarde les passans. Elle fredonne l'air qu'ils chantent.

LES PASSANS ENSEMBLE.

AIR :

Aujourd'hui, prenons nos bijoux
Pour nous rendre vite à la foire.
Quand on est belle aux yeux de tous,
Pourrait-on mépriser la gloire ?
Là, nous attendent les plaisirs.
Ah ! quel bonheur d'être jolie!
On contente tous ses désirs :
Et vive l'aimable folie !

MARTHE, *seule.*

Parée en vain de mes bijoux,
Il faut rester à la chaumière!
Hélas ! je les vois passer tous;
Ah ! combien ma peine est amère !
Que mon cœur serait consolé,
Si ma mère arrivait sur l'heure!
On rit de mon air désolé :
Mais est-on belle quand on pleure?...

SCÈNE DEUXIÈME.

MARTHE, JEANNE, FRANÇOISE, CATHE-RINE et autres jeunes filles.

JEANNE.

Eh bien ! Marthe, viens-tu avec nous? Nous venons te chercher pour aller à la foire.

FRANÇOISE.

Nous nous y amuserons bien. On dit que cette année toutes les curiosités se sont donné rendez-vous à Bréteuil.

CATHERINE.

Et les danses, donc! On dit que ce sera magnifique!

MARTHE.

Que vous êtes heureuses, vous autres! tandis que moi, il faut que je reste là à garder la maison.

FRANÇOISE.

Tu es bien bonne, par exemple ; n'y a-t-il pas assez de monde pour la garder? Viens-donc, viens-donc, va !

MARTHE.

Oh ! c'est impossible ; maman m'a trop bien recommandé de rester ici jusqu'à ce qu'elle soit de retour.

JEANNE.

Comment! ta mère est absente, et tu fais des difficultés pour venir! Viens-donc, viens-donc !

MARTHE.

Non, non, je craindrais trop qu'elle ne vint pendant que je serais absente, et alors elle se fâcherait tout de bon contre moi.

CATHERINE.

Que tu es sotte ! Nous serons bientôt revenues; nous danserons une seule contredanse, et nous partirons tout de suite.

FRANÇOISE.

Nous sommes bien bonnes de tant la prier. Ne voyez-vous pas que mademoiselle nous dédaigne, que c'est qu'elle a

sans doute une autre partie! Vous
voyez bien qu'elle n'a pas fait sa toilette
pour rester là sur le seuil de cette porte.
Ah! c'est que je vois clair, moi!

MARTHE.

Je puis vous assurer que je n'ai point
l'intention d'aller à la foire, et que si je
devais y aller, je ne me ferais pas prier
pour partir avec vous sur-le-champ.

FRANÇOISE.

Eh bien! nous te croirons si tu viens
avec nous; mais si tu persistes à nous
refuser, nous nous brouillons pour toujours avec toi.

MARTHE.

Si je ne consultais que le désir que
j'éprouve d'aller à Bréteuil, je ne balancerais pas un seul instant à vous y accompagner; mais je vous jure que je
m'expose à fâcher contre moi ma mère,
qui m'a expressément défendu de sortir.

JEANNE.

Allons donc; viens avec nous, puisque nous te promettons de ne pas rester long-temps. (*Elles entraînent Marthe, qui les suit quoiqu'avec un peu de résistance.*)

SCÈNE TROISIÈME.

La mère SUZANNE, LUCILE, GEORGETTE.

LA mère SUZANNE.

Lucile! où sont donc tes sœurs? je
ne sais ce que cela veut dire; aujour-
d'hui personne ne travaille.

GEORGETTE, *tenant sa quenouille et son
fuseau.*

Personne!... Mais voyez donc,
grand'mère, j'ai déjà bientôt rempli la
moitié d'un fuseau.

LA mère SUZANNE.

Bel ouvrage, ma foi!... Mais réponds-moi donc, Lucile, où est donc
Marthe?

LUCILE.

Je ne sais pas, grand'mère.... (*Elle
regarde dehors.*) Elle m'avait pourtant
bien dit qu'elle allait se tenir à travailler sur le seuil de la porte, en regardant passer le monde qui va à Bréteuil.

LA mère SUZANNE.

Gare! gare! que la foule ne l'ait entraînée.

LUCILE.

Oh! y pensez-vous, grand'mère,
après la défense expresse que maman
lui en a faite!

SCÈNE QUATRIÈME.

LES PRÉCÉDENTES, BERTHE ET MARIE,
qui entrent en s'écriant :

Grand'mère! grand'mère!

LA mère SUZANNE.

Qu'est-il donc arrivé encore de nouveau? Voyons, voyons.

BERTHE.

Marthe est allée à Bréteuil!

LA mère SUZANNE.

Comment! que dites-vous? Ce n'est
pas possible!

MARIE.

C'est bien sûr, grand'mère; elle s'est
en allée avec nos voisines.

LA mère SUZANNE.

Avec quelles voisines? Est-ce avec
Jeannette? avec Catherine?...

BERTHE.

Oui, grand'mère, avec Jeannette et
puis Catherine.

LA mère SUZANNE.

Quelle enfant détestable! Voyez,
voyez; profiter ainsi de l'absence de sa
mère pour se sauver aussitôt avec ces
méchantes filles! On a beau lui défendre
d'aller avec elles, on a beau lui dire que

leur société est dangereuse, c'est égal; elle ne veut écouter personne. Malheureuse enfant, va, que tu nous causes de peines ! Ne vaudrait-il pas mieux être sage, obéissante; mais non, elle ne trouve de plaisir qu'à faire tout le contraire de ce qu'on lui dit. Elle verra; elle verra, quand sa pauvre mère sera arrivée !...

LUCILE.

Calmez-vous, grand'mère, je vous en prie, elle n'est peut-être pas allée jusqu'à Bréteuil, je ne le crois pas, moi; elle aura seulement accompagné un peu ces demoiselles sur la route.

LA mère SUZANNE.

Je te reconnais bien là, toi, ma bonne Lucile, toujours prête à excuser ta sœur. Mais ne crois pas qu'elle soit restée en si beau chemin; d'ailleurs, ses méchantes amies ne l'auraient pas souffert. Que de peines pour une mère qui a tant à cœur que ses enfans soient sages! Que va-t-elle dire en arrivant ? Ah! je vous en prie, ne lui en parlez-pas; elle pourrait se fâcher, et vous savez que les contrariétés la rendent toujours malade.

TOUTES.

Ah! soyez tranquille, bonne grand' mère, nous ne lui en parlerons pas.

LUCILE.

D'ailleurs, j'espère que Marthe sera arrivée avant que maman ne soit de retour.

LA mère SUZANNE.

Je le souhaite, mon enfant, je le souhaite de tout mon cœur, et ça vaudrait bien mieux; car ta mère ne saurait rien de son absence.

ACTE TROISIEME.

(*Le théâtre représente un champ de foire. Une troupe de baladins montés sur des planches, s'accompagnent avec des instrumens bruyans. Un d'eux chante le Casino de l'île de la Folie.*)

SCÈNE PREMIÈRE.

CASINO, TAMBOURS, CLAIRONS, etc., nombreux spectateurs.

AIR : *J'aime le son du tambour, du clairon.*

» Il Casino.
» Eccolo, eccolo !
» A l'harmonie
» Zé consacre mon zénle,
» Eccolo, eccolo, casino !
» Eccolo maestro !
» Eccolo, Casino !
» Eccolo, maestro Casino !
» Ma mousique est vraiment sans pareille;
» Pour venir l'admirer, l'éprouver,
» Ça ne cout'que dix francs par oreille;
» Ce n'est pas la pein' de s'en priver.
» Il Casino
» Eccolo, eccolo ! etc.

(*Il salue à plusieurs reprises, et dit :*)

« Messou zé médamé, zé souis lé » piou illoustre mousicien de la bella » Italia. Zé n'ai rien de commun avec » tous les chiarlatans qui sé vantent de » savoir la mousique. Messou zé médamé, c'est moi qui dirize, per ques- » to moment, tutti gli orchestre de » vostre France. Avant peu, vi verrez » le nom illoustre de Casino en tête de » toutes les boutiques où l'on exécoute » de la mousique quelconque. Zé souis » modestissimo, zé né dis pas dé moi la » moitié du bien que z'en pense, voyez- » vous, messou zé médamé; zé souis » modestissimo. Zé viens donc vous

» prier d'entrer dans mon Casino ; il est
» oun Eldorado, oun Paradis, oun sé-
» zour où les plaisirs ils se rencontrent,
» ils se heurtent à saque pas. Dans mon
» grand salon, vi entendez della mousi-
» que italienne, et dans les entr'actes,
» vi mangez dou macaroni à discré-
» tion. »

SCÈNE DEUXIÈME.

MARTHE, JEANNETTE, FRANÇOISE,
CATHERINE, etc.

JEANNETTE.

Eh bien! mesdemoiselles, y com-
prenez-vous quelque chose, à tout ce
jargon-là? Pour moi, je ne sais pas ce
que tout cela signifie.

MARTHE.

Ne vois-tu pas que c'est un italien ;
moi, je comprends bien son langage.
Mon père, qui avait fait la campagne
d'Italie sous l'empereur, avait appris la
langue italienne; et, tous les soirs, il
nous en donnait une leçon à moi et à
mes sœurs.

JEANNETTE.

Puisque tu le comprends, si tu veux,
nous allons entrer dans son grand salon. Il paraît qu'il va nous régaler d'une
belle musique et d'excellens macaronis.
Ça ne m'ira pas mal; car je commence à
me sentir tourmentée d'un violent ap-
pétit. Entrons, entrons; qu'en dites-
vous, mesdemoiselles?

FRANÇOISE.

Je dis que pour entendre de la musique et manger des macaronis, dix francs
par oreille, c'est un peu trop cher. Allons-donc à cette autre barraque; nous
allons voir ce que c'est, et si ça nous
convient, nous y entrerons : ça sera
peut-être à meilleur marché.

CATHERINE.

Oui, oui, allons, allons. (*Elles cou-*
rent vers la barraque, en se tenant toutes
par le bras.)

SCÈNE TROISIÈME.

LES PRÉCÉDENTES, UNE ÉCUYÈRE,
nombreux spectateurs.

AIR du Postillon de Mame Ablou.

L'ÉCUYÈRE DE L'ILE DE LA FOLIE.

« Hop! hop! hop! hop!   *bis.*
» Voltiger, courir, sauter, voilà l'écuyère!
     » Au petit trot,
     » Au grand galop,
   » Je m'élance dans la carrière.
 ⬧ Sur mon coursier, soir et matin,
   » Galoper, voilà mon destin.
   » Lorsque j'ai ma cravache en main,
   » Il faut voir comm' je vais bon train !
   » Pour la grâce et pour le fini,
     » Viv' monsieur Franconi.

» Souvent on fait des chutes qui ne
» sont pas sur le programme; le public
» est effrayé; mais on se relève, quoi-
» qu'on ait les reins abîmés. Une selle
» de dix-huit pouces, voilà notre théâ-
» tre. Nous galopons de succès en suc-
» cès, nous jetons de la poussière aux
» yeux, le public est ravi, transporté.
» Et que demandons-nous pour récom-
» pense? Des bravos et de l'avoine!
» (Pour nos chevaux s'entend.) Notre
» vie est une grande voltige, et nous
» arrivons bride abattue au bout d'une
» carrière toujours semée de fleurs,
» d'applaudissemens et d'entorses. En-
» trrrrrrrez, et je vais vous donner un
» échantillon de mon savoir faire. »
(*L'écuyère rentre dans sa barraque; la*
foule s'empresse de la suivre.)

SCÈNE QUATRIÈME.

MARTHE, JEANNETTE, FRANÇOISE,
CATHERINE, etc.

JEANNETTE.

Entrons, entrons, nous allons voir
l'écuyère; ça doit être drôle, de voir
une femme galoper sur un cheval, faire
de grands sauts et voltiger.

FRANÇOISE.

Entrons : cette comédie-là me plaira mieux que toutes les autres.

CATHERINE.

Non, non; n'entendez-vous pas le violon là-bas, qui avertit de se mettre en danse. Entendez-vous le ménestrel qui crie : Prenez vos places! prenez vos places! (*On entend le violon dans le lointain, et le ménestrel qui crie : Prenez vos places! prenez vos places!*)

Elles fredonnent toutes l'air :

Entendez-vous
Le tambourin ?
Vite à la danse,
Vite à la danse.
Entendez-vous
Le tambourin? etc.

JEANNETTE.

Oui, oui, allons danser; ça vaudra mieux que de dépenser notre argent à voir faire des tours de force.

MARTHE.

Oh! pour moi, je n'y vais pas. Si ma mère savait que j'ai dansé, elle me punirait sévèrement.

FRANÇOISE.

Que tu es bonne ! Est-ce qu'elle est là, ta mère, pour voir si tu danses ?

MARTHE.

Il ne manque pas ici de personnes qui me connaissent et qui s'empresseraient de le lui aller rapporter, si je m'oubliais au point de lui désobéir d'une manière aussi grave.

CATHERINE.

Tu seras donc toujours assez simple pour ne pas oser t'émanciper un peu, surtout lorsque personne n'est là pour t'empêcher de t'amuser? Laisse faire, si nos mères nous défendent de danser, c'est par jalousie, parce qu'elles ne le peuvent plus. Ah! quand elles étaient jeunes, il fallait voir comme elles s'en donnaient! Si tu les entendais parler de leur jeune temps! Faisons donc comme

elles, profitons de leur absence pour bien nous divertir.

JEANNETTE.

Partons, partons ! (*Elle répète l'air :*)

Entendez-vous
Le tambourin?
Vite à la danse, etc.

(*Elles entraînent Marthe.*)

SCÈNE CINQUIÈME.

Une foule de femmes et de jeunes personnes assemblées s'entretiennent vivement ensemble et s'écrient :

UNE FEMME.

C'est affreux, c'est épouvantable ! Là, là, au milieu d'une foire, avoir tant de hardiesse !....

UNE AUTRE FEMME.

Quelle coquinerie ! On m'a volé ma croix d'or !

UNE JEUNE FILLE *en pleurs.*

Et à moi donc ! ma chaîne !!!... Que vais-je devenir ? Comment rentrer à la maison ?.... Que vais-je dire à ma mère ?. Encore, elle ne sait pas que je suis venue à la foire ! Mon Dieu, mon Dieu ! ayez pitié de moi ! (*Elle pleure.*)

PREMIÈRE FEMME.

Voilà, voilà ce que c'est, ma jeune fille, de sortir ainsi seule et sans la permission de ses parens ; c'est bien fait! Je voudrais qu'on vous eût pris toute votre toilette !

SCÈNE SIXIÈME.

LES PRÉCÉDENTES, JEANNETTE, CATHERINE, FRANÇOISE.

Ah ! bien, en voilà d'une autre, par exemple. Cette vieille bohémienne ! Marthe lui casse son vase, et elle veut que nous en soyons toutes responsables! Cela n'est pas notre affaire ; qu'elles s'arrangent toutes deux : pour nous, peu nous importe.

FRANÇOISE.

Cependant, comme elle est de notre société, nous devrions prendre son parti et la défendre.

CATHERINE.

Oui, Oui ; et puis la police qui est sur le *qui vive*, nous voyant disputer, pourrait se mêler de cela. La foule se serait amassée autour de nous ; on nous aurait peut-être aussi volé nos bijoux ; car savez-vous bien qu'aujourd'hui il s'est commis bien des vols sur le champ de foire !

JEANNETTE.

Mais oui, cette pauvre Marthe, tout de même, je la plains bien; on lui a pris sa montre.

FRANÇOISE.

Oui, cette jolie petite montre d'or qui la parait si bien ; et encore, le pire, c'est qu'elle ne lui appartient pas.

JEANNETTE.

Comment ! Que dis-tu ? Cette montre dont elle tirait tant de vanité, n'est pas à elle ?

FRANÇOISE.

Non, j'en suis bien sûre ; elle m'a dit elle-même que c'est sa sœur Lucile qui la lui a prêtée aujourd'hui, parce qu'elle a cassé la sienne. Ainsi, voyez combien c'est malheureux pour elle !

CATHERINE.

Oh ! s'il n'y avait que cela, passe ; mais je crains bien autre chose de plus fâcheux encore.

FRANÇOISE.

Quoi donc ? Dis-moi donc vite ; tu me fais trembler.

CATHERINE.

C'est que comme elle a dépensé tout son argent, et qu'il ne lui reste plus rien

pour payer le vase qu'elle vient de rompre en tirant sa bonne aventure, la bohémienne la fera sans doute arrêter.

FRANÇOISE.

Quoi ! serait-il possible ! Oh ! que je me repens maintenant de l'avoir tant engagée à venir avec nous ! Je vais courir voir si elle est là encore, et je vais tâcher d'arranger son affaire. J'ai encore de l'argent, je paierai ce qu'il faudra. C'est une justice, puisque nous en sommes cause.

JEANNETTE.

Vas-y si tu veux, pour nous nous ne nous mêlons pas de ce qui ne nous regarde pas. Mais puisque ça te fait plaisir de l'obliger, et que tu crois pouvoir la tirer d'embarras, vas-y, tu es libre ; nous t'attendons ici.

FRANÇOISE.

Oui, attendez-moi, je vais tâcher de vous la ramener à l'instant, et nous partirons toutes de compagnie ; car il commence à se faire tard. (*Elle s'éloigne.*)

SCÈNE SEPTIÈME.

JEANNETTE, CATHERINE, groupes.

JEANNETTE.

Cette pauvre Françoise, elle a bon cœur, tout de même ; elle va se sacrifier pour cette petite sotte de Marthe !

CATHERINE.

C'est qu'elle a du temps et de l'argent de trop. Ah ! je suis persuadée qu'elle n'en aurait pas fait autant pour nous.

JEANNETTE.

Ah ! ne crois pas cela ; je t'assure qu'elle est très-complaisante. Elle est bien un peu folâtre ; mais dans le fond, c'est une bonne pâte de fille.

CATHERINE.

Et depuis quand est-elle si bien dans tes bonnes grâces ?

JEANNETTE.

Elle y a toujours été, et maintenant encore plus que jamais; parce que j'aime les personnes qui ont le cœur bon et généreux, quoique moi-même je ne me sente pas la force de suivre leur exemple.

CATHERINE.

Et moi, je n'aime pas les hypocrites. Crois-tu que si elle fait cela, ce n'est pas pour gagner la confiance de Marthe, parce qu'elle sait qu'elle en sera bien payée; car elle a toujours de l'argent, cette Marthe. Je ne sais vraiment pas comment elle fait son compte : elle le prend sans doute à sa mère.

JEANNETTE.

Ecoute, Catherine, ce que tu dis-là n'est pas bien; je ne sais pas pourquoi tu parais tant lui en vouloir. Pour moi, je la plains vraiment en ce moment; car je crains bien que son affaire avec cette bohémienne ne se passe pas aussi bien que nous l'avions cru d'abord. Mais voilà Françoise qui revient; elle va nous en donner des nouvelles.

SCÈNE NEUVIÈME.

LES PRÉCÉDENTES, FRANÇOISE.

JEANNETTE, criant de loin :

Eh bien! Françoise! Quoi, tu reviens seule? Et Marthe, qu'est-elle donc devenue?

FRANÇOISE, soupirant.

La pauvre Marthe, que je la plains! Si vous saviez quel grand malheur lui est arrivé!

JEANNETTE.

Comment! Quel malheur? Dis-nous donc vite?

FRANÇOISE.

Vous savez que, pendant qu'elle tirait sa bonne aventure du vase mystérieux,

elle fut heurtée par la foule. Elle ne put retirer à temps sa main du vase, et le vase se brisa. La bohémienne se mit tout de bon en colère, et lui cria qu'il fallait qu'elle lui donnât vingt francs pour payer ce vase. La pauvre Marthe eut beau se défendre et dire que ce n'était pas sa faute, la bohémienne n'en persista pas moins à lui réclamer cette somme, Alors Marthe fut forcée de lui avouer qu'elle n'avait plus rien, que même on lui avait pris sa montre d'or, seul gage qu'elle aurait pu lui donner pour la garantir du paiement de son vase. En entendant cela, la bohémienne qui vit qu'elle n'avait plus de ressources, qu'elle allait en être pour la perte de son vase, entra en fureur, accabla d'injures et de menaces la pauvre Marthe, qui était demi-morte de frayeur. La foule, attirée par les cris injurieux de cette méchante femme, se pressa autour de Marthe; la police survint et emmena cette pauvre petite, que tout le monde accusait sans savoir même quel était le sujet des plaintes de la vieille bohémienne.

JEANNETTE.

Combien je me repens de l'avoir engagée à venir avec nous; ce malheur ne lui serait pas arrivé!

CATHERINE.

Que pouvons-nous y faire? C'est fâcheux; mais pour cela, quand nous resterions ici plus long-temps, ça ne l'avancerait pas. Partons, il est temps de nous rendre chez nous.

FRANÇOISE.

Oui, partons, et nous irons avertir sa mère du malheur qui vient de lui arriver; car toute sa famille serait trop inquiète en ne la voyant pas revenir ce soir; et puis madame Guichard avisera sans doute aux moyens de la tirer promptement de ce mauvais pas.

(Elles partent.)

ACTE QUATRIÈME.

(Le théâtre représente la même chaumière du premier acte. La mère Suzanne est assise au coin du feu ; les jeunes filles sont autour d'elle.)

SCÈNE PREMIÈRE.

LA mère SUZANNE , LUCILE , MARIE ,
GEORGETTE , BERTHE.

LA mère SUZANNE, *entendant sonner
cinq heures, les compte :*

Une... deux... trois... quatre... cinq.
O mon Dieu ! que je suis inquiète !
Déjà cinq heures , et votre mère n'est
pas encore de retour !

LUCILE.

Et Marthe qui ne revient pas... O
mon Dieu ! que je crains que maman
n'arrive encore avant elle !

LA mère SUZANNE.

Marie , va donc voir si elles viennent
toutes les deux.

MARIE.

Oui , grand'mère , j'y cours. (*Elle
court à la porte du fond.*)

GEORGETTE , *étendant les bras.*

Que je m'ennuie aujourd'hui... Oh !
combien la journée m'a paru longue à
passer !

BERTHE , *de même.*

Et à moi donc ! Je puis dire que je
me souviendrai du jour de la foire de
Bréteuil.

MARIE , *accourant.*

Grand'mère ! grand'mère ! Maman
vient; je l'ai aperçue là-bas sur la route.

LA mère SUZANNE.

Ah ! tant mieux. Voyons quelle bonne
nouvelle elle va nous apprendre !

LUCILE.

Et Marthe , as-tu vu si elle vient ?

MARIE.

Non ; j'ai regardé sur la route de Bréteuil , et je n'ai encore vu revenir personne.

LUCILE.

L'imprudente ! Elle sera restée avec
ses compagnes jusqu'à la fin de l'assemblée.

SCÈNE DEUXIÈME.

LES PRÉCÉDENTES , Mme GUICHARD.

Mme GUICHARD , *d'un air joyeux.*

Bonjour, ma mère, bonjour, mes enfans. Réjouissez-vous , je vous apporte
une bonne nouvelle !

TOUTES ENSEMBLE.

Qu'est-ce que c'est ? qu'est-ce que
c'est ?

Mme GUICHARD.

Décidément, nous quittons la ferme.

TOUTES ENSEMBLE.

Quitter la ferme !...

Mme GUICHARD.

Attendez-donc , attendez-donc : Nous
quittons la ferme et nous allons demeurer au château de madame la marquise.
Moi , je serai sa femme de charge ; Lucile sera la demoiselle de compagnie
de mademoiselle ; Marthe sera...........
Mais , à propos , où est-elle donc , Marthe ?... (*La mère Suzanne et les demoiselles gardent le silence.*)

Mme GUICHARD.

Mais, Lucile, je veux le savoir ; dis-le
moi, où est-elle allée ?

LUCILE, *d'un ton suppliant.*

Maman, il faut lui pardonner. C'était si grande fête, aujourd'hui ; elle a voulu sans doute aller faire une petite prome̶nade sur la route : elle ne peut tarder à revenir.

Mme GUICHARD.

Ah ! c'est cela. Mademoiselle Marthe n'a pu sans doute résister au plaisir d'aller à Bréteuil ; et malgré ma défense.... Oh ! pour le coup, elle le paiera cher ; je lui montrerai à mépriser ainsi mes ordres.... L'imprudente ! pour qui va-t-elle se faire passer, aujourd'hui surtout que madame la marquise doit nous faire l'honneur de venir ici.

TOUTES LES DEMOISELLES.

Quoi ! madame la marquise elle-même ?

Mme GUICHARD.

Oui, mes enfans, elle ne tarde que le moment d'arriver ; ainsi , tenez-vous prêtes à la bien recevoir.

LUCILE.

Soyez tranquille , maman ; dans un instant, tout sera en ordre. (*A ses sœurs.*) Allons, mesdemoiselles, aidez-moi à ranger ces chaises ; je vais apporter le grand fauteuil pour madame la marquise. (*A sa mère.*) Maman, et mademoiselle Aglaé, vient-elle aussi avec sa mère ?

Mme GUICHARD.

Non, mademoiselle est allée à la foire de Bréteuil avec sa bonne tante ; mais je crois qu'à leur retour , elles doivent passer par ici pour y prendre madame la marquise.

LUCILE.

Ah ! tant mieux. J'aurai bien du plaisir à la voir ; elle nous témoigne tant d'amitié ! elle a pour nous tant de bontés !

SCÈNE TROISIÈME.

LES PRÉCÉDENTES , LA MARQUISE D'ARGENTIÈRES.

LA MARQUISE, *avec un air de bonté.*

Bonjour, mes bonnes amies. (*A la mère Suzanne.*) Bonjour, bonne mère , comment va la santé ?

LA mère SUZANNE , *se levant et s'appuyant sur son bâton.*

Bonjour, madame la marquise ; bien obligée , je suis assez bien.

LA MARQUISE.

Madame Guichard vous a sans doute annoncé mes dernières dispositions à votre égard ?...

LUCILE.

Oui, madame ; combien nous sommes reconnaissantes d'une si grande faveur !

LA MARQUISE.

Mes enfans, vous méritez bien ce que je fais aujourd'hui pour vous : et vous, Lucile, c'est votre sagesse et votre modestie qui vous ont mérité l'estime et l'affection de ma fille... (*La marquise est interrompue par le bruit que font, en entrant, trois jeunes personnes qui demandent à parler à madame Guichard.*)

SCÈNE QUATRIÈME.

LES PRÉCÉDENTES , FRANÇOISE , JEAN̶NETTE, CATHÉRINE.

Mme GUICHARD.

Qu'y a-t-il ? Que me voulez-vous ?

FRANÇOISE.

Madame, nous venons vous apprendre le malheur qui vient d'arriver à Marthe, à la foire de Bréteuil.

Mme GUICHARD.

O mon Dieu ! un malheur ! De grâce , expliquez-moi !....

FRANÇOISE.

Nous l'avions entraînée presque malgré elle. Enfin, à force d'instances, elle nous a suivies, et là, on lui a volé sa montre. Ensuite, en tirant sa bonne aventure, elle a brisé un vase fort cher qu'elle n'a pu payer, et la police l'a conduite en prison.

Mme GUICHARD.

Ciel! ma fille en prison! Vite, vite, qu'on prépare une voiture, que j'aille la chercher!

LA MARQUISE.

Croyez-moi, pauvre mère, il est trop tard; qu'iriez-vous faire à Bréteuil? On ne vous rendrait pas votre fille. Attendez à demain, et nous irons la chercher ensemble, (*S'adressant aux trois jeunes filles.*) Et vous, mesdemoiselles, voyez combien vous vous êtes rendues coupables, en entraînant cette jeune personne! N'était-ce pas assez d'aller vous perdre vous-mêmes à cette assemblée, sans vouloir pervertir encore une fille innocente? Quoi! vous avez brisé le cœur d'une mère, vous avez jeté la désolation dans le sein de toute une famille vertueuse, et vous osez encore venir annoncer vous-mêmes cette terrible nouvelle!

JEANNETTE, *à Françoise et à part.*

Tu n'as pas voulu m'écouter: je te le disais bien, que ça se tournerait de cette manière, et que pour avoir voulu rendre un service, on nous donnerait encore le blâme.

FRANÇOISE.

Qu'importe! j'ai fait mon devoir; je crois avoir réparé une partie de ma faute. (*On entend le bruit d'une voiture qui roule avec rapidité.*)

~~~~~~~~~~~~~~~~~~~~~~~~~~~~~~

SCÈNE CINQUIÈME.

LES PRÉCÉDENTES, AGLAÉ, sa tante, MARTHE, domestiques.

MARTHE, *courant se jeter aux pieds de sa mère.*

Ah! ma mère, je vous en conjure, pardonnez-moi! J'ai commis une grande faute, il est vrai; mais le ciel m'en a bien punie. (*Elle pleure.*)

Mme GUICHARD.

Retirez-vous, fille indigne! Quoi n'avez-vous pas honte!

AGLAÉ.

Ah! Madame, de grâce, ne l'accablez pas de reproches, elle a trop souffert! Elle est repentante, accordez-lui votre pardon; c'est moi qui vous en supplie!

LA MÈRE.

Je ne puis refuser à vos prières, mademoiselle, cette grâce qu'elle n'eut jamais obtenue sans vous; car quel exemple pour ses sœurs!.....

LA MARQUISE.

Allons, allons, madame Guichard, vous lui pardonnez; et vous, petite inconséquente, apprenez, par là, à ne plus vous laisser entraîner par les mauvaises compagnies. Mais à propos, ma fille, raconte-nous donc comment tu as fait pour la ramener?

AGLAÉ.

Je traversais le bourg de Bréteuil, lorsque ma voiture se trouva arrêtée par la foule qui suivait quelques hommes d'armes et cette jeune fille qu'ils emmenaient avec eux. A la vue d'une jeune personne éplorée qui poussait des cris lamentables, je demandai quelle était la cause de son arrestation. On me dit qu'elle devait vingt francs qu'elle ne pouvait payer. Aussitôt je donnai cette somme, et elle fut délivrée. Alors cette pauvre fille, dans l'excès de sa reconnaissance, vint se jeter à genoux au bas de ma voiture, et me remercia en prononçant mon nom. Je la reconnus, et je l'invitai à venir avec moi.

LA MARQUISE.

Et moi, je suis bien sûre qu'il ne lui prendra plus fantaisie d'aller à la foire seule, et surtout en si mauvaise compagnie ; car je les connais, ces petites dèmoiselles, et je les engage bien fortement à profiter de la leçon. Allons, madame Guichard, et vous, mes enfans, oublions cet accident pour ne penser qu'au plaisir que doit causer votre changement de condition, et partons toutes pour aller au château célébrer votre installation, car tout est prêt pour vous recevoir.

PREMIER CHOEUR.

AIR :

Votre âme bienfaisante et pure
A prévenu tous nos besoins,

Et la plus faible créature
Est l'objet de vos tendres soins.
Vous nous remplissez d'espérance,
Nous vous bénirons dans nos chants ;
De la tendre reconnaissance,
Nos cœurs rediront les accents.

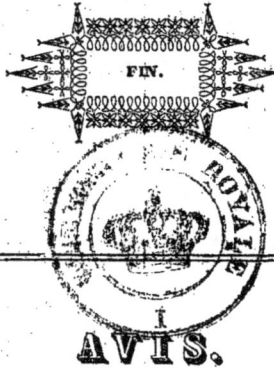

DEUXIÈME CHOEUR.

Que le ciel rende avec usure
A celle qui prend soin de nous,
Le prix de sa charité pure,
Et lui paie des soins si doux.
Qu'il lui donne aussi l'espérance,
Nous le bénirons dans nos chants;
De la tendre reconnaissance,
Nos cœurs rediront les accents.

FIN.

AVIS.

Nous prévenons nos souscripteurs que le nombre de trois cents abonnés, devant former les trois séries, n'ayant pas encore été atteint, nous remettons la loterie aux vacances prochaines, ainsi qu'ont paru le désirer la plupart des souscripteurs éloignés de Bourges. Un avis exprès envoyé à temps, annoncera le jour indéfiniment fixé pour le tirage.

Bourges, Imprim. de Veuve MÉNAGE.

RECUEIL

DE PIÈCES MORALES ET INSTRUCTIVES,

A L'USAGE

DES COMMUNAUTÉS RELIGIEUSES, DES INSTITUTIONS, DES PENSIONNATS, ETC.

10

A Monseigneur

Jacques - Marie - Antoine - Célestin Du Pont,

Archevêque de Bourges, Primat des Aquitaines, etc., etc.

MONSEIGNEUR,

La morale, sous quelque forme qu'elle se présente, doit toujours s'attendre à recevoir un accueil favorable de la part des hommes puissans qui sont chargés d'en faire connaître aux peuples les précieux avantages.

1842

Pénétré de cette pensée, je n'ai pas hésité à placer sous les auspices de Votre Grandeur, ces petites pièces morales et instructives, qui, malgré leur simplicité, ont déjà obtenu les suffrages d'un grand nombre de personnes.

En effet, à qui pourrais-je mieux m'adresser pour obtenir une protection à mes travaux, qu'au vénérable Pasteur qui déjà s'est annoncé par ses bienfaits, qui a rempli de joie et d'espérance le cœur du pauvre, qui a promis de lui apporter des paroles de consolation et de salut et qui semble déjà nous dire par son exemple :

> Si tu veux être heureux, connais la bienfaisance,
> Sois pour les malheureux une autre providence.

Mais, Monseigneur, ne nous enseignez-vous pas aussi qu'il est encore un moyen de faire du bien aux hommes : celui d'éclairer l'esprit de ces enfans, espoir d'une génération prochaine, de former leurs cœurs à la vertu, et de les rendre meilleurs en leur faisant connaître le bien sous un aspect riant et aimable?

Or ce Pasteur vénérable, qui a promis de se faire *tout à tous*, pourrait-il ne pas approuver les efforts d'un écrivain, jeune encore, qui, depuis plusieurs années déjà, a consacré sa plume à la religion, à la morale et à l'instruction ?

J'ai trop de confiance dans le zèle éclairé de Votre Grandeur, pour croire qu'elle refusera d'encourager d'un regard d'approbation les principes de morale que j'ai mis en scène pour les mieux faire goûter à mes jeunes lecteurs.

Plein de cet espoir, j'ai l'honneur d'être avec un profond respect,

Monseigneur,

De Votre Grandeur illustrissime et révérendissime,

Le très-humble et très-obéissant serviteur,

Victor Doublet.

MARIE,

COMÉDIE EN QUATRE ACTES, MÊLÉE DE CHANTS,

Par Victor Doublet,

PROFESSEUR DE BELLES-LETTRES,

AUTEUR DE PLUSIEURS OUVRAGES DE MORALE, DE LITTÉRATURE ET D'ÉDUCATION, ET DE
LA VIE DE S. M. DON CARLOS V DE BOURBON, ROI D'ESPAGNE.

PERSONNAGES.	PERSONNAGES.
MARIE, jeune montagnarde.	Mme BRUGOUSSE, maîtresse d'hôtel.
La mère BRIGITTE, mère de Marie.	La mère SOLANGE, mère de Suzette.
MARGUERITE,	La mère BATHILDE, mère de Lisette,
SUZETTE, } camarades de Marie.	Le père JEROME, père de Marguerite.
LISETTE,	Une servante, petites filles, etc.
Mme d'AUTEUIL, protectrice de Marie.	

ACTE PREMIER.

(Le théâtre représente une habitation rustique, au milieu de laquelle sont plusieurs paquets : une bonne vieille est occupée à en terminer un, et, de temps en temps, elle interrompt son travail pour essuyer une larme qui s'échappe de ses yeux.)

SCÈNE PREMIÈRE.

LA MÈRE BRIGITTE, *seule.*

C'est donc bien vrai, qu'elle va partir aussi, elle ! Je ne puis me faire à cette idée ! Elle, sur qui je comptais pour adoucir mes peines, pour calmer mes souffrances, pour essuyer mes larmes ! Elle, si douce, si bonne, elle va me quitter aussi, me laisser seule pour aller à Paris ! Hélas ! que Dieu veille sur elle ! Si elle allait se perdre comme tant d'autres qui rapportent dans nos montagnes de l'or, pour prix de leur vertu qu'elles ont sacrifiée ! Oh ! non, cette seule pensée me fait frémir ; non, Marie est trop sage pour jamais oublier l'honneur et son devoir.

SCÈNE DEUXIÈME.

La mère BRIGITTE, la mère SOLANGE, *apportant un paquet.*

Eh bien, ma commère, c'est donc pour aujourd'hui, ce départ !..... Mais, quoi ! vous pleurez ?.... Ah ! vous êtes bien bonne, par exemple ! Moi, je ne m'afflige pas si facilement. Ah ! les petites gaillardes vont bien s'en donner dans la grand' ville. Comme ça fait plaisir de penser à ça ! Mère Brigitte, ça me rappelle mon jeune temps, lorsque nous étions ensemble à Paris ; vous en souvenez-vous bien ?

La mère BRIGITTE.

Si je m'en souviens ! Peut-on oublier des circonstances comme celles-là ? Po-

larmes, pour que je n'en perde jamais le souvenir, et que je redoute à mon tour qu'il n'en fasse verser aussi à ma pauvre Marie?...

La mère SOLANGE.

Là, là; toujours la même, cette mère Brigitte. Mais, entre nous, c'est bien votre faute si vous n'avez pas eu plus d'agrément à Paris; si vous aviez suivi mes conseils et mon exemple, vous n'en seriez pas plus mal aujourd'hui, et vous vous seriez épargné bien des larmes.

La mère BRIGITTE,

Mère Solange, je ne me repens pas de ce que j'ai fait; et si j'étais à recommencer, j'agirais encore de même; libre à vous d'en penser ce qu'il vous plaira. Mais je serais bien fâchée, si ma fille ne se conduisait pas d'après mes principes; car, à son retour, je la repousserais loin de moi, je la renoncerais, je la maudirais, si elle m'apportait un argent gagné autrement que par un travail honorable. Tels sont mes principes, et rien ne m'en fera départir.

La mère SOLANGE.

Avec de tels principes, on va mourir à l'hôpital.

La mère BRIGITTE, d'un ton solennel.

Vous vous trompez; car on sait borner ses besoins à ses moyens, et on est toujours riche, puisqu'on n'a pas de grands besoins à satisfaire; et de plus, on s'attire le respect et l'estime des honnêtes gens, l'amour et la protection du ciel!

SCÈNE TROISIÈME.

LES PRÉCÉDENTES, une foule de jeunes filles entrent dans la chambre en chantant:

AIR:
Ensemble, mes chères amies,
Hâtons-nous de quitter ces lieux;
Puisque nous sommes réunies,
Mère, recevez mes adieux!
Bientôt un destin plus prospère
Me ramènera près de vous.

Combien il sera doux, ma mère,
Ce jour, combien il sera doux!

LES MÈRES.

Partez donc, mes chères amies,
Puisqu'il vous faut quitter ces lieux;
Ensemble soyez bien unies,
Recevez nos tendres adieux!
Bientôt un destin plus prospère
Vous ramènera parmi nous.
Qu'il sera doux pour une mère,
Ce jour, combien il sera doux!

(*Les jeunes filles se précipitent dans les bras de leurs mères, et elles confondent ensemble leurs baisers et leurs larmes.*)

La mère BRIGITTE, *avec effusion, à sa fille.*

Adieu, Marie, adieu, ma fille; n'oublie pas de repasser souvent dans ton cœur les instructions que je t'ai données; elles te seront utiles dans toutes les circonstances où tu te trouveras. Mais, surtout, souviens-toi de prier le bon Dieu, soir et matin: prie-le bien de te tenir lieu de mère; écoute bien ce qu'il te dira au fond de ton cœur, et sois toujours fidèle à ses saintes inspirations.

MARIE.

Loin de vous, ô ma mère, quelle autre consolation me restera-t-il, que celle de me rappeler vos touchantes exhortations et de prier le ciel de nous être propice, afin que bientôt nous soyons réunies! (*La mère Brigitte tire Marie à l'écart et s'entretient avec elle.*)

La mère SOLANGE à sa fille, en l'embrassant:

Adieu, ma Suzette, sois bien raisonnable, et surtout ne manque pas de profiter des bonnes occasions qui s'offriront à toi. Ne sois pas si scrupuleuse; car, quand on est trop difficile, on en a regret plus tard. Suis mon exemple: je te l'ai dit cent fois, que j'étais revenue de Paris avec de l'or et des bijoux; et si nous n'avions pas éprouvé tant de malheurs depuis, aujourd'hui tu pourrais te passer de travailler et d'aller chercher fortune à Paris.

SUZETTE.

Soyez tranquille, ma mère, je suivrai exactement la marche que vous m'avez tracée; et, avec un peu d'esprit et de persévérance, je saurai réparer l'injustice de la fortune à mon égard.

La mère SOLANGE.

C'est bien, ma fille; ne sois pas difficile sur le choix des places que l'on pourra t'offrir, sur le genre d'occupation que l'on voudra te donner; l'argent est toujours bon, de quelque part qu'il vienne; et si je te laisse partir, ce n'est que dans l'espoir que tu reviendras avec une bonne bourse.

SUZETTE.

Comptez-y bien, ma mère; c'est bien aussi là mon intention. Oh! je ne veux pas faire la sotte, moi; car quand on vient me dire qu'une jeune fille s'expose à se perdre dans la capitale, en se mettant au service de certaines gens, je n'en crois rien. On est toujours maîtresse de ses volontés comme de ses actions; et souvent celles qui font les scrupuleuses, ne sont pas si sages que les autres.

La mère SOLANGE.

Tu as bien raison, ma fille.

SCÈNE QUATRIÈME.

LES PRÉCÉDENTES, UNE SERVANTE apportant une lettre.

La SERVANTE, à la mère Brigitte.

Tenez, mère Brigitte, voici une lettre que monsieur le curé envoie à mamselle Marie; il lui recommande bien de la porter elle-même à son adresse, aussitôt qu'elle sera arrivée à Paris; il a même ajouté que cette petite commission pourrait bien n'être pas désavantageuse à votre fille.

La mère BRIGITTE.

Merci, ma bonne; remerciez bien monsieur le curé de notre part.

La SERVANTE, s'en allant.

Je n'y manquerai pas.

SCÈNE CINQUIÈME.

La mère BRIGITTE, MARIE. *Toutes les autres mères s'entretiennent à part avec leurs filles.*

La mère BRIGITTE.

Ainsi, ma fille, tu ne manqueras pas, tout de suite que tu seras arrivée, d'aller chez madame la marquise de Saint-Mesmin, et de lui remettre la lettre de notre bon pasteur. Cette dame est extrêmement bienfaisante, monsieur le curé m'en a parlé bien des fois; j'espère qu'elle te donnera de bons conseils, et qu'elle t'aidera peut-être même à trouver une place convenable. J'en serais d'autant plus flattée, qu'à Paris, il est très-difficile de bien rencontrer; et j'aimerais mieux apprendre que tu es malheureuse, que de te savoir dans une de ces maisons où la vertu et la religion sont comptées pour rien, et quelquefois même tournées en ridicule et méprisées.

MARIE.

Vous serez contente de moi, ma mère. Je ne m'écarterai jamais de la règle que vous m'avez tracée, et j'espère revenir digne de vous. (*La mère Brigitte embrasse sa fille de nouveau.*)

LES JEUNES FILLES *recommencent à chanter* :

> Partons donc, mes chères amies,
> Hâtons-nous de quitter ces lieux;
> Puisque nous sommes réunies, etc., etc.

LES MÈRES *reprennent* :

> Partez donc, mes chères amies,
> Puisqu'il vous faut quitter ces lieux;
> Ensemble soyez bien unies, etc., etc.

(*Les jeunes filles prennent leurs paquets; nouveaux embrassemens. La toile tombe.*)

ACTE DEUXIEME.

éâtre représente une petite mansarde à Paris. Une jeune fille, assise sur la seule chaise qui s'y trouve, parait en proie au chagrin le plus profond.)

SCÈNE PREMIÈRE.

MARIE, *seule et levant vers le ciel ses yeux mouillés de larmes.*

Mon Dieu, vous le savez, ce n'est pas un vain désir de voir le monde et d'amasser des richesses, qui m'a fait quitter la maison de ma mère. C'est pour elle, pour elle seule, que je suis venue ici, afin de gagner de quoi soulager sa misère! Le travail de mes mains suffisait à peine à notre nourriture. Elle m'a dit: « Va, quoi qu'il m'en coûte pour me » séparer de toi, ô ma fille, mon uni- » que soutien, ma seule consolation, » ma dernière espérance, va, pars » avec tes compagnes. Paris t'offrira » mille ressources que tu ne peux trou- » ver ici; Dieu t'aidera, si tu es sage : » tu pourras, en peu de temps, amasser » de quoi améliorer notre sort. Sois » toujours sage, et Dieu ne t'abandon- » nera pas. » Hélas! ô ma mère, que je regrette le séjour de nos montagnes! Il est bien triste, il est vrai; mais si je n'avais qu'un peu de pain grossier à partager avec toi, au moins je partageais aussi tes tendres caresses, je goûtais la paix et le bonheur; tandis qu'ici, je ne trouve que piéges, que séduction et malheur! (*La porte s'ouvre, et Marie est interrompue par l'arrivée de Suzette, qui entre précipitamment.*)

SCÈNE DEUXIÈME.

MARIE, SUZETTE.

SUZETTE, *vêtue à la mode, et portant un carton à chapeaux.*

Eh bien, Marie, es-tu définitivement placée?..... Mais quoi! tu as toujours l'air triste! Remue-toi donc un peu. Il faut-être gaie à Paris, vois-tu ; les airs de tristesse ne réussissent pas facilement. Eh bien, dis-moi, et ta vieille marquise, l'as-tu vue enfin?

MARIE.

J'ai appris ce matin qu'elle est morte depuis quelques mois, et que ses enfans sont partis pour aller aux eaux. Vois combien je suis malheureuse! (*Elle pleure.*)

SUZETTE.

Allons, allons, ne vas-tu pas faire l'enfant? Console-toi, va, je t'aurai bientôt trouvé une place; vois-tu, moi, je suis déjà lancée dans le grand monde. Je suis entrée chez une marchande de modes où je n'ai pas grand chose à faire, si ce n'est qu'il me faut courir depuis le matin jusqu'au soir pour porter des chapeaux; mais ça me va ça; tu sais, je n'aime pas à rester tranquille sur une chaise pendant toute une journée. Et puis je reçois, par-ci par-là, quelques petits profits qui me servent à acheter des friandises que je *croque* chemin faisant. Tiens, en veux-tu? j'en ai encore mes poches remplies. (*Elle tire de sa poche des pommes et des gâteaux qu'elle étale sur le lit.*) Mange donc, mange donc. (*Elle prend une pomme qu'elle mange.*) Qu'elles sont bonnes, ces pommes! Et ces gâteaux, donc! Mais tu ne manges pas; prends donc vite, ne te fais pas prier.

MARIE, *prenant un gâteau.*

Je te remercie; je ne puis rien t'offrir en retour; ma pauvre mansarde est bien mal pourvue !

SUZETTE, *riant.*

Tu n'as peut-être pas seulement de pain. (MARIE *baisse les yeux et rougit.*)

SUZETTE, *continuant à rire.*

Laisse faire, ça ne durera pas longtemps ; je vais bientôt t'avoir trouvé ce qui te convient. Il y a tant de places dans Paris, qu'on ne saurait être longtemps en peine. (*Elle chante :*)

AIR :

Chasse au loin la douleur ;
Que bientôt la tristesse
Fasse place au bonheur
Et cède à l'allégresse ;
Car la vie,
Mon amie,
Embellie
Par les ris et les jeux
Donne des jours heureux.

MARIE.

Je te devrai, ma chère,
La joie et le bonheur.
Suzette, en toi j'espère ;
Tu connais mon malheur !

SUZETTE.

Sois tranquille, une fille
Ne manque pas d'emploi,
Quand elle est si gentille
Et si douce que toi.

MARIE.

Parle de mon courage
Et non de mes attraits.
Tes paroles m'outragent.
Me causent des regrets.

SUZETTE.

Ah ! te voilà encore avec tes scrupules. Laisse-moi faire, ne sois pas si difficile, et je t'aurai bientôt trouvé une place convenable. Adieu, je suis pressée ; tiens, en attendant, divertis-toi. (*Elle vide ses poches sur le lit de Marie, et laisse une certaine quantité de friandises que Marie veut en vain refuser. Elle sort.*)
Adieu, au revoir !

SCÈNE TROISIÈME.

MARIE, *seule.*

Cette pauvre Suzette, elle a bon cœur ; c'est dommage qu'elle soit si folâtre et si dissipée ! (*Elle jette les yeux sur les petites provisions que Suzette lui a laissées.*) Aujourd'hui c'est pour moi une véritable providence ; car il ne me restait plus rien : c'est le ciel qui me l'a envoyée. Je vais donc manger encore aujourd'hui ! et demain ?... Oh ! combien cette pensée est affligeante ! Dieu du ciel, soutenez-moi !... Consolez-moi ! donnez-moi l'espérance, mettez enfin un terme à mon malheur ! (*La porte s'ouvre.*)

SCÈNE QUATRIÈME.

MARIE, madame D'AUTEUIL.
Mme D'AUTEUIL.

N'est-ce pas vous, mon enfant, qui êtes venue demander de l'ouvrage chez les dames de la charité maternelle ?

MARIE.

Oui, madame.

Mme D'AUTEUIL.

Tenez, je vous apporte de quoi vous occuper ; travaillez bien, et si vous êtes sage, on aura soin de vous.

MARIE, *essuyant une larme de joie.*

Merci, madame ; oh ! soyez bien sûre que vous n'aurez pas à vous plaindre. Je ferai mon possible pour que vous soyez contente.

Mme D'AUTEUIL, *lui remettant une pièce dans la main.*

Tenez, voilà cinq francs ; je vous les donne par avance, au cas que vous ayez besoin de quelque chose. Adieu, je reviendrai demain. (*Elle sort.*)

MARIE, *stupéfaite, ne peut trouver une seule parole pour la remercier.*

(*Après un moment de silence.*) O mon Dieu, vous m'avez exaucée ! je ne mourrai donc point de misère ! j'ai de l'ouvrage, de l'argent ! Oh ! soyez mille fois béni ! (*Elle se met à travailler en chantant :*)

Sois heureuse , ma mère,
Ta fille, je l'espère;
Pourra te secourir.
D'un heureux avenir
J'entrevois l'espérance
Qui calme la souffrance.

Calme aussi tes frayeurs,
Dors en paix , bonne mère ;
D'un destin plus prospère
Attendons les faveurs.....

. . . .

SCÈNE CINQUIÈME.

MARIE, SUZETTE, *entrant précipitamment.*

SUZETTE.

Réjouis-toi , Marie, une bonne nouvelle que je viens t'apprendre ! Vois-tu,
vois-tu, je te l'avais bien dit , que je ne
tarderais pas à te trouver un bon emploi. Mais que fais-tu là , dis-moi, à
quoi t'occupes-tu ?

MARIE, *continuant à travailler.*

C'est de l'ouvrage que l'on vient de
m'apporter.

SUZETTE.

Et combien gagnes-tu à faire cela ?

MARIE.

Je n'en sais rien.

SUZETTE.

Tu es bonne , par exemple! tu tra-
vailles comme ça sans savoir ce que tu
peux gagner? Crois-moi, les Parisiens
ne sont pas assez généreux pour te
payer ça bien cher. Renvoie-moi tout de
suite cette couture et viens avec moi ,
tu verras bien autre chose. Allons, partons!

MARIE.

Je suis bien reconnaissante, Suzette ,
de la peine que tu t'es donnée pour me
trouver une place ; mais je ne puis accepter tes soins généreux. Je suis assurée de ne pas manquer d'ouvrage, c'est
tout ce qu'il me faut; je ne désire pas
autre chose.

SUZETTE, *avec étonnement.*

Et tout de bon, tu refuses ?

MARIE.

Cela me contrarie par rapport à toi ;
mais que veux-tu ? Je ne puis faire autrement.

SUZETTE.

Que tu es donc sotte ! Quoi! tu voudrais rester ainsi à végéter dans une
mansarde , à t'épuiser de fatigues pour
gagner une dizaine de sous, peut-être,
au lieu d'accepter la proposition que je
te fais! mais songe donc combien tu serais heureuse dans la place que je t'ai
trouvée ! Presque rien à faire ; en promenade une bonne partie de la journée ; c'est là qu'on fait des rencontres,
des connaissances ! Tiens, moi j'en ai
déjà fait une. C'est une fille de notre
pays ; tu la connais sans doute , la
grande Marguerite , la fille du bonhomme Jérôme. Ah ! si tu voyais maintenant comme elle est mise ! il ne lui
manque plus rien ; elle est heureuse, absolument comme une grande dame! Des
bijoux, de l'argent tant qu'elle en veut.
Voilà ce qui s'appelle venir faire fortune à Paris. Elle m'a bien promis
qu'elle me protégerait, et que dans peu,
elle me procurerait un sort aussi brillant. Je lui ai parlé de toi ; elle serait
contente de te voir ; elle te protégerait
sans doute aussi.

MARIE.

Je n'envie point un tel sort, parce que
j'ai peine à concevoir qu'une jeune fille
sortie comme nous du sein des montagnes et arrivée à Paris depuis un an
seulement, ait pu s'élever à ce haut degré de splendeur, sans qu'il lui ait fallu
faire d'immenses sacrifices. Du moins ,
M. le curé m'a bien recommandé avant
mon départ, de me défier de toutes ces
personnes qui tout-à-coup font une fortune si brillante.

SUZETTE.

Ah ! c'est autre chose, si tu veux suivre à Paris les avis de M. le curé. Mais, dis-moi, **M.** le curé te donnera-t-il du pain, si tu en manques à Paris?

MARIE, *avec gravité.*

Suzette, il est une providence qui prend soin du pauvre; mais pour mériter ses bienfaits, il faut les demander avec un cœur pur. Voilà ce que m'a enseigné notre bon pasteur; et cette leçon vaut bien, je crois, la protection que tu m'offres et à laquelle je renonce formellement.

SUZETTE.

Tu me fais rire, avec ta morale et ton curé! reste donc dans ta misère, puisque tu t'y plais tant; mais ne compte plus sur moi. Je vais suivre la route brillante qui s'ouvre devant moi; je vais faire mon chemin rapidement, et toi, tu resteras dans ta pauvreté. Nous verrons à la fin, quand il s'agira de retourner au pays, qui de nous deux aura à se repentir. Adieu. (*Elle sort.*)

SCÈNE SIXIÈME.

MARIE, *seule, se livrant à ses réflexions.*

Peut-être que je fais mal, de ne pas suivre le conseil qu'elle me donne; peut-être que j'aurais été plus heureuse. Ce n'est pas que je cherche à me rendre la vie agréable dans ce pays où je suis éloignée de ma mère; mais j'aurais gagné davantage, et j'aurais pu rapporter à ma mère une somme capable de lui procurer une existence heureuse. Cependant le langage de Suzette est loin d'être conforme aux avis salutaires que j'ai reçus avant mon départ. On m'a dit de me tenir en garde contre les offres brillantes qui pourraient m'être faites.... Je puis me tromper... O ma mère, si vous étiez ici pour me conseiller, pour me guider.... Hélas! Je suis seule, à qui aurai-je recours?... Car si l'ouvrage venait à me manquer, que deviendrais-je? Mais pourquoi me tourmenter ainsi? Cette dame ne m'a-t-elle pas dit qu'elle reviendrait? ne m'a-t-elle pas promis d'avoir soin de moi?.... Pourquoi donc me défier de la providence? d'ailleurs, en refusant les offres de Suzette, je n'ai agi que d'après l'inspiration de ma conscience qui m'a guidée. Maintenant arrivera ce qui pourra; la volonté de Dieu soit faite! (*Elle se remet à travailler.*)

ACTE TROISIEME.

(Le théâtre représente un appartement meublé. Au milieu est une table garnie encore des débris d'un festin; plusieurs jeunes personnes sont assises à l'entour et chantent.)

SCÈNE PREMIÈRE.

SUZETTE, MARGUERITE, LISETTE.

CHOEUR.

Jouissons, jouissons de ces plaisirs charmans
Qui font passer le temps,
Qui charment tous nos sens.
Oublions les chagrins cuisans
Qui font le malheur de la vie.
Chassons l'envie,

Toujours de noirs chagrins suivie.
Et qu'à l'envie,
Les jeux, les plaisirs innocens
Nous préparent d'heureux momens,
Charment nos sens,
Au milieu d'éternels printemps.

SUZETTE.

Il faut avouer que nous menons-là une vie fort agréable. Qui m'aurait jamais dit ça, à moi, pauvre petite montagnarde ? Il est bien vrai de dire , qu'il n'y a que Paris qui puisse offrir cette ressource à des jeunes filles. C'est à toi que je suis redevable de tant de bonheur , ma chère Marguerite ; car, sans toi , je serais encore à faire mes courses pour cette petite marchande de modes qui m'a renvoyée, parce qu'elle était sans doute jalouse de ma réussite.

MARGUERITE.

C'est vrai ; mais je suis bien fâchée que tu n'aies pu gagner cette petite sotte de Marie ; car, lorsque nous serons de retour au pays, elle ne manquera pas de parler de notre manière de vivre à Paris, et ça nous fera du tort.

SUZETTE.

Que veux-tu , j'ai eu beau lui dire toutes les choses du monde les plus capables de la toucher, je n'ai jamais pu en venir à bout. Elle n'a à parler que de monsieur le curé, et toujours elle cite les paroles de monsieur le curé. Oh ! s'il fallait faire tout ce qu'il dit, ce brave homme , on n'en finirait pas.

LISETTE.

Elle a peut-être bien raison ; car je ne sais pas trop comment nous nous tirerons de ce mauvais pas ; et de tout cet argent que nous avions gagné , il ne nous reste tout de même plus rien. Il faudrait faire vie qui dure , comme disent les bonnes gens ; mais nous , nous dépensons tout à mesure : et si nous n'avons pas de dettes, c'est pour un bon motif, personne ne veut se hasarder à nous faire crédit. Voilà pourtant le temps de retourner au pays qui s'approche , comment ferons nous , je vous le demande ? car cela m'inquiète plus que vous ne le pensez.

MARGUERITE.

Ah ! le voilà bien encore, toi, avec tes pensées sombres ; tu serais bonne avec Marie, tiens ! Eh bien, nous ferons comme nous pourrons, en attendant , amusons-nous, divertissons-nous.

(*Elle chante.*)

Le temps de la jeunesse
Est le temps du plaisir ;
Et vive l'allégresse ,
Nargue de l'avenir.

SUZETTE.

C'est ça ; tu as raison. Pourquoi nous tourmenter si long-temps d'avance !

LISETTE.

Quoi ! si long-temps d'avance ! mais songez donc bien que nous n'avons plus qu'un mois à rester ici ; et si nous n'avons pas d'argent , comment ferons-nous pour partir ?

MARGUERITE.

Si nous n'avons pas d'argent, nous resterons. Qu'irions-nous donc faire à présent dans nos montagnes , après avoir mené une vie si joyeuse à Paris ?

LISETTE.

Et nos pauvre parens , nous ne les reverrions donc plus ?...

SUZETTE.

C'est vrai ; ma pauvre mère, elle sera si contente de me revoir !

MARGUERITE.

Et mon vieux père, qui m'a déjà fait écrire deux fois de ne pas manquer d'aller au pays cette année , parce qu'il craint de mourir sans me voir.

LISETTE.

Oui , mesdemoiselles , croyez-moi , retournons chez nous ; la vie simple de nos montagnes est encore mille fois préférable à tous ces vains amusemens que nous offre la capitale , et qu'il nous faut payer si cher !

MARGUERITE.

C'est aux dépens de notre réputation. Oui, je le conçois maintenant , Marie a eu raison ; elle a peut-être eu un peu plus de peine que nous ; mais aussi, il faut lui rendre justice , on ne pourra rien dire de mal sur son compte; car on n'entend pas plus parler d'elle que si elle n'existait pas. Si vous voulez m'en croire, mesdemoiselles, quand ces messieurs rentreront, il faut leur dire que nous avons changé d'avis, que nous renonçons au plaisir, aux bals, aux spectacles, aux festins joyeux, etc.

SUZETTE.

C'est un grand sacrifice; mais si vous le jugez nécessaire, je m'y soumettrai.

LISETTE.

Puisque nous prenons définitivement la résolution d'être sages, ne vaudrait-il pas mieux rompre tout de suite et ne pas les attendre; car ils feront de nouveaux efforts pour nous engager à continuer ce genre de vie, et nous pourrions bien ne pas avoir assez de force pour résister à leurs instances.

MARGUERITE.

Tu as raison. Sortons. (*Elles prennent leurs schalls et vont pour sortir, lorsqu'une dame les arrête.*)

SCÈNE DEUXIÈME.

LES PRÉCÉDENTES, MADAME BRUGOUSSE.

Mme BRUGOUSSE.

Ah! ah! Où allez-vous donc comme ça, mesdemoiselles? Et la dépense, qui est-ce donc qui la paiera?

LISETTE.

La drôle de question, par exemple! Ces messieurs n'ont-ils pas tout payé avant de sortir!

Mme BRUGOUSSE.

Non, mesdemoiselles; ces messieurs n'ont rien payé du tout, et vous ne sortirez pas d'ici que vous ne m'ayez donné cent cinquante francs.

TOUTES TROIS.

Cent cinquante francs!!!...

Mme BRUGOUSSE.

Oui, mesdemoiselles, cent cinquante francs; au surplus, si vous voulez voir le compte détaillé, tenez, le voici. (*Elle leur présente une longue liste.*)

MARGUERITE, *lisant.*

Dîner... extra... champagne... dessert... Oh! mon Dieu oui, c'est bien cent cinquante francs! Et ces messieurs se sont en allés sans payer?

Mme BRUGOUSSE.

Oui, et ils ont ajouté, en sortant, que c'était vous, mesdemoiselles, qui leur aviez offert de tout payer.

MARGUERITE.

Les impudens!...

LISETTE.

Les trompeurs!...

SUZETTE.

Les insolens menteurs!...... Et venir nous dire à nous, qu'une affaire pressée exigeait leur présence; qu'ils avaient donné rendez-vous, qu'ils y couraient, qu'ils revenaient sur-le-champ; mais qu'au cas qu'ils tardassent trop, nous pourrions les aller attendre au spectacle, qu'ils allaient payer toute la dépense avant de sortir.

Mme BRUGOUSSE.

Tout cela peut être, mes enfans, tout cela peut être; mais ce n'est pas de l'argent, et il faut en trouver tout de suite.

TOUTES TROIS.

Mais nous n'en avons pas.

MARGUERITE.

Pas un seul sou; car il leur manquait dix francs, disaient-ils, pour finir leur compte, et nous avons réuni tout ce qui nous restait pour les leur faire.

Mme BRUGOUSSE.

Tant pis pour vous; ça vous apprendra, mesdemoiselles, à ne pas vous laisser duper ainsi par un tas de vauriens qui se font un jeu d'abuser de la crédulité des jeunes filles. Aussi, si vous aviez bien l'amour du travail, vous ne vous amuseriez pas ainsi à faire les coquettes. Allons, allons, tout ça ne fait pas mon compte ; il faut me trouver de l'argent ou quelque valeur qui puisse me satisfaire.

LISETTE.

Oh ! mon Dieu, faut-il se voir forcée de souffrir tant de mortifications sans oser répondre un seul mot ! Que devenir à présent ! C'est donc là, ce sort brillant que nous promettaient ces jeunes gens trompeurs, pour tant de sacrifices que nous leur avons faits ! C'est donc là, que vont aboutir tous ces vains plaisirs que l'on me vantait avec tant d'enthousiasme ! Maudit mille fois le jour où j'ai quitté le sentier de la vertu pour m'égarer dans les voies du déshonneur ! (*Elle arrache ses pendans d'oreilles et ses bijoux et les jette sur la table.*) Tenez, madame, prenez ces vains ornemens qui me rappelleraient sans cesse des souvenirs trop amers ; ils sont plus que suffisans pour vous satisfaire. Pour moi, dès ce mo-

ment , je renonce pour jamais à ce monde trompeur et à ses vains plaisirs.

Mme BRUGOUSSE.

J'approuve votre généreuse résolution, ma fille. S'il y a de la faiblesse à s'écarter de son devoir, il y a de la gloire à savoir réparer ses fautes. (*Elle examine les joyaux.*) Mais tout cela est du faux ; c'est du similor ! (*Marguerite et Suzette examinent leurs bijoux.*)

MARGUERITE.

Et les miens sont semblables !

SUZETTE.

Et les miens aussi !..... ma dernière ressource !

Mme BRUGOUSSE.

J'en suis bien fâchée , mesdemoiselles ; mais vos schalls ne sont pas du faux, il faut me les laisser en dépôt jusqu'à ce que vous puissiez me donner en argent la somme qui m'est due.

ACTE QUATRIEME.

(*Le théâtre représente une salle d'asile. Des enfans sont occupées à travailler. Marie, au milieu d'elles, lit une lettre à haute voix.*)

SCÈNE PREMIÈRE.

MARIE, *seule, tenant une lettre.*

Ce bon monsieur le curé ! Voyons ce qu'il m'annonce. Oh ! s'il me disait que ma mère consent à venir demeurer à Paris, que je serais heureuse !...... (*Elle lit :*)

« Ma chère Marie ,

» Tu vois que le ciel ne t'a point abandonnée. Vois maintenant si tu as gagné à rester fidèle aux sages principes que tu as reçus dans ta jeunesse. Je te félicite d'avoir eu la force de résister aux séductions perfides de tes jeunes compagnes. J'ai eu lieu

» plus d'une fois de m'affliger et de pleurer sur leur sort, en apprenant qu'elles avaient abandonné le chemin de la vertu. Sois-en bien sûre, elles ne tarderont pas à se repentir. Dieu veuille qu'alors ce repentir soit sincère, qu'il ne soit pas causé par le regret de voir que les plaisirs qu'elles croyaient rencontrer fuient devant elles ; mais que, pénétrées de leur fausseté, elles y renoncent par un sentiment généreux qui sera encore le fruit d'un reste de vertu. Si cela arrive bientôt, comme je l'espère, tends-leur les bras, aide-les à sortir du mauvais pas où elles se

» sont imprudemment engagées ; ce
» sera un acte de charité qui sera agréa-
» ble aux yeux de Dieu, puisque tu
» sais qu'il y a une grande joie dans le
» ciel quand un pécheur fait pénitence.

» Ta tendre mère a eu bien de la
» peine à se décider à aller à Paris : je
» lui ai fait concevoir qu'elle devait sa-
» crifier ses goûts à ton bonheur ; alors
» elle n'a pas hésité ; déjà même, elle
» est en route. Je compte sur ta piété
» filiale ; et je suis bien persuadé que
» ton empressement à prévenir les
» moindres désirs de cette bonne mère,
» la dédommagera pleinement du sa-
» crifice pénible qu'elle vient de faire
» pour toi. Je sens qu'à son âge, il a dû
» lui en coûter beaucoup pour se ré-
» soudre à faire ce long voyage, et
» pour aller commencer un nouveau
» genre de vie.

» Enfin, je suis heureux que ma
» lettre t'ait procuré la connaissance de
» la vertueuse fille de madame de
» Saint-Mesmin ; c'est une une con-
» solation pour mon cœur, de voir
» qu'elle a hérité de la vertu de sa mère.
» Puisses-tu, à son exemple et mar-
» chant sur ses traces, parvenir un jour
» à la béatitude, après une vie toute
» entière remplie par des bonnes œu-
» vres. C'est ce que te souhaite le vieux
» pasteur de la montagne, en t'en-
» voyant sa bénédiction. »

Qu'il est donc bon ! ce pauvre monsieur le curé. Oh ! oui, je suivrai bien
tous ses conseils de point en point ; car,
jusqu'ici, je n'ai point à regretter de les
avoir suivis. Qui m'aurait jamais dit,
lorsque j'étais seule dans cette petite
mansarde, que je me livrais au désespoir, que je regrettais presque de n'avoir
pas profité des avantages que m'offrait
Suzette, qui m'aurait dit alors que,
bientôt, je serais directrice de la salle
d'asile ! C'est pourtant cette lettre de
monsieur le curé qui m'a valu la protection de madame d'Auteuil. Comme
la providence amène les événemens :

cette madame d'Auteuil, la fille de madame de St.-Mesmin, venait tous les
jours me visiter dans ma mansarde, et
je désespérais de pouvoir la rencontrer.
Oh ! alors, j'étais bien malade. Elle venait me consoler ; elle m'apportait des
secours ; elle jette les yeux sur mon lit,
voit cette lettre, lit l'adresse, m'inter-
roge ; et, dès-lors, me voilà heureuse.
Le bonheur comme le malheur naît souvent des plus légères circonstances.
Que de grâces ne dois-je pas rendre au
ciel pour tant de bienfaits ! Et ma mère
qui va venir ! Oh ! il ne manquera plus
rien à mon bonheur !... Mais pourtant,
si, il me manquera encore quelque
chose : je sens que mon cœur n'est pas
encore pleinement satisfait....... Si mes
anciennes amies venaient me trouver !
Oh ! c'est alors que je serais parfaitement heureuse ; je n'aurai plus rien à
désirer. Je leur parlerais de la vertu,
du bonheur que l'on goûte à la prati-
quer, des heureux fruits que l'on en retire. Oh ! oui, je les convertirais. (*Mme
d'Auteuil qui, au commencement de cette
scène, s'était avancée sur le théâtre et a entendu tout ce qu'a dit Marie, s'avance vers
elle et l'embrasse.*)

~~~~~~

SCÈNE DEUXIÈME.

MARIE, madame D'AUTEUIL.

Mme D'AUTEUIL.

C'est bien, mon enfant, je vois qu'en
vous, j'ai bien placé ma confiance et
mes bienfaits, puisque vous n'êtes satisfaite de votre bonheur, qu'autant que
vous pouvez le partager avec les malheureux. Marie, je vous laisse désormais libre de disposer des charités de
cette maison, comme vous l'entendrez.
Et cette nouvelle faveur vous arrive
d'autant plus à propos, que je crois que
vous allez, à cet instant même, trouver l'occasion d'en faire usage ; car il
y a là, au salon, trois jeunes montagnardes qui demandent instamment à vous

voir. Leur état de dénuement me fait
juger qu'elle viennent pour implorer
votre assistance ; et je crois même
qu'elles pourraient bien être celles dont
monsieur le Curé vous parle dans sa
lettre, car j'ai tout entendu.

MARIE.

Ciel ! cela se pourrait-il bien ! O seigneur, que vous me rendez heureuse ;
vous comblez tous mes vœux !

Mme D'AUTEUIL.

Envoyez toutes ces petites filles en
récréation ; je vais faire entrer les
trois montagnardes, vous pourrez vous
entretenir à loisir avec elles. (*Elle sort
avec les enfans.*)

MARIE, *seule, levant les yeux au ciel.*

Mon Dieu, donnez-moi des paroles
assez puissantes pour les persuader,
pour toucher leurs cœurs, pour les ramener à vous.

SCÈNE TROISIÈME.

MARIE, MARGUERITE, SUZETTE, LISETTE.

SUZETTE, *se jettant aux genoux de Marie.*

Pardon, bonne et vertueuse Marie ;
tu sais combien je me suis rendue coupable en cherchant à t'entraîner dans le
mauvais chemin où j'ai couru me perdre. Le ciel m'a bien punie : au lieu de
ces plaisirs, de cette brillante fortune
que je croyais y trouver, je n'ai recueilli que la misère et la honte. Le
malheur m'a poursuivie ainsi que mes
compagnes ; il ne nous reste plus aucune ressource, et si tu ne daignes pas
venir promptement à notre aide, nous
allons périr de faim, de chagrin et de
désespoir. (*Pendant tout ce discours
Marguerite et Li...*)

la confiance que vous avez eue en moi.
Je plains bien sincèrement votre sort ;
et si votre repentir est véritable, je ne
tarderai pas à vous faire comprendre
combien il est doux de suivre le chemin
de la vertu. Mais, dites-moi, par quelle
suite de malheurs êtes-vous réduites au
triste état dans lequel je vous vois ?

MARGUERITE.

C'est à moi, Marie, de faire ce pénible aveu, puisque c'est moi qui suis la
principale cause du malheur de mes
amies. C'est moi qui les ai entraînées
dans ma ruine, et qui ai tenté tous les
moyens de te perdre toi-même, afin de
n'avoir point à rougir en présence de ta
vertu.

MARIE.

J'ai tort, je le sens, d'exiger un aveu
qui doit vous rappeler de tristes souvenirs. Occupons-nous donc du soin de re-
médier à tous vos malheurs ; car je
craindrais que ma mère, qui va arriver
à l'instant, ne vous surprenne dans un
si triste état.

LISETTE.

Quoi ! ta mère va venir ? O mon Dieu!
quelle grâce vous nous avez faite d'a-
voir touché nos cœurs avant son arrivée;
comme sa présence nous aurait acca-
blées ! Que de souvenirs touchans elle
nous aurait rappelés ! Que de secrets
tourmens, que de remords vous nous
épargnez, ô mon Dieu !

SCÈNE QUATRIÈME.

LES PRÉCÉDENTES, madame D'AUTEUIL.

Mme D'AUTEUIL.

Marie, je viens d'envoyer à la voi-

Je vous remercie, mesdemoiselles, de   disposition.

MARIE.

Comment pourrai-je jamais reconnaître tant de bontés! Et pourtant, j'ai encore une grâce à vous demander... si
j'osais espérer!...

Mme D'AUTEUIL.

Parlez avec confiance, Marie; votre
vertu vous donne ici le droit de tout
oser.

MARIE.

Puisque vous me le permettez, je
vous demanderai la faveur de recevoir
dans cette maison ces trois jeunes filles
qui n'ont toutes trois qu'un seul désir,
celui de se consacrer à la vertu et aux
exercices de la charité.

Mme D'AUTEUIL.

J'y consens; mais c'est à condition
qu'elles suivront votre exemple, et
qu'elles vous seront soumises en tout ce
que vous jugerez à propos de leur or-
donner. (*Les trois jeunes filles tombent
aux genoux de madame d'Auteuil et de
Marie.*)

MARIE *leur tend les mains et les embrasse en disant :*

C'est maintenant que vous êtes véritablement mes amies! (*La porte du fond
s'ouvre : une femme âgée, s'appuyant sur
un bâton, entre; elle est suivie de deux autres femmes et d'un vieillard.*)

~~~~~~~~~~~~~~~~~~~~~~~~~~~~~~~

SCÈNE CINQUIÈME.

LES PRÉCÉDENTES, la mère BRIGITTE, la
mère SOLANGE, la mère BATHILDE, mère DE LISETTE, le père JÉRÔME. (*Tous
à la fois s'élancent vers leurs enfans, et
les couvrent de baisers et de larmes.*)

La mère BRIGITTE.

Vois, Marie, ces braves gens, ils n'ont
pas voulu me laisser venir seule; ils ont
dit : Mère Brigitte, puisque vous allez à
Paris pour y rester avec votre fille, nous

vous y accompagnerons; ça nous pro-
curera aussi à nous le plaisir de voir nos
enfans. Eh bien! cela te fait-il bien plaisir?

MARIE.

Oh! oui, bonne mère; vous me rendez vraiment trop heureuse.

La mère BATHILDE.

Voyez, mes enfans, comme elle a
prospéré en peu de temps, Marie; aussi
elle a toujours été bien sage.

La mère SOLANGE.

C'est vrai, ça; on ne peut pas dire le
contraire.

Mme D'AUTEUIL.

C'est elle la directrice de cette maison.

Le père JÉRÔME.

Là, là, voyez-vous bien ça, comme
c'est joli à son âge. (*Aux jeunes filles.*)
Mes enfans, suivez son exemple et elle..

LES TROIS JEUNES FILLES.

Elle est notre sœur, notre mère,
Nous lui devons notre bonheur;
Nous l'aimons d'un amour sincère,
Car nous lui devons la faveur
D'avoir trouvé la paix du cœur.

MARIE, *montrant Mme d'Auteuil.*

Madame est votre bienfaitrice;
C'est elle seule, et sa faveur
Fait aujourd'hui notre bonheur:
Honorons notre protectrice.

Mme D'AUTEUIL.

La vertu seule a des droits sur mon cœur:
Vous ne devez votre bonheur
Qu'à la vertu. Savourez-en le charme,
Et vous aurez toujours la paix de l'âme.

Le père JÉRÔME.

Quoi c'est à Marie, que vous êtes toutes trois redevables de votre bonheur!
Ah! chère enfant, viens dans mes bras.
(*Le vieillard serre Marie dans ses bras,
puis il chante :*)

» A ton aspect , oui je me sens renaître
» Ange gardien au sourire enchanteur ;
» Quand près de moi tu daignes apparaître
» Ton souffle pur dissipe ma douleur.

LES TROIS JEUNES FILLES.

» A ton aspect , nous nous sentons renaître ,
» Ange gardien au sourire enchanteur ;
› Quand près de nous, tu daignes apparaître
Un souffle pur dissipe le malheur.

CHOEUR.

Air du Boléro espagnol.

Allons, plus de tristesse ;
De plaisir d'allégrese,
Que ma vie
Soit remplie

Et que dans ces beaux lieux
Nous soyons tous heureux
Et toujours vertueux.
        Les cieux
                    leur
Béniront notre enfance.
Que la persévérance
Remplisse d'espérance
    Leurs
        Nos   cœurs.
Oublions nos malheurs
Le ciel nous rend heureux
Il comble dans ces lieux
        Nos vœux.

FIN.

AVIS.

Notre tâche est sur le point d'être accomplie ; nous nous faisons donc un devoir de rappeler à nos souscripteurs , que leur abonnement expire le 15 avril prochain. En conséquence , nous les prions de vouloir bien en verser le montant entre les mains du directeur de la poste, ou au bureau des diligences , pour nous être remis *franco*. Nous espérons que ce seul appel suffira , sans qu'il soit besoin d'employer d'autres mesures désagréables et en même temps dispendieuses.

Bourges, Imprim. de Veuve MÉNAGÈ.

RECUEIL

DE PIÈCES MORALES ET INSTRUCTIVES,

A L'USAGE

DES COMMUNAUTÉS RELIGIEUSES, DES INSTITUTIONS, DES PEN-
SIONNATS, ETC.

Dédiées à Monseigneur l'Archevêque de Bourges, *

Par Victor Doublet,

PROFESSEUR DE BELLES-LETTRES,

AUTEUR D'UN GRAND NOMBRE D'OUVRAGES DE MORALE, DE LITTÉRATURE
ET D'ÉDUCATION, ET DE LA VIE DE SA MAJESTÉ DON CARLOS V, ROI
D'ESPAGNE, ETC.

* *Nota.* — Nous nous empressons d'annoncer à nos lecteurs, que Monseigneur l'Archevêque a
daigné agréer la dédicace que nous avons eu l'honneur de lui faire.

A BOURGES,

CHEZ L'AUTEUR, RUE DES ARÈNES, 19,

ET CHEZ TOUS LES LIBRAIRES QUI TIENNENT LES LIVRES D'ÉDUCATION.

1841-42.

CLARISSE,

COMÉDIE EN QUATRE ACTES, MÊLÉE DE CHANTS,

Par Victor Doublet,

PROFESSEUR DE BELLES-LETTRES,

AUTEUR DE PLUSIEURS OUVRAGES DE MORALE, DE LITTÉRATURE ET D'ÉDUCATION, ET DE LA VIE DE S. M. DON CARLOS V DE BOURBON, ROI D'ESPAGNE.

PERSONNAGES.	**PERSONNAGES.**
Mme DERVILLE, vieille avare.	Sœur MARTHE, religieuse de Sainte-Marie.
CLARISSE, sa niéce.	Un serrurier, mendiants et mendiantes. Un
COLOMBINE, domestique.	grand nombre de personnes assistent à la dernière scène.

ACTE PREMIER.

(Le théâtre représente un salon dans lequel une dame seule examine différens objets de toilette, qu'elle voit dispersés çà et là dans ce même salon.)

SCÈNE PREMIÈRE.

Mme DERVILLE, *seule.*

Encore du luxe, des objets inutiles ! Il est donc dit que cette enfant-là me veut ruiner avec sa toilette et ses bijoux ! Si elle savait combien il est pénible de voir ainsi dissiper une fortune que nous nous sommes donné tant de peine à amasser, monsieur Derville et moi ! Ah ! c'était-là un homme, ce pauvre monsieur Derville ; oui, il se serait plutôt couché sans souper, que de dépenser un sou inutilement. Ça lui est même arrivé plus d'une fois ; car, lorsqu'il éprouvait quelque perte, il était huit jours sans pouvoir prendre aucune nourriture. Il y avait bien quelques personnes assez indiscrètes pour se moquer de lui ; mais il n'en continuait pas moins sa louable habitude, et je crois même que c'est de peur de dépenser de l'argent en visites de médecin et en médicamens chez l'apothicaire, qu'il s'est laissé mourir. Aussi je lui en suis bien reconnaissante : il avait peur de me laisser sans pain. Mais va, mon pauvre ami, dors en paix, tu n'as pas affaire à une ingrate ; je saurai bien conserver ce que tu m'as laissé, et si je ne l'augmente pas, ce ne sera pas ma faute. Mais comment amasser quelque chose, avec cette petite coquette qui, tous les jours, a besoin de nouveaux colifichets? En vérité, c'est par trop dispendieux ; c'est à n'y pas tenir. Oh ! je saurai bien mettre ordre à tout cela, et je veux lui montrer enfin.

Qu'il faut qu'elle établisse une juste balance,
Et qu'elle mette un terme à sa folle dépense.
Qu'elle imite son oncle ; il fut toujours cité
Pour sa haine du luxe et sa frugalité.
De posséder de l'or, quel serait l'avantage,
Si l'on ne savait pas s'en défendre l'usage ?
Mais non, elle aime mieux dépenser folle-
[ment.....

(*Elle est interrompue par le bruit que fait Colombine en entrant.*)

SCÈNE DEUXIÈME.

Madame DERVILE, COLOMBINE.

COLOMBINE *entre en chantant :*

Vive la gaîté,
C'est ma devise ;
Vive la gaîté,
C'est ma santé.

Mme DERVILLE.

Eh bien ! eh bien, Colombine, que signifie cette gaieté folle à laquelle tu te livres depuis ce matin ? Tu ferais bien mieux de t'occuper à quelque chose d'utile, car tu ne fais rien. Ici, tout traîne, tout est dans le plus grand désordre ; et si je ne veillais pas un peu à ce qui se passe, je ne sais pas trop comment tout cela irait. Mais, dis-moi, Colombine, as-tu été au marché ?

COLOMBINE.

Oui, madame, j'en arrive à l'instant.

Mme DERVILLE.

Qu'as-tu acheté? Fais-moi voir tout de suite,

COLOMBINE.

Le voici, madame : six œufs.

Mme DERVILLE.

Six œufs, pour trois personnes ! Sotte que tu es, trois ne suffisaient-ils pas ? Que veux-tu que nous fassions de six œufs ? Chacune un œuf pour dîner, je crois que c'est bien raisonnable. Et combien les as-tu payés ?

COLOMBINE.

Six sous ; on n'a pas voulu me les donner à moins.

Mme DERVILLE.

Imbécile, va ; payer six œufs six sous ! Il faudra donc que j'aille moi-même à la provision désormais, puisque tu ne sais pas acheter. Ah ! si je te laissais faire, je serais bientôt ruinée. Tu ne sais donc pas, malheureuse, qu'on ne doit jamais payer les œufs plus de deux liards la pièce! Sont-ils bien gros au moins ? Montre-les moi.

COLOMBINE, *tirant les œufs d'un petit panier.*

Les voici ; ils ne sont pas vilains, j'espère.

Mme DERVILLE.

Quand ils seraient encore plus beaux, je te dis qu'ils sont trop chers ; et puis c'est trop six œufs, trois suffisent. Tu reporteras les trois autres au marché.

COLOMBINE.

Mais, madame, s'il en reste, ils ne veulent pas être perdus.

Mme DERVILLE.

Ils peuvent se casser.

COLOMBINE.

Je les mettrai dans le pot à la farine.

Mme DERVILLE.

Mais si le pot se casse, les œufs se casseront aussi ; car je suis payée pour me défier du chat, il m'en a cassé bien d'autres ! Donne ici ces œufs, que je les voie. (*Elle tire un anneau de sa poche.*) Tu vois, c'est là la mesure des œufs : tous ceux qui passent par cet anneau sont trop petits, et je n'en veux pas ; tous ceux qui ne passent pas, au contraire, sont bons, et je les garde.

COLOMBINE, *à part.*

Oh maudite avare , va ; avoir même la mesure des œufs, c'est ridicule !

Mme DERVILLE., *mesurant les œufs.*

Celui-ci passe , celui-ci ne passe pas ; celui-ci passe, celui-ci ne passe pas ; celui-ci passe , celui-ci ne passe pas ; trois passent et trois ne passent pas. Ces derniers, je ne les veux pas; prends-les, et reporte-les au marché., tu les rendras à ceux qui te les ont vendus.

COLOMBINE.

Mais comment ferai-je, pour trouver les paysans qui me les ont vendus?

Mme DERVILLE.

Comme tu voudras; mais je n'en veux pas, mets-les dans ce panier, et reporte-les. Je vais mettre les trois autres dans ma poche. (*Elle met les trois œufs dans sa poche.*)

COLOMBINE.

Dans le panier, il y a autre chose.

Mme DERVILLE.

Qu'est - ce que c'est? Quelle autre chose ?

COLOMBINE.

La salade que vous m'avez demandée.

Mme DERVILLE.

Ah! oui, la salade ; c'est vrai. Pour combien en as-tu pris?

COLOMBINE.

Pour un sou.

Mme DERVILLE.

Pour un sou! c'est la moitié de trop; pour deux liards, c'était bien assez. Donne-m'en ici la moitié dans mon mouchoir, et va reporter le reste avec les œufs. (*Elle tire son mouchoir de sa poche et fait tomber en même temps les trois œufs qui se cassent. Colombine, en voyant cela, se met à rire.*) Que j'ai donc de malheur! (*Elle regarde tristement les œufs qui sont à terre.*) Trois œufs cassés! trois sous perdus! (*Apercevant Colombine qui rit.*) Et tu oses rire encore de mon malheur, méchante fille ! Oui, tu voudrais me voir ruinée. C'est là l'intérêt que toutes les domestiques prennent pour la maison de leurs maîtres. Ah! tu ris, sais-tu bien ce que c'est que trois sous! Songe donc qu'entre les mains d'une personne d'esprit, qui sait le faire valoir, chaque sou rapporte autant de sous qu'un grain de blé rapporte de grains dans un épi.

COLOMBINE.

Madame , faut-il que j'aille reporter les autres œufs?

Mme DERVILLE, *avec humeur.*

Tais-toi, va, insensée; il faut bien que je les garde pour mon malheur, puisque je viens de casser les autres. Va promptement allumer un peu de feu pour les faire cuire, et fais attention à ne pas brûler trop de bois.

COLOMBINE.

Ils seront bientôt prêts; j'ai fait un bon feu ce matin.

Mme DERVILLE.

Je l'ai éteint; crois-tu que j'y pourrais tenir, à laisser brûler ainsi le bois toute la journée? Que cela ne t'arrive plus désormais.

COLOMBINE , *en s'en allant et à part.*

Maudite avare! maudite avare !

SCÈNE TROISIÈME.

Madame DERVILLE , *seule.*

Enfin la voilà partie! Allons vite voir ce petit coffre dans lequel je tiens renfermées mes monnaies d'argent. Que je goûte au moins un instant le plaisir de les contempler; leur vue dissipera peut-être le chagrin que j'éprouve pour la perte que j'ai faite ce matin. Mais non, je n'ai pas même le courage d'aller voir ce petit trésor, quand je pense qu'il me

,,udra bientôt m'en défaire, pour payer la dot de Clarisse. Oh! cette idée me fait mal. J'ai beau dire à ma nièce que je n'ai rien, que je suis pauvre, elle me réclame sa dot, et pourquoi? Pour la donner à une communauté dans laquelle elle prétend s'aller enterrer toute vive. Il est vrai que je dois lui rendre compte de l'héritage que son oncle lui a légué en mourant, je suis sa tutrice; mais ne devrait-elle pas rester toujours avec moi? N'est-elle pas heureuse ici? Oh! si je pouvais la détourner de son projet.... Essayons; je la vois venir à propos. (*Elle s'assied et feint d'être souffrante.*)

SCÈNE QUATRIÈME.

Madame DERVILLE, CLARISSE.

CLARISSE, *en entrant.*

Bonjour, ma tante, comment vous trouvez-vous aujourd'hui? Les souffrances que vous éprouviez hier, sont-elles un peu calmées?

Mme DERVILLE.

Hélas! non, ma fille. Je crois que je ne tarderai pas à suivre ton pauvre oncle au tombeau; car je souffre cruellement.

CLARISSE.

Chassez donc loin de vous ces idées noires, qui vous tourmentent et augmentent encore vos douleurs; et au lieu de vous abandonner à la tristesse, faites venir un médecin qui puisse vous donner un remède prompt et efficace pour vous soulager et vous guérir.

Mme DERVILLE.

Un médecin! Mais tu ne sais donc pas, ma fille, que je suis pauvre, bien pauvre, et qu'il me faudrait jeûner ensuite pour pouvoir payer les visites et les remèdes! Tu ne sais donc pas ce que ça coûte les visites d'un médecin?

CLARISSE.

Mais, ma tante, mon oncle vous a pourtant laissé une belle fortune.

Mme DERVILLE.

Oui, te voilà comme les autres. On me croit riche; mais on ne sait pas combien de dettes secrètes il m'a fallu payer après la mort de monsieur Derville; et quand je t'aurai compté la dot qu'il t'a léguée, il ne me restera plus rien, absolument plus rien.

CLARISSE.

Il me semble pourtant, ma tante, qu'il ne manque pas d'argent dans ce coffre que vous tenez si précieusement renfermé dans le mur de votre chambre, et dont vous portez toujours la clé?

Mme DERVILLE.

Quel coffre? Quel argent? Que veux-tu dire? Je n'ai point d'argent, je suis pauvre; tu te trompes, je n'ai point d'argent. Crois-tu que ta toilette ne me coûte rien? Tous les jours c'est du nouveau. C'est à n'y pas tenir; ton luxe et tes folles dépenses m'ont ruinée entièrement.

CLARISSE.

Je ne puis pourtant pas être ridicule; il faut bien que je sois vêtue comme mes compagnes.

Mme DERVILLE.

C'est ça, il faut faire comme les autres, dépenser à tort comme à travers, coûte que coûte, il faut de la toilette. Eh bien, mademoiselle, quand on n'a pas le moyen de faire comme les autres; on ne sort pas, on n'a pas de compagnes, on reste chez soi, on travaille. Oh! il a eu grand tort, monsieur Derville, de vous laisser une dot; vous vous fiez là-dessus pour ne rien faire, pour passer votre temps avec des religieuses ou à l'église; et, pendant ce temps-là, vous ne rapportez rien à la maison.

C'est ce que nous allons voir, maintenant : je vous défends de sortir désormais, avant que vous n'ayez rempli une certaine tâche que je vous donnerai chaque jour ; au moins, vous gagnerez votre nourriture, vous ne me serez plus autant à charge, et quant à la toilette, je vais la faire disparaître. Quand on n'est pas riche, on ne doit pas porter de si belles choses. Allons, suivez-moi, et mettons-nous promptement à l'ouvrage. (*Elle prend Clarisse par le bras et l'entraîne hors du salon. La toile tombe.*)

ACTE DEUXIÈME.

(Le théâtre représente un cabinet dans lequel une jeune fille est occupée à lire.)

SCÈNE PREMIÈRE.

CLARISSE *ferme son livre et chante :*

AIR :

Dans la solitude,
Je trouve des charmes.
O divine étude,
Calme mes alarmes,
Fais sécher mes pleurs ;
O divine étude,
Répands tes douceurs
Dans la solitude.

Quand viendra le jour
Où mon cœur, sans crainte,
Dans le beau séjour
De la gaieté sainte,
Pourra pour jamais,
Dans la solitude,
Goûter tes atttraits
O divine étude !

(*Elle reprend son livre.*)

Quelles leçons ! Ah ! c'est bien vrai tout cela. Voyons, continuons. (*Elle lit :*)

Qu'on nous vante le luxe et ses recherches vaines !
Stérile en vrais plaisirs, adoucit-il nos peines ?
Sous l'humble toit du sage, heureux sans tant de soins,
Le vrai plaisir se rit de ses pompeux besoins.
C'est vrai : quand l'air plus pur ou la rose nouvelle
Loin des noires cités dans les champs me rappelle,
Si d'un riche parterre orné de cent couleurs,
Mille vases brillans ne contiennent les fleurs,
Si l'oiseau n'est captif dans de vastes treillages,
Si l'eau ne rejaillit parmi des coquillages,
En retrouvé-je moins le murmure des eaux,
Le doux baume des fleurs et le chant des oiseaux ?
Non, dans de vains dehors le bonheur ne peut être,
Et dans l'art de jouir l'orgueil est mauvais maître.
Il est un luxe utile et décent, j'en conviens,
Permis aux grands états, aux grands noms, aux grands biens ;
Qui jusqu'au dernier rang refoulant la richesse,
Fait redescendre l'or qui remonte sans cesse.
Mais l'homme fastueux cherche-t-il à jouir ?
Prétend-il vivre ? Non, il ne veut qu'éblouir ;
L'or, pauvre genre humain, vous fut donné, je pense,
Pour être le hochet de votre vieille enfance.
L'un, n'osant y toucher, l'enterre tristement ;
L'autre, au lieu d'en user, le jette follement.
Dis-moi, de ces deux fous, lequel est davantage,
Ou l'avare opulent qui s'en défend l'usage,
Ou le sot fastueux qui, fier d'un vain fracas,
Le dépense en objets dont il ne jouit pas ?
Trop heureux le mortel dont la sage balance
Donne un juste équilibre à sa noble dépense ;
Qui sait avec l'éclat joindre l'utilité,
L'abondance au bon goût, au plaisir la santé.
— « Mais, moi, je suis chargé d'une fortune immense,
» L'exposer aux regards serait une imprudence ;
» Faut-il m'en délivrer avec le noble éclat
» Que demande mon nom, qu'impose mon état ? »
— Quoi ! ton or t'importune ! ô richesse imprudente !
Pourquoi donc près de toi cette veuve indigente,
Ces enfans dans leur fleur desséchés par la faim,
Et ces filles sans dot, et ces vieillards sans pain ?

Si tu veux être heureux , connais la bienfai-
                                        sance ;
Sois pour les malheureux une autre providence.
Cours déposer ton or aux pieds de ton pasteur;
Aux pleurs des indigens , n'endurcis point ton
                                        cœur.
Dote les hôpitaux : qu'une aumône secrète
Surprenne l'indigent au fond de sa retraite.
Car, mon ami , crois-moi , ton éclat fait pitié :
Le bonheur suit plutôt un bon bourgeois à pied
Que le char fastueux d'un gros millionnaire
Qui semble mépriser la touchante misère.
                    (Elle ferme son livre.)

Cette lecture me ravit d'admiration.
Qu'elles sont vraies , ces pensées !
Combien, en les lisant, mon cœur se sent
détaché des richesses! Oh je sens maintenant que j'aurais peu de peine à faire
le sacrifice de ma dot , puisque ma
tante se plaint si fort de sa misère.....
Mais combien aussi j'éprouverais de
plaisir à répandre cette petite fortune
dans le sein des misérables! Quelle douce
consolation j'éprouverais à soulager
l'infortune de ces malheureuses mères
qu'un sort trop cruel a privées de leur
soutien! O mon Dieu ! daignez toucher
le cœur de ma tante, lui inspirer le dé-
tachement de ces biens périssables dans
lesquels elle fait consister tout son bonheur !

SCÈNE DEUXIÈME.

CLARISSE , madame DERVILLE, *entrant
avec précipitation.*

Mme DERVILLE.

Je t'y prends encore , Clarisse , à ne
rien faire ; toujours avec des livres, et,
pendant ce temps-là , l'ouvrage ne se
fait pas. Mais, écoute, je ne veux pas te
gronder. Puisque c'est ton idée d'entrer au couvent, je ne m'y oppose plus,
je ferai même tout ce qui dépendra de
moi pour te procurer l'entrée du couvent; car j'ai déjà pour ainsi dire donné
mon adhésion, à ce sujet, à une respectable sœur qui désire te voir et avec
laquelle j'ai parlé fort long-temps de
te affaire ; mais avant de la lais-

ser parvenir jusqu'ici , j'ai désiré m'entretenir un instant avec toi parle-moi
donc sincèrement : as-tu réellement le
dessein de te faire religieuse , de te consacrer à Dieu pour toute ta vie ?

CLARISSE.

Oui, ma tante, j'en ai pris la ferme
résolution.

Mme DERVILLE.

Je t'approuve, ma fille ; une telle résolution me paraît une véritable vocation qui ne saurait venir que du ciel.
Mais, dis-moi, comment feras-tu si
je ne puis rien te donner pour ta dot ?
Car vois-tu, ma chère enfant, je suis pauvre , bien pauvre , va ; et pour réunir
seulement la moitié de la somme que
ton oncle t'a léguée, il me faudrait vendre tout ce que je possède. Tu es bonne, sensible; tu ne voudrais pas me ré-
duire à la cruelle nécessité de me défaire du peu que je possède ?

CLARISSE.

Je vous aime trop, ma tante, pour jamais oser exiger de vous un tel sacrifice.

Mme DERVILLE.

Dans ce cas , ma chère enfant , il n'y
a qu'un moyen , c'est d'entrer au couvent sans dot.

CLARISSE.

Mais, ma tante , vous savez-bien que
cela est tout-à-fait impossible.

Mme DERVILLE.

Tu te trompes , ma fille, tu pourrais
entrer comme converse ; une véritable
vocation, comme la tienne, doit compter
pour rien le rang et les honneurs. C'est
aux yeux de Dieu seul, que tu dois
chercher à te montrer grande et riche
en vertus.

CLARISSE *baisse les yeux en rougissant.*

Puisque telle est votre volonté, ma
tante, je m'y soumettrai.

Mme DERVILLE.

Ecoute encore une condition : en qualité de converse, tu seras logée, nourrie, vêtue ; enfin il ne te manquera rien de tout ce qui t'est nécessaire ; en outre, tu recevras encore, tous les ans, une certaine somme à titre de gages ; or, comme je suis bien pauvre, que je n'aurai plus assez pour vivre, puisque jusqu'ici je me suis endettée malgré mon économie sage et bien réglée, tu devras me donner tes petits honoraires pour m'aider à subsister.

CLARISSE.

Oh ! pour cela, ma tante, vous n'y pensez pas ; c'est une chose tout-à-fait impossible.

Mme DERVILLE.

En ce cas, renonce à ta vocation ; car je ne puis, en ce moment, me priver de tes secours. Depuis le temps que je travaille pour toi, que je te nourris sans que tu fasses rien, il est bien juste qu'à présent que je suis âgée, tu me nourrisses à ton tour. Ainsi, si les dames de la communauté ne me font pas une petite pension, il est impossible que tu entres chez elles ; fais-y bien attention, et ne manque pas d'en parler à la sœur qui est là. Je vais la faire entrer ; songes-y bien. (*Elle sort.*)

SCÈNE TROISIÈME.

CLARISSE, seule.

O mon Dieu ! à quelles terribles épreuves vous me soumettez ! Je vous en prie, secourez-moi ; donnez-moi la force de sortir victorieuse des combats que me livre en cet instant mon amour-propre. Non, je ne rougirai point de paraître pauvre, puisque je le suis en effet ; je me ferai gloire d'être, s'il le faut, la dernière servante des servantes du Seigneur. Mais comment oser demander de l'argent pour prix de mes services ! Quel parti prendre ?...

SCÈNE QUATRIÈME.

CLARISSE, sœur MARTHE.

Sœur MARTHE, s'avançant vers Clarisse.

Réjouissez-vous, mon enfant, j'ai enfin obtenu de votre tante, ce consentement que vous désiriez avec tant d'ardeur. Mais, qu'avez-vous, que vous me semblez triste ? Quoi ! auriez-vous changé de résolution ? Vous repentiriez-vous de la démarche que vous m'avez fait faire ? Ne craignez rien, ma chère enfant ; il est encore temps, vous n'êtes liée par aucun serment, et vous pouvez ne pas user du consentement que votre tante vient de vous accorder.

CLARISSE.

Hélas ! si vous saviez, bonne mère, à quelles conditions il a été donné, ce consentement ! Non, je n'ose le dire, tant cette nouvelle disposition de ma tante m'afflige.

Sœur MARTHE.

Et que craignez-vous ? Ne devez-vous pas désormais n'avoir plus rien qui vous soit particulier à vous seule ! Les peines et les jouissances, s'il en est quelques-unes dans la retraite, ne doivent-elles pas se partager en commun ! Sachez bien, ma chère enfant, que la vie de communauté est une vie de famille, dont tous les membres doivent être unis comme les membres d'un même corps, et ressentir tous la douleur ou le bien-être les uns des autres. Parlez donc avec confiance ; et quel que soit le sujet de vos peines, soyez bien persuadée que je m'empresserai de les soulager et d'y apporter un prompt remède.

CLARISSE.

Comment résister à la douce persuasion ! Vos paroles sont comme un baume salutaire, qui en coulant sur mon cœur le soulage du poids accablant qui l'opprimait. Il me semble qu'il ne me coûte plus d'épancher dans votre sein les peines que je ressens, puisque vous daignez les partager avec moi. Sachez donc que ma tante, non seulement ne veut pas me donner la dot que mon oncle m'a léguée en mourant, mais encore, veut que la communauté fasse, à elle, une petite pension pour l'aider à subsister. Croyez-vous...

Sœur MARTHE, *l'interrompant.*

Je me doutais bien, ma chère enfant, que toutes vos craintes allaient aboutir à quelque puérilité. Cessez de craindre à l'avenir; car vous n'ignorez pas que votre tante n'est pas dans le besoin, et qu'elle cache même des sommes considérables. C'est là malheureusement une manie trop ordinaire aux personnes de son âge. Rassurez-vous, quant à cela, nous passerons partout où elle voudra.

SCÈNE QUATRIÈME.

LES PRÉCÉDENTES, madame DERVILLE.

Mme DERVILLE

Eh bien, Clarisse, as-tu enfin pris ta résolution définitive ?

CLARISSE.

Oui, ma tante; et dès que vous voudrez bien me le permettre, je me rendrai au couvent.

Mme DERVILLE.

Tu es libre, ma fille, quand tu voudras, aujourd'hui même, si tu le désires; mais auparavant, as-tu parlé à sœur Marthe de ce dont nous étions convenues ? (*Clarisse rougit et n'ose pas répondre.*)

Sœur MARTHE.

Je puis vous assurer, madame, que la communauté se fera un plaisir de remplir les conditions que vous semblez exiger pour permettre à votre nièce de se séparer de vous.

Mme DERVILLE.

Je vous suis bien obligée; mais ne

serait-il pas mieux d'en passer deux mots d'écrit qui serviraient de garantie.

Sœur MARTHE.

Madame, comptez sur ma parole; cela vous doit suffire.

Mme DERVILLE.

Mais vous pouvez mourir; et alors comment justifier ?.....

Sœur MARTHE.

Allons, soit: approchez cette table; je vais écrire. (*Elle s'assied et se met à écrire.*) Dictez-moi vos conditions.

Mme DERVILLE, *dictant :*

« Les dames de Sainte-Marie s'enga-
» gent à recevoir comme novice dans
» leur établissement, mademoiselle
» Clarisse Derville, aux conditions sui-
» vantes:
» 1º Qu'elle n'apportera point de dot
» à la communauté en entrant en réli-
» gion; les dames de Sainte-Marie décla-
» rant formellement renoncer à cette
» dot, à toute prétention de dot, tant
» du vivant de madame Derville, tante
» de Clarisse, qu'après la mort de la-
» dite dame Derville. »

Sœur MARTHE, *l'interrompant :*

C'est là une condition que je ne puis accorder. Mademoiselle Clarisse n'est-elle pas votre héritière légitime ? Et si, après vous, elle a le moyen de rembourser à la communauté la dot dont on veut bien se passer maintenant, ne serait-on pas alors en droit de l'exiger ?

Mme DERVILLE.

Mais de quoi hériter ? Qu'entendez-vous par ces mots hériter ?... puisque je vous dis que je suis pauvre, que je n'ai rien.

Sœur MARTHE, *à part.*

Que je la plains ! Pauvre femme ! (*Haut.*) Allons, soit; continuez.

Mme DERVILLE, *dictant :*

« 2º La communauté s'engage à four-

» nir à madame Derville une pension
» alimentaire de deux cents écus chaque
» année; à former en outre à Clarisse
» une contre-dot de six mille francs, qui
» seront versés aujourd'hui même en-
» tre les mains de madame Derville,
» tante de Clarisse: cette dame devant,
» en sa qualité de tutrice, administrer
» les biens de sa nièce. »

Sœur MARTHE, *se levant.*

C'en est trop, madame; vous imposez-là à la communauté des charges in-
justes et en même temps impossibles.

Mme DERVILLE.

Libre à vous d'y renoncer; mais il
vous faudra en même temps renoncer à
emmener ma nièce avec vous.

Sœur MARTHE, *d'un ton solennel.*

Madame, prenez-y garde; il est un
Dieu protecteur de l'innocence oppri-
mée. Il sait, malgré les coupables desseins des hommes, faire tourner toutes
choses à sa gloire. Oseriez-vous, pour
satisfaire des vues d'intérêt, aller contre ses volontés? Votre nièce est-elle à
vous? N'est-elle pas à Dieu, à qui toute
volonté et tout être doivent appartenir?
N'êtes-vous pas trop heureuse qu'il daigne l'appeler pour la ranger parmi ses
épouses pacifiques, et qu'il consente à
ce qu'elle désarme, par ses prières, sa

justice irritée? Si vous osez encore ba-
lancer la vocation qui appelle votre nièce vers Dieu, tremblez que son bras
tout-puissant ne s'appesantisse sur vous,
et ne vous perce dans sa colère.

Mme DERVILLE, *furieuse.*

C'est donc là cette charité dont vous
faites vœu de donner l'exemple! Quoi!
osez-vous bien venir chez des malheureux pour les effrayer en leur faisant les
plus terribles menaces! Sortez, ou re-
doutez le poids de mon indignation,...

CLARISSE, *se jetant aux pieds de sa tante.*

Ma tante! calmez-vous, je vous en
supplie.

Sœur MARTHE.

Ange de douceur, restez auprès de votre tante. Attendez que le jour marqué
par la providence soit arrivé; ayez confiance, le ciel saura bien faire naître les
circonstances qui doivent vous séparer
enfin de ce monde, qui n'est pas digne
de vous, et vous faire entrer dans le
saint asile où vous êtes destinée à le
glorifier pendant tout le reste de votre
vie. (*Elle sort.*)

Mme DERVILLE.

Non, je le jure; elle n'entrera jamais
au couvent, quand même elle obtien-
drait les conditions que j'ai d'abord im-
posées! (*La toile tombe.*)

ACTE TROISIEME.

(*Le théâtre représente une chambre obscure, autour de laquelle se trouvent rangés des
coffres pleins d'or et d'argent. Une vieille femme, seule dans cette chambre, les examine et parle ainsi :*)

SCÈNE PREMIÈRE.

Mme DERVILLE, *contemplant ses richesses.*

Ici, je suis donc seule; rien ne vient
m'interrompre; personne ne connaît

cet endroit. O mon or, mon bel or!
Combien je jouis en te contemplant!
Ta vue me récrée; tu es mon bien, ma
satisfaction, mon bonheur, mon tout!
Que les autres s'ornent de vains atours,

se nourrissent de mêts délicats, aillent au bal, au spectacle; pour moi, quand je te vois, mon cœur se remplit de la joie la plus vive ; tu es ma plus précieuse nourriture, mon plus doux breuvage, ma plus douce consolation. Tu sais que je ne vis que pour toi, que je ne pense qu'à toi, que je n'ai pas d'autre désir que celui de te voir sans cesse croître et profiter entre mes mains. Ah ! puissé-je te voir augmenter le double chaque année! Puissé-je, chaque année, ajouter un trésor à un autre trésor, et me voir enfin au milieu de mille trésors. Mourir... Ah!... il me faudra mourir ! Que cette pensée est triste!... Consolemoi, mon cher or, or bien-aimé ; je n'en puis plus...... Mon sang se glace dans mes veines! (*Colombine, cachée derrière la porte, jette une petite pierre dans la chambre, et crie, en contrefaisant sa voix:*) Laisse cet or, maudite avare; il te faudra bientôt l'abandonner pour aller rendre compte de ta conduite au juge souverain des vivans et des morts.

Mme DERVILLE.

Dieu ! qu'entends-je !..... Qu'est-ce que c'est?... Qui es-tu, toi, qui oses ainsi me faire les plus terribles menaces ?

COLOMBINE , *criant fort.*

Le diable !

Mme DERVILLE.

Ah ! vilain démon , que viens-tu faire ici ? Pourquoi me troubles-tu ? Que veux-tu ? dis-moi, et je m'empresserai de te satisfaire.

COLOMBINE , *de même.*

Je veux ton or ou ta vie !

Mme DERVILLE.

Ah! démon , je t'en conjure, laissemoi cet or, qui m'a coûté tant de peines et de privations; laisse-moi jouir encore de sa vue ; que mon cœur se dilate en le contemplant. C'est toute ma joie , tout mon bonheur, toute ma vie! Je

t'en conjure, si tu viens pour prendre. pour emporter, prends-moi, j'y consens ; mais épargne mon cher or. (*Elle s'avance vers la porte; Colombine la pousse rudement et se sauve. La porte se ferme, et Mme Derville reste seule enfermée dans cette chambre d'où il lui est désormais impossible de sortir.*)

~~~~~~~~~~~~~~~~~~~~~~~~~~~~~~~

SCÈNE DEUXIÈME.

(L'appartement qui recevait le jour par la porte, est maintenant plus sombre.)

Mme DERVILLE , *refermant ses coffres.*

Ah ! il est enfin parti. Quelle sueur froide j'ai sentie glacer tous mes membres; vîte que je te referme, ô précieux trésor ; combien j'ai tremblé pour toi ! Mais ne crains rien, je serai désormais ta compagne assidue ; je ne te quitterai plus; cent fois le jour, je reviendrai te visiter. Tu sais combien je t'aime ; mon cœur est tout entier à toi. Combien il m'en coûte, quand je me vois forcée de t'enlever quelques pièces ! Hier encore, tu sais combien j'ai versé de larmes, lorsque j'ai été obligée de prendre deux cents francs pour payer le loyer de cette maison. C'est bien dur, de payer un loyer ! Je voudrais bien que cette maison m'appartînt ; mais je ne me sens pas le courage de dépenser cinq mille francs pour acheter une maison. Enfin, laisse faire, je trouverai bien encore le moyen de l'augmenter; il ne manque pas de fils de famille qui ont besoin qu'on leur avance de l'argent sur une succession à venir, et ces sortes de prêts rapportent toujours des sommes considérables. Ah ! s'il m'en arrivait encore quelques-uns comme ce jeune homme qui, dernièrement, a vendu une belle propriété pour me rembourser cent écus de capital qu'il m'avait emprunté il y a cinq ans. Comme c'est beau, cent écus de capital rapporter plus de dix mille francs ! (*Elle ferme ses coffres.*) Adieu , mon cher trésor, je te reverrai bientôt ; ne crois pas que je t'oublie, que je t'abandonne. Non, je te laisse mon cœur ; adieu, au revoir, à bientôt. (*Elle va pour sortir, et s'apercevant que la porte est fermée, elle s'écrie :*) Ciel ! est-il-possible ! Quoi ! cette porte,...... elle est fermée !.... (*Elle essaie de l'ouvrir.*) Impossible ! tous mes efforts sont vains. Qui a pu me renfermer ici ?...... Ah ! vilain démon, cruel, c'est toi qui m'as renfermée. Quoi ! veux-tu donc que je meure de faim et de désespoir ! Ne sais-tu pas qu'il est impossible de jamais sortir de ce caveau ténébreux ! Ce lieu, où je trouvais tant de délices, serait-il le lieu de ma sépulture ? Non, je sortirai d'ici en dépit de toi, cruel démon. (*Elle s'agite, fait mille efforts pour briser la porte, et, après s'être épuisée en vain, elle tombe. Aussitôt, sans voir personne, on entend plusieurs voix chanter avec ferveur les couplets suivans :*)

AIR :

Ah ! c'est trop résister, c'est trop être rebelle ;
Allons, courons, volons où Jésus nous appelle.
    Ménageons bien cette faveur,
Suivons, suivons la conduite amoureuse

De cet adorable sauveur :
Mon âme, être avec lui, c'est être bienheureuse.

Il est temps de fléchir sous l'effort de la grâce ;
Allons, courons, volons, déjà le monde passe,
    Et son faux éclat se ternit.
Suivons, suivons de meilleures pensées ;
    Laissons aimer ce qui finit
Aux aveugles transports des âmes insensées.

Le cloître, comme un port, est ouvert à mon âme ;
Allons, courons, volons sur des ailes de flamme,
    Entrons dans ce lieu de plaisirs.
Suivons, suivons l'attrait qui nous convie,
    D'arrêter tant de vains désirs.
Dans l'état innocent de cette heureuse vie.

Que notre zèle ici trouve une ample matière ;
Allons, courons, volons dans l'illustre carrière
    De la grâce et de la vertu.
Suivons l'ardeur qui nous anime,
    Et que tout l'enfer abattu
Soit de notre valeur l'éternelle victime.

Ah ! quelle est la douceur de ces saints exercices !
Allons, courons, volons parmi tant de délices
    Dont notre esprit est emporté.
Suivons, suivons nos ardeurs fortunées,
    Jusqu'à ce qu'en l'éternité,
Par les mains de Jésus, elles soient couronnées.

(*La toile tombe.*)

ACTE QUATRIEME.

Le théâtre représente le cabinet du second acte. Clarisse, à genoux, est occupée à prier.)

SCÈNE PREMIÈRE.

CLARISSE, *priant à genoux.*

Dieu, faites que mon âme ait assez de lumières
Pour se sanctifier par ses humbles prières ;
Echauffez-moi sans cesse à suivre votre ardeur,
Et donnez maintenant des ailes à mon cœur.
Que je meure pour vous d'une mort solennelle,
Pour revivre avec vous d'une vie éternelle.
Que mon âme contemple avecque volupté,
Les immenses trésors de votre charité.
Que mes affections, comme celles des anges,
S'assemblent devant vous pour chanter vos louanges.
Pendant mes saints devoirs, faites que tous mes sens

Soient sur le feu sacré comme des grains d'encens,
Dont la masse, exhalée en subtiles fumées,
S'élève en bonne odeur jusqu'au Dieu des armées.
Enseignez-moi, Seigneur, à prier comme il faut.
(*Elle est interrompue par l'arrivée de Colombine.*)

SCÈNE DEUXIÈME.

CLARISSE, COLOMBINE.

COLOMBINE.

Mademoiselle, savez-vous ce qu'est devenue madame Derville ? Je la cherche partout depuis une heure sans pouvoir la trouver.

CLARISSE.

Non ; il y a long-temps que je suis ici, et je ne l'ai point vue depuis tantôt.

COLOMBINE.

La vieille avare! Elle sera sans doute allée en ville faire encore quelque marché ; je sais tout, moi, voyez-vous.

CLARISSE.

Colombine, parlez de ma tante avec plus de respect ; un tel langage est loin de me plaire.

COLOMBINE.

Eh ! mademoiselle ; c'est que vous ne la connaissez pas ; mais moi, j'ai bien appris à la connaître. Si vous saviez ce que je sais , vous ne m'en voudriez certainement pas de la traiter ainsi.

CLARISSE.

Et que savez-vous , qui puisse vous autoriser à parler ainsi de ma tante?

COLOMBINE.

Je sais , mademoiselle, que c'est une vilaine avare , et que , dans le cabinet noir qui est au fond de la cour , dans ce cabinet où elle ne vous a jamais permis de mettre le pied, pas plus qu'à moi , il y a des trésors en abondance.

CLARISSE.

Vous vous trompez , Colombine. Ma tante, je le sais , aime l'argent ; elle a même un coffre serré dans le mur de sa chambre , et c'est là ; qu'elle tient soigneusement caché l'argent qu'a laissé mon oncle en mourant ; et de plus , presque tout ce qu'il y a serait à peine suffisant pour constituer ma dot.

COLOMBINE.

Oh! vous ne savez pas , vous ; mais moi, j'ai tout vu. Tantôt, madame Derville était occupée à contempler ses trésors ; elle leur parlait comme à des êtres vivans ; elle épanchait son âme avec ef-fusion sur ses coffres remplis d'or et d'argent ; et moi , qui depuis quelque temps avais formé le dessein de satisfaire ma curiosité , et de voir ce qu'elle allait faire si souvent dans ce cabinet dont l'approche m'était si sévèrement interdite, je me suis glissée bien doucement derrière la porte , et j'ai découvert ce précieux mystère.

CLARISSE.

Mais ne vous êtes-vous pas trompée? Etes-vous bien sûre?

COLOMBINE.

Pour cela , oui, mademoiselle ; car si vous saviez comme elle a été surprise lorsque, pour lui faire peur, j'ai jeté une petite pierre dans la chambre. Aussitôt elle s'est écriée : Qui est là ! J'ai répondu : Le diable ! Alors elle s'est sentie tout-à-coup saisie d'une étrange stupeur ; elle s'est avancée vers la porte ; et moi, pour avoir le temps de me sauver, afin de n'être pas découverte , j'ai poussé fortement la porte, et j'ai disparu.

CLARISSE.

Ce discours a lieu de me surprendre; et j'aurais peine à le croire , si vous ne me détailliez pas aussi clairement toutes les circonstances de votre découverte. Que le ciel soit béni, puisqu'il daigne venir à mon secours. Vous me rendez véritablement heureuse, Colombine ; je saurai vous en récompenser. Maintenant, rien ne s'oppose plus à mon entrée au couvent ; je puis exiger ma dot, et je ne craindrai plus que ma tante reste dans la misère. Comptez sur ma parole, Colombine, vous serez récompensée.

AIR :

Je l'ai promis ; je veux moi-même
Te prouver quel plaisir extrême
Tu me fais aujourd'hui. Compte sur ma faveur !
Je ne puis croire à mon bonheur !
Vraiment, ma surprise est extrême.

COLOMBINE.

Je prends part à votre bonheur ;
Et compte sur votre faveur.

ENSEMBLE.

Ah vraiment !
C'est charmant ;
Plus de crainte ,
De contrainte ,
Le bonheur vient s'offrir ;
Vite, il faut le saisir.

COLOMBINE.

Mademoiselle, je vais vous laisser un instant réfléchir à votre bonheur , pour aller chercher madame Derville ; car j'ai absolument besoin de lui parler.

CLARISSE.

Allez. (*Colombine sort.*) Quel bonheur ! Qu'il me tarde d'annoncer cette bonne nouvelle aux Dames de Sainte-Marie, Comme elles seront joyeuses !

SCÈNE DEUXIÈME.

CLARISSE, SŒUR MARTHE.

Sœur MARTHE.

Réjouissez-vous , ma chère enfant ; rien ne s'oppose plus au saint désir que vous avez conçu de vous consacrer à Dieu. Nos sœurs, d'un commun accord, après avoir reconnu d'une manière certaine que votre vocation vient du ciel, sont disposées à vous recevoir à quelque prix que ce soit ; ainsi, je suis chargée de vous apporter cette bonne nouvelle , et de consentir à toutes les conditions qu'il plaira à votre tante de nous imposer.

CLARISSE.

Je rends grâces à ces dames du noble désintéressement dont elles sont disposées à user en ma faveur, et du sacrifice généreux qu'elles ont résolu de faire ; mais grâce au ciel , nous n'avons plus besoin d'employer ce moyen. Je viens de découvrir que ma tante est fort riche ; et, par conséquent, je ne dois plus craindre d'exiger d'elle qu'elle me compte, sur-le-champ, la dot que mon oncle m'a léguée par son testament.

Sœur MARTHE.

Dieu soit loué, puisqu'il daigne venir à notre aide ; car, pour satisfaire les ridicules exigeances de votre tante , il aurait fallu que la communauté s'imposât de grandes privations. Mais où est-elle donc, madame Derville ? Elle tarde bien à venir.

CLARISSE.

Je ne sais ; on la cherche depuis long-temps sans pouvoir la trouver.

SCÈNE TROISIÈME.

LES PRÉCÉDENTES, COLOMBINE, un serrurier, une foule de personnes.

COLOMBINE *entre en pleurant amèrement.*

Mon Dieu ! Mon dieu ! que je suis malheureuse ! J'ai causé sa mort ; ah ! pardonnez-moi , je vous en conjure. Ah ! quel malheur !

CLARISSE, *courant à elle.*

Quoi ! Que dites-vous , Colombine ? Vous m'effrayez !

COLOMBINE , *pleurant.*

Ah ! punissez-moi , chassez-moi ; j'ai causé sa mort.

CLARISSE, *vivement et avec émotion.*

Comment ! de qui ? Expliquez-vous ! Mais que signifie tout ce bruit , cette foule qui se précipite dans la cour ? (*Elle veut suivre la foule.*)

Une **DAME ,** *la retenant.*

Ne vous effrayez pas, mademoiselle , ce ne sera peut être rien : c'est que madame Derville est restée enfermée dans son cabinet obscur.

COLOMBINE.

Elle n'est plus ; elle est morte de frayeur et j'en suis cause !

(*Le serrurier entre ; il est suivi de la foule*).

LE **SERRURIER ,** *à Clarisse.*

Mademoiselle, un grand malheur, que

CLARISSE.

d'arriver. Il y a quelques années, madame Derville fit doubler de fer la porte
de la chambre obscure où elle entassait
son or et son argent; elle me commanda
aussi de lui fabriquer une serrure à ressort. J'obéis, et, après que j'eus terminé
ces travaux, je lui dis, dans son intérêt : Madame, prenez bien garde à *tel*
ressort; il est formidable; car s'il se
refermait sur vous, vous seriez prise
immédiatement dans le piège que vous
tendez aux autres.

Plusieurs années se sont écoulées depuis ce moment, et l'insatiable avare
voyait chaque jour grossir son trésor;
elle se roulait avec volupté sur ces sacs
entassés, et prenait plaisir à les compter, à les ranger dans le caveau obscur
où elle rendait une espèce de culte à son
idole. Ce matin, dans son transport,
savourant les plaisirs de l'avarice et
remplie de son dieu infernal, elle négligea d'attacher le ressort fatal. Sa servante, qui l'avait épiée pour savoir ce
qui l'attirait si souvent en cet endroit,
étonnée de la voir se plonger avec
tant d'avidité dans les délices que procure la vue de l'or, s'avisa de troubler
son bonheur, et lui causa une frayeur
mortelle. De peur d'être reconnue, Colombine, en se sauvant, pousse rudement
la porte dont le ressort fatal enferme
votre tante avec le désespoir et son trésor. Cependant, j'apprends qu'on la
cherche de tous côtés; à la nouvelle de
sa disparition, je soupçonne l'évènement, je me rends à l'endroit mystérieux, je brise la porte du caveau. Quel
spectacle effrayant ! Il était trop tard...
Je trouve votre malheureuse tante morte de désespoir et de rage : ses poings
étaient rongés; elle était couchée sur
des sacs d'argent.

CLARISSE.

Pauvres qu'elle dédaigna, et dont
elle n'écouta ni les soupirs ni les gémissemens, que vos cœurs émus s'attendrissent sur cette image ; déplorez sa destinée, et levez vers le ciel des mains
suppliantes pour apaiser la colère du
souverain père des hommes. Offrez à
Dieu pour elle, le sacrifice de vos prières et de vos larmes ; son or, dispersé
dans les mains du pauvre, obtiendra peutêtre pour elle la miséricorde divine que
nous devons tous invoquer en cet instant. Allons lui rendre les derniers devoirs, et que tous les malheureux qui
auront prié pour elle, cessent de connaître la misère. Je les invite tous à partager cet or; pour moi, je me contente
de ma dot et me retire au couvent.

Sœur MARTHE, *au public.*

Messieurs, on vous impose à tous un grand
               devoir,
C'est d'envoyer ici les avares pour voir
Ce spectacle terrible. Et que chacun imite
L'exemple de Clarisse. A son rare mérite
Rendons un juste hommage. Un applaudissement
Sera pour ses vertus un éloge vivant.

(*Toutes les personnes qui sont sur le*
théâtre applaudissent).

CHOEUR.

AIR :

Celui que le Très-Haut appelle à son service,
  Loin de la douleur et du vice,
  Habite toujours dans la paix.
La cour du Roi du ciel lui tient lieu d'un asile,
    Que l'assaut inutile
Du monde et de l'enfer ne forcera jamais.
Parmi des jours tissus de fils d'or et de soie,
    Avec les lèvres de la joie,
  Il chante un cantique si doux :
Seigneur, en votre main demeure toute chose,
    Et mon cœur se repose
A vous dire toujours qu'il n'espère qu'en vous.
Bénissons le Seigneur qui nous donne une place
    Dans ce paradis de grâce,
   Où les cœurs sont toujours contens.
Là, nous sommes sauvés des maux de la richesse
Qui plaît lorsqu'elle blesse,
Et fait des coups mortels par des traits éclatans.
Ce sont, ô Roi du ciel, les accens d'allégresse,
    Que chante devant vous sans cesse
  L'humble cœur qui vit sous vos loix.
Que lui répondez-vous, ô mon aimable maître,
    Pour lui faire connaître
Que vous exaucez les accens de sa voix ?

Puisqu'il espère en moi, répond le Dieu de
                                    gloire,
    La terre et le ciel doivent croire,
    Que son espoir n'est pas en vain ;
Puisqu'il est sous ma main par son obéissance,
    Je veux, en récompense,
Que ma protection le garde dans ma main.

Je veux, pendant le cours d'un grand nombre
                                    d'années,
    Innocentes et fortunées,
    Le rendre ici-bas glorieux.
Je veux qu'ayant vécu dans une paix profonde,
    Au milieu de ce monde,
Il possède à la fin le royaume des cieux.

FIN.

AVIS.

Notre tâche est sur le point d'être accompli ; nous nous faisons donc un devoir de rappeler à nos souscripteurs, que leur abonnement expire le 15 avril prochain. En conséquence, nous les prions de vouloir bien en verser le montant entre les mains du directeur de la poste, ou au bureau des diligences, pour nous être remis *franco*. Nous espérons que ce seul appel suffira, sans qu'il soit besoin d'employer d'autres mesures désagréables et en même temps dispendieuses.

Fin

Bourges, Imprim. de Veuve MÉNAGE.

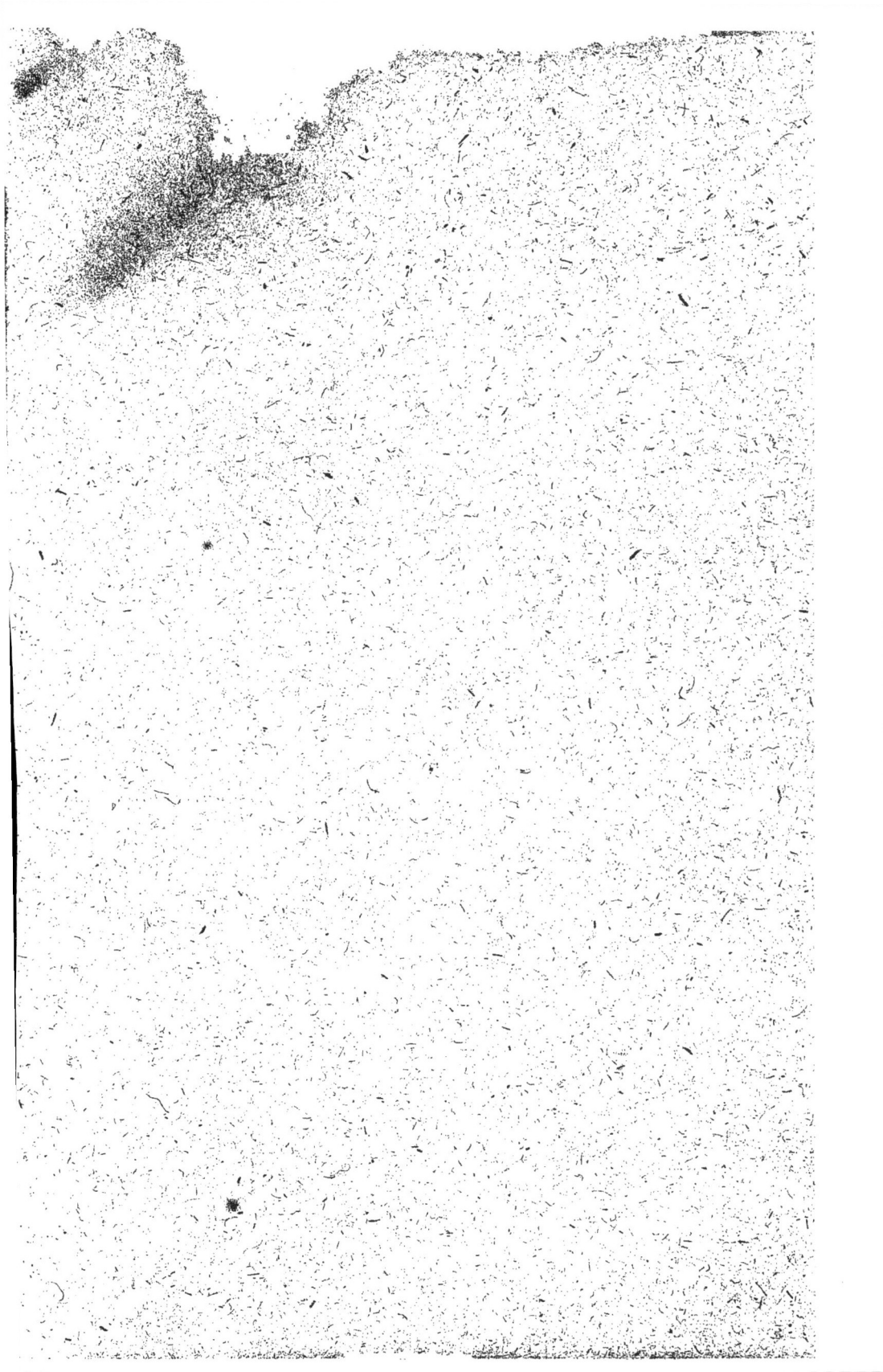